Annelie Keil
Auf brüchigem Boden Land gewinnen

Annelie Keil

Auf brüchigem Boden Land gewinnen

Biografische Antworten
auf Krankheit und Krise

Kösel

FSC
www.fsc.org
MIX
Papier aus ver-
antwortungsvollen
Quellen
FSC® C014496

Verlagsgruppe Random House FSC-DEU-0100
Das für dieses Buch verwendete FSC®-zertifizierte Papier
Munken Premium Cream liefert Arctic Paper Munkedals AB, Schweden.

Copyright © 2011 Kösel-Verlag, München,
in der Verlagsgruppe Random House GmbH
Umschlag: Monika Neuser, München
Umschlagmotiv: © zoonar/fractalia
Satz: EDV-Fotosatz Huber/Verlagsservice G. Pfeifer, Germering
Druck und Bindung: GGP Media GmbH, Pößneck
Printed in Germany
ISBN 978-3-466-30907-8

Weitere Informationen zu diesem Buch und unserem
gesamten lieferbaren Programm finden Sie unter
www.koesel.de

Inhalt

Einleitung

Einleitung
Lebensreise: Auf brüchigem Boden Land gewinnen, und die Horizonte wandern mit

»Unser Baby kann noch nicht laufen, aber Füße hat es schon«, schreibt ein kleines Mädchen staunend in sein Schulheft und trifft ins Schwarze. Wir bekommen die Voraussetzungen zum Laufen, bevor es so weit ist. Erst wenn wir die Füße einsetzen und laufen lernen, wissen wir, wozu wir sie haben. Wohin und wie lange uns unsere Füße tragen, ob wir auf die Welt zugehen oder eher weglaufen wollen, müssen wir allerdings erst herausfinden. Kleine Menschen werden als Neuankömmlinge geboren. Ungefragt sind sie in der Gegenwart gelandet und betreten mit blindem Vertrauen die Weltbühne. Sie erblicken das Licht der Welt, spüren Schatten wie Hindernisse und treten nackt und hilflos die Reise an, die Leben heißt. Schritt für Schritt geht es dabei darum, festen Boden unter die Füße zu bekommen und auf der Suche nach Gleichgewicht das Schwanken zu üben.

Leben ist das Abenteuer, das nie endet, aber jeden Morgen neu beginnt und überrascht. Ausgestattet mit Füßen und Händen, Herz und Verstand, mit mindestens fünf Sinnen hoffen Menschen auf den sechsten und siebten Sinn, um herauszufinden, wie sie atmen, liegen, sitzen, stehen und gehen, greifen und begreifen, essen, hören, riechen, sehen, berühren, denken, fühlen, handeln und verstehen lernen, was ihr Leben braucht und von ihnen erwartet. Über uns tanzen die Sterne in die Unendlichkeit hinaus, und unter unseren Füßen bietet »Mutter Erde« mit ihrer Anziehungskraft und Schwerkraft sicheren Halt, um unberechenbar wie das Leben selbst im nächsten Augenblick zu beben und die Wasser über die Ufer treten zu lassen. Aufgerichtet zwischen Himmel und Erde übt der Mensch den aufrechten Gang. Der kleinste Kieselstein ist Millionen von Jahren älter als wir, und eine universale Ordnung hofft auf Widerhall in uns und wir in ihr.

Des Menschen Lebensreise ist ein fortwährender Prozess der Wandlung im Wechsel von Chaos und Ordnung. Zwischen Anpassung und Widerstand ist sie vor allem ein Weg durch die Fremde ohne Landkarte und Navigator, über Berg und Tal, mit Gipfelstürmen und Abstürzen, auf Autobahnen mit rasendem Tempo und Umwegen im Schneckentempo, auf Trampelpfaden, Seitenwegen und durch Einbahnstraßen und Sackgassen. Bewegung, Aufbruch, Einbruch, Zusammenbruch, Wartezeiten und pausenloses Unterwegssein verlangt dieser Weg. Niemand kann sich dieser Aufgabe entziehen, und jeder Mensch ist herausgefordert, schon im Augenblick seiner Zeugung mit der Arbeit an jener Aufgabe zu beginnen, aus der unsichtbaren Ordnung, die in ihm steckt, eine einzigartige biografische Welt zu gestalten, die unter seinem Namen zu seinem Lebenswerk heranwächst. »Das Glück besteht darin, zu leben wie alle Welt und doch wie kein anderer zu sein«, mahnt Simone de Beauvoir.

Zwischen Geburt und Tod wandern wir an der Hand unserer Bedürfnisse und Lebenswünsche von Horizont zu Horizont, die sich vor unseren Augen auftun. Wir bewegen uns dabei zielorientiert auf etwas zu, das nicht starr ist, sondern sich gleichzeitig mit uns bewegt, unsere Ankunft verzögert, Ziele verändert oder gar unmöglich macht. Wir kennen diese Erfahrung seit Kindertagen. Hinter jedem Horizont taucht bei einer Wanderung ein anderer auf, hinter jeder Wegkrümmung und nach jedem Berggipfel geht es mit einer anderen Aussicht weiter. Je länger wir wandern, je müder wir werden und je mehr Krisen uns aufhalten, desto ungeduldiger hoffen wir, dass hinter der nächsten Linie am Horizont das Ziel erreicht wird. »Wie weit ist es denn noch?«, fragen wir als Kinder mit gequält hoffender Stimme.

Die Linie, die wir Horizont nennen, ist wie eine Verheißung, die man immer wieder neu aushandeln muss, wenn man im Leben unterwegs ist. Da, wo sich Himmel und Erde, Licht und Dunkelheit berühren und zu einer Linie vereinen, muss das Ende der gegenwärtigen Welt sein und das Universum mit seiner Ewigkeit und einem anderen Licht beginnen. Und so hoffen wir entsprechend in schwierigen Lebenssituationen und in Krisen, dass sich die Linie jenes Horizonts zeigt, hinter der ein langer Streit, ein Liebeskummer, die belastende Pubertät, die Wechseljahre, eine Trennung, Arbeitslosigkeit, Krankheit oder andere Lebensschmerzen zu Ende sind und etwas anderes in Aussicht gestellt wird. Menschen sprechen vom Licht am Ende des Tunnels, auf das sie sehnsüchtig warten.

Wer sich daran erinnert, wie wir als Kinder auf Schienen, Mauern oder Schwebebalken zu balancieren versuchten, hat die entsprechende Erfahrung dazu. Beim Balancieren muss man den Blick auf einen Punkt am fernen Horizont richten, um nicht zu stolpern. Wer in Sorge vor dem nächsten Schritt ängstlich nach unten auf die Füße schaut, kommt leichter aus dem Gleichgewicht. Eine Lebensübung im besten Sinne.

Wo ein Anfang ist, wird irgendwann ein Ende kommen. Wo ein Ende ist, erscheint der nächste Anfang. Aber was jeweils anfangen oder enden wird, bleibt das Geheimnis unserer Lebensreise und ihrer wechselnden Horizonte, die zusammen mit uns durch die Lebensphasen hindurch auf Wanderschaft sind. Wege gabeln sich, weisen in verschiedene Richtungen, die zu wählen sind, und an diesen Gabelungen und Scheidepunkten treffen Vergangenheit und Zukunft in der Gegenwart aufeinander. »Der gesamte Kosmos, das ganze Universum ist im Hier und Jetzt vereint: das unendlich lang Vergangene ebenso wie das unendlich weit in der Zukunft Liegende. Die Ewigkeit findet man im Hier und Jetzt.«[1]

Um das Licht der Welt zu erblicken, wurden wir aus dem Uterus ausgestoßen, durch einen beängstigend engen Kanal gepresst und dem Unbegreifbaren und Unbegreiflichen des Lebens ausgesetzt. Losgelöst von seinem Ursprung, herausgerissen aus allem, was vertraut war, ohne die Sicherheit, dass Nahrung und Sauerstoff durch die Nabelschnur gewährleistet sind, soll der kleine Mensch plötzlich aus sich selbst heraus existieren. Unabänderlich, es gibt kein Zurück! Leben ist irreversibel, lernen wir später in der Physik. Die Zeit des bedingungslosen Asyls in Mutters Schoß ist vorbei. Dem ungeborenen Kind muss die Geburt wie das Ende des Lebens erscheinen, weil dessen erneuter Anfang noch unbekannt ist und nichts von der bevorstehenden Zukunft verrät. Im Prozess der Geburt bleibt unklar, wie es weitergeht, bei aller Freude bleibt ein Risiko. Ohne es zu wissen, begegnet der kleine Mensch schon am Anfang seines Lebens zwischen Zeugung und Geburt neben vielen anderen Gefahren auch dem möglichen Ende seines Lebens. Der Tod wird zum unsichtbaren Gefährten, der ihn von nun an mit unterschiedlichen Gesichtern auf seinem Lebensweg begleiten und herausfordern wird. Verlust, Abschied, Schwäche, Krankheit, Schmerz sind die Botschaften dieses Gefährten, die den Menschen zwar an seine Grenzen, Verletzlichkeit und Endlichkeit führen, aber vor allem auch an seine Lebenslust, Widerstandsfähigkeit, schöpferische Kraft und seinen Lebenswillen erinnern, zur Entwicklung antreiben und wachsen lassen.

Mit diesem Ur-Gefährten des Lebens, dem Tod, gilt es Freundschaft zu schließen, denn als Wurzel aller Angst, dass wir verlieren und verfehlen könnten, was wir sind, schenkt er uns gleich zu Beginn eine der wichtigsten Lebenserfahrungen: Leben ist nur eine Möglichkeit, die einzige, wunderbare und gleichzeitig immer auch eine Art letzte Gelegenheit. Unsere Geburt ist die erste große biografische Krise, in der wir auf brüchigem Boden Land gewinnen müssen. Sie lehrt uns bereits am Anfang des Lebens, dass die menschliche Existenz eine Krisenexistenz ist, eine, die der Mensch grundsätzlich meistern kann, wenn er sich dem Reichtum der Möglichkeiten zuwendet, die in ihm stecken, und nach Unterstützung sucht, wenn er sie braucht. »Der Menschen Gegenwart ist ein schöpferisches, stürmisches Sakrament, ein sichtbares Zeichen unsichtbarer Gnade. Nirgends sonst wird ein solch inniger und erschreckender Zugang zum Mysterium gewährt. Freundschaft ist jene schöne Gnade, die uns die Freiheit schenkt, dieses Abenteuer anzugehen, anzuerkennen und anzunehmen«, schreibt John O'Donohue.[2] Um diese Freundschaft zum Leben und zu uns selbst geht es in diesem Buch. Wir sind frei, den unbekannten Auftrag zum Leben anzunehmen und unsere Biografie zu erfinden. Leben enthält zwar immer ein konkretes Angebot, aber wird als entwerfende, auf Zukunft gerichtete Geste immer erst dann real, wenn wir aus der Möglichkeit zu leben unser konkret reales Leben machen. »Ohne mich« geht nicht, wenn es um das eigene Leben geht. Die alte Weisheit der Sufis, dass Hoffnung »Honig des Lebens« sei oder, wie der Philosoph Ernst Bloch schreibt, »ins Gelingen verliebt« ist, haben die meisten Menschen mit der Muttermilch eingesogen, auch wenn sie es später manchmal vergessen Leben will leben, nicht mehr und nicht weniger. Der Satz »Die Hoffnung stirbt zuletzt« hängt wie eine wehende Gebetsfahne über dem Leben vieler Menschen, die durch Krisen, Krankheit und Verzweiflung wandern müssen, und wird zu oft zum dahergesagten Trostspruch bei denen, die gerade nichts zu befürchten haben. Hoffnung ist nichts, was man einfach hat oder nicht hat, sondern ist wie die Liebe eine Kraft, die der Mensch im Zusammenleben mit anderen Menschen entwickeln und erfahren muss.

Mit großer Energie und Zuversicht haben wir einst als kleine Menschen hoffnungsvoll das unbekannte Leben gewagt. In uns wirkt die universale Welt mit ihrer naturgesetzlichen wie spirituellen Ordnung, die auf nachhaltige Entwicklung und unsere individuelle Mitarbeit setzt. Nur wenn wir neugierig bleiben und weiter fragen lernen, wie Leben lebt und welche Bündnisse und Netzwerke die Innenwelten von Körper, Geist und Seele mit der Außen- und Umwelt unter unserem Einfluss eingehen, sind wir in der Lage, unser Leben biografisch zu erfinden und zu gestalten. Mit jedem Atemzug, jeder Nahrungsaufnahme, mit dem Erlernen des aufrechten Gangs und der Sprache und vielem mehr sind wir über uns hinausgewachsen, haben Hand angelegt und Entwicklungsarbeit geleistet. Das Unsichtbare will sichtbar werden und treibt uns zum Leben an. Mit dem ersten Schrei bezeugt der kleine Mensch lautstark, wie anstrengend es war, sich ins Leben zu kämpfen, und wie groß die Angst ist, ob das auch weiterhin klappen wird. Auf der Tagesordnung steht bis zum Lebensende die Frage: Werde ich das, was ich zum Leben brauche und bisher im Mutterleib kostenlos zur Verfügung hatte, auch weiterhin bekommen oder mir beschaffen können? Essen und Trinken, ein Dach über dem Kopf, Schutz und liebende Zuwendung, Respekt vor eigenen Lebensbewegungen? Und werde ich unter dem Schutz der Menschenrechte die Voraussetzungen für ein sinnstiftendes und ein Leben in Würde finden?

Leben lebt von der biografischen Erfindung und ist als kreativer Ausdruck biografischer Arbeit Lebenskunst. Zwischen Gesundheit und Krankheit, Traum und Wirklichkeit, Hoffnung und Zweifel ist der Mensch auf seiner Lebensreise mit Stolpersteinen, wechselnden Horizonten und immer wieder neuen Fragestellungen unterwegs. Manchmal findet er wie die kleine Caroline eine pragmatische Lösung, wenn der Schuh drückt. »Wenn ich zu Oma gehe, mache ich mich immer fein. Und dann laufe ich ganz schnell, bevor meine Lackschuhe anfangen zu drücken.«[3] Mehr Zeit braucht es für das Lebensproblem, das die Grundschülerin Sabrina prognostisch in den Blick nimmt. »Bei der Liebe wird man erst von einem Pfeil getroffen. Was danach kommt, soll dann aber nicht mehr weh tun.«[4] Wie sehr nach der Begegnung mit dem Pfeil die Gestaltung einer Liebesbeziehung oder das Ende einer Liebe schmerzen kann, gehört zu den wichtigen Lebenserfahrungen, die Sabrina noch machen muss. Wie die Hoffnung ist auch die Liebe ins Gelingen verliebt, und würde die Angst vor dem Weh und Ach der Liebe ihren Anfang überflügeln, so hätte sie im Leben der Menschen schlechte Karten.

Wer sein Leben wagen will, muss sich mit sich selbst und dem Leben um sich herum verabreden. Viele Selbstgespräche und unzählige Dialoge sind erforderlich, um herauszufinden, worum es in einem spezifischen Leben gehen kann. Leben braucht motivierende Anstiftung und lebt in jedem Augenblick von der Entscheidung des Menschen, leben zu wollen. So wie der Himmel blau oder bewölkt, heiter oder grau ist, so wechselt auch die Lebensstimmung. Krisen und Lebensalltag fordern immer wieder zum Stimmungswechsel heraus. Körper, Geist und Seele sind »Handwerkszeuge« im betrieblichen Netzwerk Mensch, die nur als Team und im ständigen Austausch miteinander erarbeiten können, was ihnen als herausfordernde Lebenserwartung gegenübertritt. Wird ein Teammitglied nicht unterstützt, wenig beachtet oder gar auf ein Abstellgleis geschoben, meldet es sich über kurz oder lang. Wenn Körper, Geist und Seele streiken, ruft unser Leben als Ganzes um Hilfe und will verhandeln. Wir sind dann zugleich als Arbeitgeber und Gewerkschafter am runden Tisch unseres Lebens und mit seinen Ecken und Kanten konfrontiert. Nicht nur ein Organ, ein Gefühl, ein Gedankengebäude gerät in die Krise, sondern der ganze Mensch kommt mitten in seinem Leben in eine kritische Lage. Kranken- und Krisengeschichten erzählen deshalb mehr als die Geschichte einer Krankheit oder Krise. Sie richten den Blick auf die komplexe Biografie eines Menschen, in die die äußeren, objektiv beschreibbaren Ereignisse – beispielsweise ein Herzinfarkt oder eine Trennung –, eingebettet in das subjektive Erlebnis eingearbeitet werden und als biografisches Geheimnis zurückkehren.

Nicht das Gehirn denkt, sondern der ganze Mensch denkt. Manchmal denkt er sich in seine Krise ein, manchmal denkt er sich eine Sackgasse aus, ein anderes Mal denkt er um. Der Mensch spielt mit dem, was ihm zu Kopfe steigt, seine Seele verdunkelt oder ihm auf den Magen schlägt. Was er schließlich gelernt, vergessen, verdrängt oder genutzt hat, um eine Krise zu bewältigen und Neuland zu betreten, steht auf den nächsten Seiten der jeweiligen Biografie, seinem Lebensbuch, das immer eine Lernbiografie ist. »Schulverweigerer« wollen zwar nicht unter den Bedingungen der Schule lernen, aber sie wollen trotzdem irgendetwas lernen. Menschen, die sich dem Leben verweigern, entziehen sich bestimmten Anforderungen, aber die meisten wollen eigentlich leben und brauchen vielleicht Hilfe.

Als Menschen, die leben und auf brüchigem Boden Land gewinnen wollen, müssen wir praktisch werden. In überwältigenden Krisen muss man manchmal den Kopf einziehen und abwarten. In der Regel aber müssen wir auf uns selbst, auf andere Menschen, die hilfreich sein können, und auf die Welt mit ihren Ressourcen zugehen. Wir müssen uns informieren und unabhängig vom Alter fragen lernen, nach vorläufigen und endgültigen Antworten suchen, unter widrigen Umständen lernen und Alltagswissen sammeln. Leben kann man nicht auswendig lernen, und manches lernt man vielleicht nie, auch das ist eine Weisheit.

Leben ist mit der Bereitschaft verbunden, in jedem Augenblick geboren, das heißt neu zu werden, aber auch zu sterben. Die Kunst zu leben ist der Kunst zu sterben sehr ähnlich. Eine Liebe wird geboren und sie kann sterben. Eine Idee kommt zur Welt, aber muss manchmal auch beerdigt werden. Ohne dass der Mensch seine erste Heimat im Mutterleib nicht unter großen Schmerzen verlässt, kann er keinen eigenen Platz finden und sich im Leben ansiedeln. Fliegen zu lernen und auch landen zu können, Grenzen zu bestimmen, einzuhalten und andere zu überschreiten, gehören zur Klugheit des Lebens, die wachsen muss. Leben ist zum Weinen und zum Lachen, beides tut not. Freude, Angst, Wut, Fleiß und Faulheit brauchen ihren Ort bei der Landgewinnung. Woher auch immer die Pfeile kommen, die unser Herz treffen, lieben und arbeiten, wundern und wissen, sich einlassen und loslassen, sich täuschen und Täuschungen auflösen gehören zum Lebensprogramm. Die eigenwillige Gestaltung und Pflege von Gefühls-, Denk- und vor allem Beziehungslandschaften geben unserer Biografie Farbe und Form. Sie versetzen uns in Stimmungen und Haltungen, ohne die wir nicht wahrnehmen könnten, ob wir uns selbst oder andere Menschen sich mit uns wohl oder schlecht fühlen.

Nur mit dem festen und gleichzeitig brüchigen Boden unter uns, der uns anzieht, trägt und auch verunsichert, kann der Mensch sich im aufrechten Gang dem Himmel entgegenstrecken und mit jedem Schritt vorwärts auch den Fall wagen. Der Mensch ist kein logisches, sondern ein lebendiges Beispiel des Lebens, schreibt der Arzt Viktor v. Weizsäcker[5] und verweist damit auf die herausfordernden Grundprinzipien menschlicher Entwicklung, nämlich Überraschung und relative Unvorhersagbarkeit. Mit der Stunde der Geburt beginnt die Übung, gegen die Unsicherheit und den Zweifel im Leben die eigene biografische Melodie zu setzen. Durch Eroberungen, Erschütterungen, Laufbahnen, Fehltritte und Krisen hindurch drehen wir Lebensjahr für Lebensjahr den Film unseres Lebens. Wir selbst sind die Drehbuchautoren, führen Regie, spielen verschiedene Rollen, wechseln im Laufe des Lebens Titel und Themen, verantworten die Produktion und sitzen als Zuschauer in allen Reihen.

Der Mensch ist ein Künstler (Beuys) und sein Leben ein Kunstwerk, ein Film, ein Musikstück oder wie ein »Gemälde«, eine Federzeichnung, eine Grafik, ein Aquarell, eine Collage, an denen er lebenslang weiter arbeiten muss. Szenen werden übermalt und überklebt, Zwischenbilder gehen verloren, manche Skizze war schon alles. Leinwände, Papier, Farben und Werkzeuge stehen zur Verfügung. Ein Gehirn, mit dem man denken und fühlen lernen kann, aber das man mit Fragen und Aufgaben beschäftigen muss, damit es seine Arbeit tut. Die fünf Sinne und einige, die wir noch nicht kennen, stehen dem Künstler zur Verfügung. Hände zum Tasten und Gestalten, ein Leib, den zu bewohnen man bis ins hohe Alter lernen muss. Eine Welt ist erforderlich, in der wir zusammen mit anderen Menschen leben und arbeiten können, und die nur da ist, wo wir sie möglich machen. Und eine gute Portion »Glaube, Liebe und Hoffnung« ist nötig, mit der wir uns ernähren, beflügeln und die Welt beseelen, in der wir leben. »You must be the change you want to see in the world«, rief Mahatma Gandhi, als er sich auf den langen Marsch zum Salz des Lebens machte. Du selbst musst der Wandel sein, den du von der Welt erwartest. Kein anderer kann dein Leben leben!

In allen Dimensionen menschlicher Existenz geht es bei der Erfindung und Gestaltung der Biografie um einen Menschen, der nichts dafür kann, dass er auf der Welt ist, aber mit dem Geschenk der nackten Geburt die Möglichkeit zum Leben ergreift und Verantwortung für seine leibhaftige, seelische, geistige, soziale und spirituelle Entwicklung übernimmt. »Auf die Welt kommen« ist eine Art Einladung, beim Leben und Zusammenleben der Gattung Mensch mitzumachen, denn mit der Geburt erwirbt der neue Erdenbürger ein Anrecht auf Dasein, Entwicklung und Älterwerden und auch darauf, mit Würde respektiert zu werden. Als Erbe einer alten und als Mitgestalter einer neuen Generation wird jeder Mensch gebraucht, um später den Stab weiterzugeben. Auch in seiner Begrenztheit und seinem Scheitern geht es um einen Menschen, der das Sinnbild von

Fülle und Erfüllung, Chaos und Ordnung, Freiheit und Eingebundenheit als Einheit des lebendigen Seins in sich trägt.

In der erfindungsreichen biografischen Arbeit des Einzelnen
geht es mit Unterstützung durch Erziehung, Bildung und Gesellschaft um die Selbstentfaltung und Begleitung von Menschen, die die Gestaltung und Vollendung dessen, was der
Mensch potenziell sein könnte, durch alle Lebensphasen und
Krisen hindurch immer wieder neu als Aufgabe vor sich haben.
Nicht nur leistungsfähig, gesellschaftlich anerkannt und voller
Kraft soll dieser Mensch sein, sondern auch von innen heraus
stark, strahlend, stolz und überzeugend darauf aufmerksam
machen können, was ihm im Kleinen selbst gelungen ist.
Menschsein besteht immer in der Vermittlung von Innenwelten mit den Außenwelten, braucht ausgleichende Balance zwischen Selbstwirksamkeit und Offenheit für Einwirkungen von
außen, die den Austausch fördern. Es geht bei der Entwicklung
und Strukturierung von Lern- und Lebensprozessen also um
einen Menschen, der nicht nur in der Lage ist, Wissen anzu-
häufen, zu leisten, sich durchzusetzen und zu funktionieren,
sondern um einen, der vor allem fähig wird, unter den jeweiligen Umständen und Lebensbedingungen seine spezifische Biografie selbstbestimmt und im Kontakt mit anderen Menschen
zu gestalten und zu genießen.

Wer den Beispielen in diesem Buch folgt und Freude verspürt, die eigene Biografie etwas genauer unter die Lupe zu
nehmen, wird schnell merken, worum es bei der Erfindung des
eigenen Lebens und seiner Biografie geht, nämlich:

▸ Wissen zu erlangen, es umzusetzen, widersprüchliche Informationen zu verarbeiten und der Intuition viel Raum zu lassen;

▸ in Freiheit und Mitverantwortung schöpferisch zu leben, andere mit ins Boot zu holen und sinkende Boote rechtzeitig zu
verlassen;

❱ Hindernisse zu überwinden, sich im richtigen Moment zu verweigern und am Widerstand zu wachsen;

❱ sich in der Fremde zu verorten, sich binden und entbinden, Heimat gründen, sich ihrer Bedeutung bewusst zu werden und sie wieder zu verlassen, wenn es nötig wird;

❱ zu lieben, zu genießen, zu arbeiten, zu streiken, zu denken, zu fühlen und der Mensch zu werden, zu dem man sich bekennen möchte;

❱ in umfassender Weise immer wieder Welten zu bilden, die dem Menschen Sinn und Bedeutung verleihen.

Es geht für jeden von uns darum, nicht nur ein Mensch zu werden, der lebt, schuftet und um Zertifikate oder Abschlüsse kämpft, um sich zu beweisen, zu überleben und sein Recht auf Anwesenheit einzuklagen. Sondern um einen, der kraft seiner Einstellung zur Welt, zu sich selbst, zu anderen Menschen und zu den überweltlichen Mächten nicht müde wird, an seiner eigenen Entwicklung und Vollendung mit einem lachenden und einem weinenden Auge zu arbeiten. Nur das ist ein vernünftiges Motiv für lebenslanges Lernen, aber auch der Grund dafür, älter werden zu wollen.

Es geht bei der Suche nach biografischen Antworten auf das widersprüchliche Erleben von Glück und Unglück, Gesundheit und Krankheit, Eheleben oder Singledasein nicht um schlichte Anhäufung von Informationen und Wissen aus dem Füllhorn der Ratgeberliteratur, schon gar nicht um Besserwisserei, nicht um ein lebenslanges Abitur in Selbstfindung und Erleuchtung oder um die wiederholte Testierung, ob man als Durchschnittsexistenz mit Normalgewicht auf der Höhe der Zeit und der gesellschaftlichen Erwartung liegt. Vielmehr geht es um die eigene Lebensfähigkeit und die Kompetenz, zwischen dem, was uns zugemutet wird, und dem, worüber wir entscheiden können, zu unterscheiden, die Aufforderung zur Selbstgestaltung zu erkennen und die eigene Biografie zu erfinden. Als Biografen unseres Lebens werden wir nie arbeitslos, sondern unser Leben braucht uns vor allem in Krisenzeiten als:

- Forscher und Abenteurer, die auf Umwegen nach neuem Wissen und anderen Wegen suchen;
- Jäger und Sammler von Erkenntnissen und Erfahrungen, die Menschen in ähnlichen Krisensituationen gemacht haben, und von denen andere Menschen lernen und Hilfe erwarten können;
- Arbeiter und selbstständige Handwerker, die Hand anlegen, auf Eigenbeteiligung setzen und Verantwortung übernehmen;
- Lehrende, die gleichzeitig lernen, und Lernende, die gleichzeitig lehren;
- Unternehmer, Anstifter und Erfinder;
- Buchhalter, Anwälte und Wächter des Lebens, die tatsächlich Buch führen, anklagen und verteidigen, aufpassen und kontrollieren;
- öffentliche, symbolische Mütter, Väter, Großeltern und Geschwister, die sich auskennen und wissen, was das Leben in Krisen braucht.

Diese und andere Funktionen müssen wir selbst konkret im eigenen Leben übernehmen, um jene einzigartige Lern-, Familien-, Arbeits- oder Autobiografie zu erstellen, die dann uns selbst und anderen erzählen kann, was aus uns geworden ist.

Dieses Buch ist eine Reise durch biografische Landschaften. Es will zum Erzählen von Geschichten anregen, neugierig auf das eigene Leben nicht nur dann machen, wenn es Erfolg versprochen hat, sondern auch dann, wenn es aus dem Ruder zu laufen scheint. Erinnerungsarbeit, Spurensuche und Spurensicherung sind erforderlich, wenn der Boden trägt oder brüchig wird und wir wie Sherlock Holmes mehr darauf achten sollten, was nebensächlich und unverdächtig erscheint oder nur an den Bruchstellen des Lebens sichtbarer wird. Dem eigenen Leben nachgehen und die Führung nicht hergeben, nicht gleich auf die Gesundheitsmärkte und an die Therapiebörse rennen, um sich sagen zu lassen, was das Beste für uns sei, das ist gefordert.

Leben und Gesundheit kann man nicht kaufen, auch wenn die eine oder andere Medizin gut tut. Wir sind keine Unfallopfer des Lebens! Es reicht nicht, in Familienstammbüchern, auf Geburts- und Sterbeurkunden, in Schul- und Behördenakten, in Krankheitsdokumentationen nachzulesen, wie unser Leben gelaufen ist und welche Urteile über uns gefällt wurden. Wo finden wir etwas über unsere Stillstände, die Widersprüche, die kleinen und großen Wunder, die uns am Leben erhalten haben? Mit welchen Gefühlen begegnen wir den Wirrnissen oder den Glanzleistungen unseres Lebens? Wie lernen wir unsere Beziehungsnetze zu durchschauen, Lebensängste an die Hand zu nehmen, Ressourcen zu erkennen und einzusetzen?

Wie lernen wir einzuteilen und zu teilen, was Körper, Geist und Seele an Nahrung brauchen, wie wir wohnen wollen, was wir lernen können? Und wie begreifen wir vor allem, dass Krisen und menschliche Krankheiten nicht Fehler im System der universalen oder göttlichen Schöpfungs- und Evolutionsgeschichte sind, auch keine Strafen oder die Schuld derjenigen, die sie treffen, sondern die beste, wenngleich schwierige Gelegenheit, sich selbst, das Leben und die eigene Gesundheit kennen zu lernen!

»Komm, ich erzähl dir eine Geschichte«, heißt ein wunderbares Buch von Jorge Bucay. Es fängt mit der Geschichte vom angeketteten Elefant an und sucht in ihr nach einer Antwort auf die Frage, warum Menschen manchmal im Leben ganz sicher sind, etwas absolut nicht zu können, zum Beispiel ein Gefühl ausdrücken, aus einer Situation herausgehen, eine Krise oder Krankheit bewältigen! Der Erzähler der Geschichte erinnert sich an die Zeit, als er ein kleiner Junge war und nach einem Besuch im Zirkus an seine dringende Frage: Warum haut der Zirkuselefant, der an einen kleinen Pflock angekettet ist, nicht einfach ab?²⁶

Ein Tier, das die Kraft hätte, einen Baum mitsamt der Wurzel auszureißen, macht sich nicht auf und davon.

»Komm, erzähl mir deine Geschichte und ich dir meine«, dazu möchte ich Sie ermutigen. Denn auf die eine oder andere Weise geht es uns allen manchmal wie dem Zirkuselefanten. Wir bewegen uns durch die Herausforderungen des Lebens, als wären wir an Hunderte von Pflöcken gekettet. Wir glauben so viele Dinge nicht zu können und wundern uns später, was wir vor allem dann konnten, wenn das Leben uns keine Wahl ließ, wenn uns eine Krankheit traf, ein Freund starb, eine Trennung unvermeidbar war. Liegt es daran, dass wir dressiert wurden? Aber wenn das so war, warum blieben wir dann nach der Dressur immer noch an der Kette? Wie weit müssen die Dressurakte in der Kindheit zurückliegen, wie oft erneuert werden, um bis ins hohe Alter zu halten? Wer lange sozial überbewertet selbstständiges Essen mit Messer und Gabel trainiert hat und dies emotional für den Kern von Würde und Selbstständigkeit hält, wird sich im Pflegefall schwerer damit abfinden, wieder gefüttert zu werden. Wann im späteren Leben kappen wir unnötige Nabelschnüre und zerren an den Pflöcken, die uns davon abhalten, das Leben jenseits der Ketten zu erkunden? Welche Pflöcke mit welchen Beschriftungen haben wir gegen unsere Lebensinteressen als Hindernisse selbst in den Mutterboden unseres Lebens gehauen, der uns eigentlich ernähren, befriedigen und wachsen lassen soll?

Das vorliegende Buch versteht sich als Lesebuch und biografische Schreibwerkstatt! Es erzählt von den schwierigen, geglückten und gescheiterten Versuchen, inmitten der konkreten

Welt und ihren Zumutungen Land zu gewinnen, das durch Fluten verloren ging, Schlaglöcher zu stopfen, die Lebensstraßen unbefahrbar machten, und das viele Glück zu begreifen, das jedem von uns in den Schoß fiel. Es will helfen, sich selbst zu helfen, also erkennbar machen, wo Hilfe zur Selbsthilfe ansetzen muss, die eigene, aber auch die der Mitmenschen, denn Leben ist Mitsein. Neben unserer eigenen Kompetenz ist immer wieder auch professionelle Hilfe notwendig, die allerdings nicht überrumpeln darf, sondern ihrerseits auf die Beteiligung und Selbstheilungskräfte der Menschen vertraut. Nur am und im eigenen Leben kann der Mensch genesen, nur vor Ort und mitten im Leben. Ohne mich geht hier nicht!

Selbstheilung ist kein Orakel, das man bei Vollmond hinter vorgehaltener Hand befragen kann, sondern eine dem Menschen mitgegebene Ordnungskraft, die man bei der Abenteuerreise Leben und der Erfindung der Biografie dringend braucht. Betreten Sie Ihre eigene biografische Denk- und Schreibwerkstatt, wenn Sie mit mir weiterreisen. Vielleicht haben Sie schon jetzt einen Titel für Ihren gegenwärtigen Lebensfilm, eine Leitmelodie, die wie ein Ohrwurm durch Ihr Leben kriecht? Auf welchen Horizont gehen Sie gerade in Ihrem Leben zu, und welche Krise auf Ihrer bisherigen Lebensreise hat den Boden unter Ihren Füßen am meisten beben lassen? Wie wir mit Hilfe der Biografie das Leben erfinden, darum soll es im nächsten Schritt gehen.

I Die biografische Erfindung des Lebens: Hürdenläufe, Zickzackkurse und Salto Mortale

Leben schreibt Geschichten

»Anstelle von Kränzen eine Spende an Pro Asyl«.

Älter werden ist die tägliche Arbeit des Lebens. Von der Wiege bis zur Bahre erfindet und inszeniert es einen biografischen Prozess und sucht zusammen mit uns auf Wegen und Umwegen, in Hürdenläufen und Zickzackkursen, mit rasendem Tempo und auch langsam wie eine Schnecke nach den spezifischen Bühnen und Brettern, die für die jeweiligen Menschen dann die Welt bedeuten. Die Spielpläne ändern sich, die Bühnenbilder auch, manchmal gehen die Lichter schneller aus als gedacht.

So sehr Wandel und Veränderung die Natur des Lebens bestimmen, so sehr sehnt sich jeder Mensch nach stabilen Verhältnissen mit festem Programm und guten Erfolgsaussichten. Frühling, Sommer, Herbst und Winter, Tag und Nacht kommen und gehen. Auch Menschen kommen und gehen, hinterlassen Spuren und ihre Geschichte. »Die Friedhöfe liegen voller Menschen, ohne die die Welt nicht leben konnte«, heißt es in Irland. Höchst biografische Welten auch unter der Erde. Was wissen wir schon über uns, von denen neben uns, denen von gestern, heute und morgen? Unter den Dächern von Palästen, Villen, Reihenhäusern, Wohnungen und Hütten aller Art kommen Tragödien und Komödien, Opern und Operetten, Liebesromane, Kriminal- und andere Geschichten zur Aufführung. Manche Geschichten vom Leben spielen sich im Rampenlicht ab, andere bleiben im Dunkeln und geben ihre biografischen Geheimnisse nicht preis. Viele vergilben in Tagebüchern, Feldpostbriefen oder als Randnotizen in Fotoalben. Anfang und Ende sind bei allen Menschen gleich: sie werden geboren und sterben, irgendwann und irgendwo. Manchmal erzählt eine Beerdigungsanzeige mit wenigen Worten, worum es im Leben einer Verstorbenen ging.

Zwischen Politik, Wirtschaft und »Aldi senkt die Preise« steht es:

Wir trauern um
Frieda Schütz
1936–2010

Feministin von Geburt
Antirassistin aus Liebe
Kommunistin durch Erfahrung

Anstelle von Kränzen wünscht sich Frieda
eine Spende an Pro Asyl[7]

Mitten im Leben. Frieda ist tot. Lebendig als unversiegbare Quelle ihre Biografie. Auch vor den Augen derer, die sie nicht kannten, springt sie mit wenigen Worten auf. Leidenschaftliche Spuren der Lebensgeschichte einer Frau, Zeitgeschichte ganz nah! 1936 hineingeboren in den Tod der Demokratie. Die Kindheit umstellt vom Sterben der Millionen an den Fronten einer

Welt, die das Leben nicht achtet und in Konzentrationslagern und anderswo mordet. »Dies ist die wahrste aller Demokratien, die Demokratie des Todes«, schreibt Kurt Tucholsky in der *Weltbühne* 1929. Frieda überlebt den Krieg. Mit welchen Erfahrungen? Jugend im Nachkriegsdeutschland? Wie war das? Flüchten oder standhalten? Politische Verfolgungen hören nie auf. Die junge Frau geht auf die Suche nach Orientierung. Mensch, wo bist du? Hoffnung auf andere Zukunft ist ins Gelingen verliebt. Kein Mensch soll wegen seines Geschlechts, seiner ethnischen Herkunft, seiner politischen Überzeugung verfolgt werden, gar sterben. Das Kampflied aus Friedas Leben gilt auch im Nachruf. Sie lernte als Frau, aus Liebe und durch Erfahrung, Feministin, Antirassistin und Kommunistin zu sein, sagt die Anzeige. Bevor man behutsam die Augen der Toten schloss, waren sie mitten im Leben als Wächter unterwegs, wie zahlreich die blinden Flecken in Friedas Leben auch gewesen sein mögen.

»Bei unserer Geburt treten wir auf den Kampfplatz und verlassen ihn bei unserem Tode«, schreibt Jean Jacques Rousseau in den *Träumereien eines einsamen Spaziergängers*. Worin lag der Traum der Feministin, Antirassistin, der Kommunistin? Und wovon träumen wir? Worin bestanden die Leiden der Frieda, in welchen persönlichen und öffentlichen Irrtümern war sie verfangen? Und welchen Lebensschmerz tragen wir mit uns herum, welche Einbahnstraßen hindern unsere Umkehr? Wie können wir uns im aufrechten Gang zwischen Himmel und Erde halten und den Überblick wahren? Gefühle sind die Initiatoren des Lebens. Alles, was draußen in der Welt ist, muss auf seine Bedeutung hin überprüft und eingeschätzt werden. Was braucht der Mensch, was muss man lernen, um seinen Platz zu erobern, zu genießen, zu erhalten und eben auch zu verändern, wenn es nötig ist?

Durch Zumutungen Mut fassen

Die frohe Botschaft sei wiederholt: das Beste, nämlich das Leben selbst, gibt es umsonst. Voller unbekannter Potenziale kommt es zunächst als Geschenk der nackten Geburt daher, ohne dickes Fell und ohne Zähne. Zubeißen, sich durchbeißen, mit den Zähnen lächeln oder knirschen müssen wir noch lernen. Wir sind um unsere Existenz nicht gefragt worden, hatten keine Wahl. »Friss kleiner Vogel oder stirb« und »Einem geschenkten Gaul schaut man nicht ins Maul«, lauten die mehr oder weniger verheißungsvollen Begrüßungsworte. Immerhin soll dem unverhofften Anfang unseres Lebens ein Zauber innewohnen. Dieses geheimnisvolle Versprechen des Lebens bleibt erst einmal verborgen und wartet hinter unbekannten Horizonten auf Entdeckung. Im Spiel der Gezeiten sollen wir jener unendlichen, gesetzmäßig geordneten und gleichzeitig in der Auswirkung unberechenbaren Wellenbewegung folgen, auf brüchigem Boden bisher unentdecktes Land gewinnen und unsere Biografie erfinden. Stetig, geduldig, geschickt und nachhaltig wie die Welle sollen wir nicht aufgeben, auf dem Kamm der eigenen Lebenswellen zu reiten und am Ball zu bleiben, komme, was da wolle. Wir kommen immer wieder auf die Welt, schwanken, können nicht stehen bleiben und müssen im nächsten Augenblick weitergehen. Es gibt kein Zurück, auch wenn das Wohin noch unklar ist. Keine Stunde ist wie die vorhergehende, kein Tag wie der andere.

»Älter werden« und dabei durch Weiterentwicklung »neu und anders werden« ist die Wandlungsbewegung des Lebens von Anfang an, eine herausfordernde biografische Arbeit, der sich niemand auch nur für eine Sekunde entziehen kann, wenn er weiteratmen möchte. Eine Bedienungsanleitung für ein gut funktionierendes Hirn mag es ja geben, für das eigene Leben gibt es die nicht. Zur Not muss man sich zu helfen wissen. »Ich kann noch keine Schleife, deswegen bindet Mama meine Füße zu«, schreibt ein kleines Mädchen, und ein anderes weiß: »Nach der Geburt bekommen die Babys ein Etikett umgebunden, damit die Mütter wissen, wie man sie waschen muss.«[8]

Die Zeit, die für unser Leben und seine Gestaltung zur Verfügung stehen wird, ist unbekannt. Unvorhersehbar sind auch die konkreten Herausforderungen, Aufgaben und Krisen, vor denen jeder einzelne Mensch als Individuum oder in Gemeinschaft mit anderen stehen wird. Unverhofft fallen, wie in Deutschland, nach Jahrzehnten der Trennung innere und äußere politische Mauern zwischen verfeindeten Staaten, brechen Diktaturen, Zwangsstrukturen und Bespitzelungen zusammen, die bis in die Familien und Partnerschaften vorgedrungen waren und unveränderbar schienen, lassen sich Menschen in Afrika und anderswo nicht mehr in Armut, Würdelosigkeit und Unfreiheit halten, auch wenn sie ihr Leben wagen müssen. Was nach einem Aufruhr oder Umbruch kommt, ist wie in einer biografischen Lebenskrise ungewiss und muss Schritt für Schritt entwickelt werden.

Biografisch Land gewinnen heißt auch das tägliche Brot ergattern, eine Schule besuchen, seine Meinung sagen, anderen unter die Arme greifen. Niemand verrät uns bei der Geburt, unter welchen spezifischen individuellen, historischen, gesellschaftlichen wie kulturellen Bedingungen wir unsere biografische Arbeit werden leisten müssen. Welche Fort- und Rückschritte, welche Natur- und anderen Katastrophen uns erwarten, welche Mondlandungen, Unterwasserreisen oder medialen Erfindungen uns zu Kronzeugen einer Epoche und glücklich oder krank machen werden, wird sich herausstellen. Wir ahnen, wissen und hoffen, dass sich Kriege aller Art mit relativen Friedenszeiten abwechseln, dass manche Generationen und ganze Kontinente mehr verschont bleiben als andere, und dass Berg- und Talfahrten die eigene biografische Landschaft durchziehen werden. Jeder einzelne Mensch hofft, dass das Leben es mit ihm selbst gut meinen möge und er in kritischen Situationen die richtigen Lösungen findet. Wir haben das Leben nicht griffbereit in der Tasche, und niemand kommt davon, wenn es um sein Leben geht. Diese Gemeinsamkeit ist tröstlich, gibt den Blick frei, lässt die Menschen einander vergleichen, nachahmen und ängstlich oder siegessicher nach Anregungen suchen. Bei allen Unterschieden wie Ähnlichkeiten in den menschlichen Herausforderungen und »Schicksalsschlägen« bleibt unvorhersagbar und offen, welche konkreten biografischen Antworten, fantasiereiche Ausdrucksformen, Krisenlösungen und Bewältigungsmuster die einzelnen Menschen während ihres Lebens immer wieder finden, um ihr persönliches Leben in den Griff zu bekommen, auszugestalten, sich selbst und andere zu entdecken, kreativ zu bleiben und das Leben zu genießen. Geburt und Tod, Liebe, Sexualität und Beziehung, Frau und Mann, Abschied und Trauer, Kindheit, Jugend und Alter, Reichtum und Armut, Sieg und Niederlage, Arbeit, Muße und Genuss, Beheimatung und Vertreibung sind die großen Themen und Aufgaben, mit denen jeder Mensch auf die eine oder andere Weise zu tun bekommt, und keiner kann sie auf genau die gleiche Weise lösen wie ein anderer Mensch!

Die Ergebnisse biografischer Arbeit können wir in den Geschichten nachlesen, die Menschen als ihr Leben erzählen. Seit sie die Erde bevölkern, sind sie unterwegs, freiwillig oder gezwungenermaßen. Sie reisen, wandern aus, werden vertrieben, fliehen aus unterschiedlichen Gründen und sind eigentlich überall in der Welt »Ausländer«, besser gesagt Gäste und Erdenbürger. Erst die Geschichten der Migranten geben der »Migration« ein biografisches Gesicht und lassen uns verstehen, was ein »Migrationshintergrund« bedeuten kann.

Für die Türkin Gül Fidan Vurgun, Hausfrau, Geburtsdatum unbekannt, ist der Frieden in der Familie das Wichtigste, sagt sie im Interview und berichtet, wie es ihr auf der bisherigen Wanderung im »Spiel der Gezeiten« und durch die Zeitgeschichte ergangen ist.

»Als meine Mutter starb, war ich zwei Jahre alt. Die neue Frau meines Vaters, unsere Stiefmutter, schlug uns Kinder und gab uns kaum etwas zu essen. Um zu überleben, stahlen wir in der Scheune bei den Tieren Essbares. Wir Mädchen durften die Schule nicht besuchen, man gab uns für älter aus, als wir tatsächlich waren, damit wir schneller verheiratet werden konnten. Bis heute kann ich weder lesen noch schreiben ... Ich hatte nie ein eigenes Leben, war nie wirklich glücklich. Eigentlich ist mir heute klar, dass ich das Leben nie ausgekostet habe, ich funktionierte nur und ertrug für meine Kinder die schlechte Behandlung durch meine Verwandten. Für sie würde ich alles tun, ihnen sogar meine restliche Lebenszeit schenken, wenn sie dadurch nur einen Tag länger leben könnten. Sie alle haben eine gute Schulbildung, darauf habe ich Wert gelegt ... Ich schätze, ich bin 65 Jahre alt, genau weiß ich es nicht, denn ich besitze keine Geburtsurkunde. Das ist in der Türkei nicht selten. Da ich nicht gearbeitet habe, erhalte ich keine Altersversorgung ... Mein Mann ist jetzt 60 Jahre alt, Diabetiker, seit fünf Jahren im Ruhestand und erhält 460 Euro Altersversorgung. Die Kinder unterstützen uns finanziell, und der Staat lässt hier auch niemanden verhungern. Dafür muss man sich auch einmal bedanken, denn in der Türkei ist das anders ... Je älter ich werde, desto öfter denke ich an die Türkei. Bin ich dort, fehlt mir Deutschland, bin ich hier, vermisse ich die Türkei. Spätestens im nächsten Jahrzehnt will ich in der Türkei leben, unabhängig von den Kindern, aber in ihrer Nähe. Ich will niemandem zur Last fallen ... Ich bin ein Familienmensch, mein Mann war oft krank, meine Aufgaben lagen im häuslichen Bereich ...

Ich möchte in der Türkei beerdigt werden, neben meinem verstorbenen Sohn Ali. Er war erst 43 Jahre alt, als er 2003 an Lungenkrebs starb. Sein Tod hat mich altern lassen. Der Schmerz und die Trauer waren kaum zu ertragen. Ich bekam Herzprobleme und Bluthochdruck und fühlte mich zum ersten Mal alt. Der Tod eines Kindes ist die schlimmste Erfahrung, die ein Mensch machen kann ... An persönlichen Wünschen fällt mir nichts ein, das ist eine ganz fremde Welt für mich. Vielleicht wären ein schönes Haus, Reichtum, Reisen und unverheiratet zu sein mein Traum. Jedenfalls habe ich immer davon geträumt, in den Himmel zu kommen, in meinen Träumen fliege ich wie ein Vogel.«[9]

»An persönlichen Wünschen fällt mir nichts ein«, sagt diese Frau, »das ist eine ganz fremde Welt für mich.« In einem weitgehend zugemuteten Leben bleibt nicht viel Raum für Entscheidungsfreiheit und ein facettenreiches Spiel mit Möglichkeiten. Durch Erduldung und Erfindungsreichtum, Hoffnung, Liebe, Dankbarkeit und Resignation, durch angepasste Entscheidungen und bittere Erfahrungen, die ausgehalten werden mussten, entsteht die spezifische Biografie einer Frau mit Migrationshintergrund, die in Deutschland lebt, aber deren Seele frei wie ein Vogel zwischen Himmel und Erde, Deutschland und der Türkei unterwegs ist.

Unser autobiografisches Gedächtnis sammelt die Erinnerungen der Lebensreise ein. Weißt du noch? Kennst du den noch? Fühlst du es noch? Wer, was, wo und warum? Wir treffen in der Biografie eines Menschen auf die Geschichten vom Ich, auf bedeutende Erlebnisse, auf verdrängte Erfahrungen, auf die Erinnerungsarbeit des autobiografischen Gedächtnisses, mit dem sich die Hirnforscher und Neuropsychologen inzwischen intensiv beschäftigen. Das Gedächtnis ist derjenige Ort, an dem sich unsere vergangenen Tage heimlich versammeln. Dort sprechen die Niederlagen und die Leidenschaften unseres Lebens ihre eigene Sprache, dort wird vergessen und erinnert, verworfen und für wichtig befunden. Zu den wichtigsten Merkmalen dieses hoch komplexen Gedächtnissystems zählt die Tatsache, dass die autobiografischen Inhalte in den Dimensionen von Zeit und Ort eingebettet sind. Wir erinnern die Stunde einer schweren Kränkung, den Blitzschlag der ersten Liebe, den Augenblick, als eine Krankheitsdiagnose oder der Antrag auf Privatinsolvenz unser Leben veränderte.

Blühende Landschaften voller Lebenslust und tiefe Täler der Verzweiflung, Resignation und Hilflosigkeit, persönliche Wüsten der Langeweile und Ruinen vergangener Zerstörungen, familiäre Dschungelcamps und Großstadtreviere voller unbekannter Abenteuer werden von Menschen in ihrem Leben durchwandert und liefern auf diese Weise Beiträge zur unendlichen Geschichte der menschlichen Biografie. Jeder kennt sie und kann eine weitere überraschende Geschichte über den guten oder bösen Zauber hinzufügen, der dem eigenen Lebensanfang innewohnen sollte, nachdem schon Wesentliches entschieden war und uns qua Geburt zugemutet wurde. Weder haben wir Geburtsjahr, Nationalität, Eltern, Hautfarbe, die historischen Lebens- und Arbeitsbedingungen, Art der Erwerbsarbeit, die große Liebe samt anderen Glückszuständen, Lebenskrisen oder ein langes Leben mit schmerzfreiem Sekundentod ohne Demenz selbst bestimmen und vorab im bebilderten »Buch der menschlichen Biografie« aussuchen können. Erst in der Begegnung mit dem praktischen Leben, seiner Realität und seinen Bedingungen stellt sich heraus, vor welchen Herausforderungen wir jeweils stehen. Nur so erfahren wir, ob das konkrete Leben uns über- oder unterfordert, wie es um unsere Selbst-, Mit- oder Fremdbestimmung steht, welche Entwicklungen uns möglich sind und wie wir zu jenem einzigartigen, geheimnisvollzauberhaften Menschen werden, der angeblich in uns steckt.

Die philosophische Aufforderung »Werde, der du bist« ist eine der größten biografischen Provokationen, weil der Kern unseres Wesens und unsere Zukunft die beiden großen Unbekannten im Leben sind. Besonders in Krisen fragen wir uns immer wieder, wer wir eigentlich sind, was wir eigentlich wollen, zu was wir fähig sind und uns eigentlich berufen fühlen. Zwischen Zweifel, Einsicht und Momenten von Offenbarung suchen wir im Gewirr von inneren und äußeren Stimmen nach einem Weg, auf dem sich der innere Ruf gegen alle Widerstände durchsetzen kann. Manche Menschen finden ihre Lebensberufung offenbar früh und nehmen sich dann über 60 Jahre Zeit, um die zu werden, die sie sind oder sein können. So war es bei Rosi Gollmann, der Gründerin der Andheri Hilfe, die mit 80 Jahren im Rückblick auf ihr Leben sagt:

Neue Herausforderungen machen jung

»Schon als Achtzehnjährige stand für mich fest: Meine Lebensaufgabe ist es, für andere da zu sein. Diese Entscheidung bedeutete für mich den Verzicht auf Ehe und Familie und für meine Eltern – zu deren Betrübnis – den Verzicht auf Schwiegersohn und Enkelkinder ... Rückblickend steht für mich fest: für meinen Verzicht auf eheliche, sexuelle und auf kindliche Liebe wurde ich reich beschenkt mit einer allumfassenden Liebe ... Es ging bei unserer Arbeit nie darum, Almosen zu verteilen: das widerspricht der Würde des Menschen. Immer ging es um gezielte Hilfe zur Selbsthilfe. Der Mensch kann nicht entwickelt werden, er kann sich nur selbst entwickeln. Darum werden in unserer Projektarbeit die Betroffenen selbst aktiv in ihren eigenen Entwicklungsprozess einbezogen ... Die Arbeit hält mich jung. Je mehr ich mich für neue Herausforderungen öffne, desto jünger fühle ich mich. Meiner Falten habe ich mich nie geschämt. Sie sind Zeichen des Lebens. Ich beobachte oft, dass Frauen altersbedingte Wehwehchen beklagen und beim Kaffeeklatsch statt Urlaubsbilder ihre Röntgenaufnahmen herumreichen. Für mich hingegen ist Älterwerden ein Reichtum, Reichtum an Erinnerungen, für die ich dankbar bin. Es liegt in der Hand des Menschen, das Leben anzunehmen, auch das Alter, und etwas daraus zu machen.«[10]

Selbstfindung ist kein Beschluss, den man fassen kann, sondern ein Lernprozess, der gelingen und scheitern kann. Um herauszufinden, was wirklich in der eigenen Hand liegt, ist praktische Arbeit vor Ort, Realitätssinn, ein Motiv und Wille, geduldige Liebe zum Leben, kritische Selbsteinschätzung und ein klarer Blick auf die Welt, die den Menschen umgibt, nötig. Weltweit sehen viele Menschen mit Blick auf ihre Entfaltungsmöglichkeiten bereits bei der Geburt »alt« aus, weil sie auf dem »falschen Kontinent«, mit der »falschen Hautfarbe« oder bei der »falschen« Familie geboren wurden. Ihr Leben wird es schwer haben, sich zu finden. Viele Menschen können schon von Anfang an nur von einem würdigen Leben, sozialer Gerechtigkeit oder friedlichem Zusammenleben träumen. Anstatt vor Möglichkeiten, den Reichtum des Lebens zu entdecken und ihre Potenziale zu entwickeln, stehen sie vor Betonmauern, die ihre Wünsche nach Aufbruch, Liebe, Schutz, Bildung und Beteiligung in Schach halten, abwehren oder töten. Menschliches Leben muss Land gewinnen und landen können, um zu überleben! Das ist die biografische Kernaufgabe!

Es war einmal ein Esel,
ein Hahn und eine Hasenfamilie

Mit dem ersten Schrei bezeugt jedes neugeborene Kind lautstark, wie schwer der Abschied vom »kleinen Paradies« mit der
Pipeline fällt, aus der wie selbstverständlich »Milch und Honig« flossen, und wie groß die Angst nun ist, ob sich die Lust
und Hoffnung auf Leben ohne jenen Schutz im Mutterleib in
naher und ferner Zukunft auch durchsetzen und realisieren
lässt. Die Fragen sind klar. Werde ich mich weiter so rasant und
erfolgreich wie in den ersten neun Monaten entwickeln können? Und werde ich das, was ich zur Gestaltung meines Lebens
brauche und bisher gehabt habe, auch weiterhin bekommen
und mir bis zum Ende meiner Tage beschaffen können, also
eine Perspektive haben? Werde ich Liebe, Schutz und Hilfe erfahren, ohne die ich nicht überleben kann?

Wie berechtigt diese Ängste sind und wie schlecht es um die
Erfüllung der Lebenswünsche stehen kann, bekommt Peter
durch die nachgeburtlichen Verhältnisse zu spüren, in die er
ungefragt hineingerät. Anstatt ihn zu stützen, hinterlassen sie
tiefe biografische Spuren in seinem kleinen Leben und lösen
ein Verhalten aus, das ihn schon früh zum Psychiatriepatienten
macht. Für ihn ist der Entwicklungsboden brüchig, Landgewinnung schwierig und Entwicklungshilfe tut not. Die Lehrerin
der Klinikschule einer Kinder- und Jugendpsychiatrie, in der
Peter landet, berichtet zuallererst nicht über die pädagogischen
und psychiatrischen Diagnosen, die in seiner Akte stehen, sondern erzählt, wie sie Peter in seinem biografischen Drama erlebt und ihm zu helfen versucht, sich selbst an die Hand zu
nehmen:

»Peter ist elf Jahre. ›Ein schwieriger Junge‹, sagen die Leute
auf Anhieb, ›man kommt nicht an ihn heran.‹ Meistens sitzt
der kleine Psychiatriepatient mit hängenden Schultern und

finster trauriger Miene im großen Sessel, zieht die Knie bis unters Kinn und starrt vor sich hin. Gleich wird er wieder aufspringen und ruhelos durch die Räume gehen. Irgendwann wird wieder eines der anderen Kinder mit ihm streiten, und er wird brüllend aus der Tür rennen. Er sieht grau aus und ungepflegt. Die Haare sind verfilzt und strubbelig, die Hände schwarz, und die feinen Gesichtszüge verstecken sich unter einer spröden Dreckkruste. Er verschließt sich immer mehr. Niemand kann ihn fassen oder mag ihn noch anfassen.

Peter hat viel von zu Hause erzählt. Richtig arbeiten müsse er: saubermachen, einkaufen, abwaschen, auf die Kleinen aufpassen, mit ihnen spielen. ›Meiner Mutter kann ich es nie recht machen, sie findet immer, dass ich zu wenig helfe‹, sagt er. Seinen richtigen Vater sehe er nicht, der Stiefvater ziehe die eigenen Kinder vor und hat meistens schlechte Laune, weil er arbeitslos sei und die Familie von Sozialhilfe leben müsse. Peter rastet aus, klaut der Mutter Geld. Irgendwann schließt er sich einer Jugendbande an. Er, der sich gegen Angriffe schwer zur Wehr setzen kann, Aggressionen aber auch nicht unbedingt auf sich zieht, der manchmal sehr ängstlich wirkt und zu Hause wie ein Aschenputtel gehalten wird, dieser Junge findet in einer Gruppe Gleichaltriger Anerkennung, Halt und Schutz. Peter landet im Heim, dann in der Psychiatrie. Den Erziehern wird schnell klar, dass die Mutter Peter loswerden will. Peter sagt immer, dass er nach Hause will, aber die Mutter hält ihn hin. Peter kapselt sich immer mehr ab. Sein Misstrauen gegenüber den Lehrern wächst, er lässt keinen Kontakt mehr zu. Er lässt sich kaum noch ansprechen und schon gar nicht berühren. Sein Schicksal ist besiegelt: seine Mutter will ihn nicht wieder sehen, er soll für immer ins Heim. Manchmal balanciert er auf einem Restbalken seines brüchigen Bodens. Nur wenn die Lehrerin ihren Apfel teilt, wird er aufmerksam. Das mag er gerne, und seinen Anteil möchte er in hauchdünnen Scheiben haben.

Durch sie muss man hindurchgucken können, dann weiß er: Es sind viele und sie gehören alle ihm. In seinen Geschichten schreibt Peter über das Abhauen, wenn es sein muss bis zum Mond. Rettung kann man nicht von anderen erwarten, wenn man den Boden unter den Füßen verliert. Man muss sich selbst organisieren und auch in Kauf nehmen, dass die Flucht tödlich enden kann.«[11]

Seine eigenen Berichte über den Zustand seines Lebens und seiner Seele sind kurz und prägnant. In kleinen Texten fasst er seine Lebenserfahrung zusammen: es gibt kein Entrinnen! Das aber steht in keiner Akte und auch nicht auf dem schulischen Lehrplan, dass man im Seegang des Lebens untergehen kann.

Der Esel
Es war einmal ein Esel,
der sollte immer Mehlsäcke tragen.
Er ist daran gestorben.
Sein Grab ist aus Stein

Der Hahn
Es war einmal ein Hahn,
der sollte heute gegessen werden.
Er ist dann einfach abgehauen,
und nach einem Jahr
ist er dann gestorben

Eine Hasenfamilie
Es war einmal eine Hasenfamilie,
die Hasenkinder wurden von einem Mann ermordet,
und die Hasenmutter hat sich gerächt.
Die Hasenmutter hat dann den Mann getötet,
und der Mann war selbst dran schuld.[12]

Das Biografische erzählt vorrangig vom leibhaftigen Leben, der konkreten Erscheinungsweise menschlichen Seins. Nur als lebendiges Wesen, das sehen, hören, sprechen, anfassen und dabei verstehen und fühlen lernen kann, tritt der Mensch überhaupt als denkende, sich seiner selbst bewusst werdende, empfindsame, sinnliche, gebrechliche, als aktiv tätige wie passiv leidende und sterbliche Existenz hervor. Unterschiedliche leibliche, seelische, geistige, spirituelle und soziale Erfahrungen schichten sich in uns wie Erdschichten auf, durchdringen einander, werden zu Denk- und Gefühlslandschaften verarbeitet und vernetzen die Geschichte unseres Lebens mit der Geschichte der sozialen Welt, die uns trägt, formt oder zurückweist.

Leben ist ständige Inszenierung und biografische Erfindung. Bilder wie die von Peters Esel, der immer die Säcke trägt, oder dem Hahn, der dem Schlachtfest entkommen will, bringen zum Ausdruck, wie die Lage ist. Wir fühlen uns wie die Maus vor der Schlange, wie ein Hahn im Korb, wie ein feiger Hund oder wie von der Tarantel gestochen, und geben Befindlichkeiten preis. Manches Leben scheint im Wettbewerb mit anderen Leben zu den besten zu gehören, andere verklingen wie der Abgesang in einem Requiem. Manche Menschen kommen nur im Sturm und hohem Wellengang vorwärts, andere lieben die spiegelglatte Wasseroberfläche für ihre Lebensfahrt, und jede kleine Brise gefährdet die Windstille ihres problematischen Harmoniebedürfnisses, hinter dem auch jeder familiäre Notschrei untergeht.

Wie sicher und festgelegt sich unsere Lebenspläne und Lebensabschnitte auch darstellen mögen, in der Kreuzungslinie zwischen Vergangenheit und Zukunft hat die Gegenwart des Lebens nur Augenblickscharakter. Bewegung, Wandel und Veränderung sind die rhythmische Gangart des Lebens, auch wenn wir dieser Vergänglichkeit alles Lebendigen immer wieder zu entrinnen versuchen. »Im existenziellen Sinne ist alles neu in jedem Augenblick. Keine Geste des Lebens ist je dieselbe«, schreibt Rudolf zur Lippe.[13] Aber inmitten all der Bewegungen des Lebendigen, ihrer Einmaligkeit und Unwiederholbarkeit entsteht dennoch ein roter Faden des Lebens, eine Art Erkennungsmelodie, man kann auch sagen ein Leit- und Leidfaden der Biografie. Wenngleich auch dieser rote oder andersfarbige Faden angesichts der Verborgenheit und Unvorhersagbarkeit der Zukunft keine eindeutige Orientierung, keinen dauerhaften Halt, keine verbindliche Richtlinie und kein Sicherungsseil für die Bewältigung des Alltags garantiert, so bildet sich in jeder Biografie durch alle Aufbrüche und Zusammenbrüche hindurch so etwas wie eine charakteristische Struktur, die zum Wegweiser in der biografischen Arbeit wird und die Weichen stellt. Mit Verirrungen, Zusammenstößen und menschlichem Versagen ist immer zu rechnen, aber die Biografie schneidert sie zurecht und macht einen Hut daraus, den wir uns aufsetzen, weil wir glauben, dass er uns steht und zu uns passt. So bin ich und so bleibe ich, heißt es dann manchmal.

Bei der 89-jährigen Hutmacherin Irma Arndtmann lautet der biografische Leitspruch:

Ohne Hut geht gar nichts

»Trotz meines Alters stehe ich noch immer jeden Tag in meinem Hutladen. Oft werde ich gefragt, warum ich immer noch arbeite. Auch mein Sohn schimpft manchmal und sagt: ›Du hast in deinem Leben schon so lange gearbeitet, hör doch mal auf. Gönn dir etwas Ruhe!‹ Aber was soll ich allein zu Hause in meiner Wohnung sitzen? Ich mache meine Arbeit sehr gern und mit sehr viel Liebe. Ich brauche meine Kundschaft und meine Hüte einfach ... Eine Beschäftigung zu haben ist wichtig, im Alter sowieso ... Ich lebe seit vielen Jahren allein, mein Mann, er war zehn Jahre älter als ich, ist im Krieg gefallen. Es war kein Problem für mich, ohne Mann zu leben, auch hatte ich hin und wieder Beziehungen, ein Engel war ich nicht ... Aber verliebt habe ich mich nie wieder richtig, und jetzt ist es sowieso zu spät dazu. In meinem Alter braucht man das nicht mehr. Ich verliebe mich nur immer wieder in meine Hüte ... Wichtig ist, dass man sich pflegt. Ich trage jeden Tag ein schönes Kleid und immer einen Hut, ohne Hut ist man ja nicht angezogen. Ich würde gern öfter Hosen tragen, aber das geht nicht, weil ich mich nicht bücken kann ... Junge Leute sind oft ungeduldig mit alten Leuten. Manche Kunden, die mich nicht kennen, denken, ich sei zu alt, um sie zu beraten. Viele sind anscheinend der Meinung, dass Alte im Weg sind, eine Last, das spüre ich überall. Ich denke dann immer, ihr könnt froh sein, wenn ihr überhaupt so alt werdet wie ich.«[14]

Kein Alter schützt uns vor der biografischen Begegnung mit den Wellenbewegungen des Lebens und garantiert uns, dass wir uns Strukturen geschaffen und Lebenseinstellungen gefunden haben, die uns helfen, das Leben zu verstehen und auch dann anzunehmen und umzugestalten, wenn es uns in unbekanntem Ausmaß herausfordert, gefährdet oder in neue Strukturen zwingt. Frau Arndtmann ist früh Kriegerwitwe geworden, hat das Eheleben zunehmend weniger vermisst, war alleinerziehende Mutter und berufstätig, hat aber ganz offensichtlich durch ihren Hutladen Sinn und Struktur in ihrem Leben gefunden. Eine Drittklässlerin schreibt hinsichtlich ihrer Lebenswünsche:»Ich will später nicht heiraten, ich will lieber Witwe werden.« Eine Diskussion zwischen dem kleinen Mädchen, Frau Arndtmann und anderen Kriegerwitwen wäre sicherlich interessant!

Die faktische Zunahme des biologischen Alters oder schlichtes Älterwerden und die entsprechenden historischen Lebens- und Krisenerfahrungen wie etwa Krieg, Berufstätigkeit, Kindererziehung, Krankheit garantieren selbstverständlich nicht, dass aus ihnen wichtige Strukturierungs- und Entscheidungshilfen für spätere Krisen oder weitere Auf- und Umbrüche hervorgehen. Leben macht nicht als solches weiser, aber die Weisheit des Lebens fordert Kinder und alte Menschen heraus, sich den Ereignissen, Erfahrungen und dem eigenen Erlebnis des Lebens zu stellen, damit es am Ende das eigene Leben genannt werden kann, das urheberrechtlich geschützt unseren Namen trägt. Selbsterkenntnis, Lebenseinsichten und persönliche Weisheit sind das Ergebnis reflektorischer biografischer Arbeit, offenbaren sich eher als überraschendes Geschenk einer plötzlichen Einsicht, sind nicht käuflich, keine therapeutische Handelsware und auch nicht im Durchlauferhitzer der schnellen Ratgeber zu finden.

Wir alle kennen unsere biografischen Verweigerungen, die Mauern, an denen die guten Argumente abprallen. Auch die lauten und leisen Ausweichmanöver und Wutausbrüche gegenüber denen, die uns mit schwierigen Botschaften konfrontieren, uns zu konsequentem Verhalten auffordern oder Anforderungen an uns stellen, sind nicht unbekannt. Wie oft spielen sich in unserem Leben die gleichen Dramen ab? Wir kennen die Dialogtexte auswendig. Wie verbittert halten wir am Aussichtslosen fest, wie lange wollen wir Recht behalten, weil wir auf der Siegerseite stehen wollen oder müssen? Wie schwierig sind die Sprünge über die eigenen Schatten, die immer länger werden und manchmal schon vor uns wandern? Was haben wir schon tausend Mal gesagt, getan, gedacht, ohne dass es Wirkung gezeigt hätte?

Im Älterwerden zwischen Geburt und Tod geben sich wie immer im Leben Einlassen und Loslassen, Lernen und Verlernen, Siegen und Verlieren, Recht haben und ins Unrecht geraten, Gestalten und Zerstören ständig die Hand. Wie sollten wir über Altersangaben die Zahlen »89« oder »11« zu fassen bekommen, welche biografische Berufung Frau Arndtmann vor Augen hatte und welche Herausforderungen sie auf welche Weise bewerkstelligte, wenn sie uns nicht über ihr Leben erzählen würde? Und was wüssten wir über die schwierige Überlebenskunst von Peter, dem kleinen Psychiatriepatienten, der in nur elf Jahren mehr leidvolle Lebenserfahrung gesammelt hat als sich manch alter Mensch für sein ganzes Leben oder Frau Arndtmann für ihren Sohn als aushaltbar vorstellen könnte?

Wer für den Arbeitsmarkt zu alt ist, muss nicht alt sein. Wer dem Tod begegnet, kann ein Kind sein. Wer chronisch krank ist, kann so geboren worden sein oder seit Jahrzehnten mit einer Krankheit gelebt haben, die sich nicht heilen ließ. Wer heute krank wird, trägt nicht die Schuld von gestern ab. Gesundheit ist nicht, sie wird. Sie kommt und geht und stellt das konkrete Leben in seiner biografischen Qualität, in seiner guten oder schlechten Stimmungslage dar. Gesundheit ist eine Lebenskompetenz, erscheint als Arbeits- und Genussfähigkeit, als Liebesfähigkeit oder als Fähigkeit, Abschied nehmen zu können oder den Verlust eines Arbeitsplatzes zu ertragen. Glück ist nicht, sondern wird und entsteht mitten im Leben, wenn wir uns darum kümmern oder es zulassen. Der Tag ist nicht, sondern beginnt mit seinem Werden mitten in der Nacht. So wie eine Linie aus einzelnen Punkten entsteht, so entsteht die Lebenslinie im Rhythmus von Ebbe und Flut und im aufrechten Gang durch Aufbrüche, Einbrüche und Zusammenbrüche, die Veränderungen erzwingen oder Wandlungen ermöglichen, aber gleichzeitig die Kontinuität einer Lebensbiografie sichern.

Die Geburt ist der biografische Beginn einer Kette von Bewegungen, die folgen und bewertet werden müssen. Ankommen und Einleben in einer Familie, Aufbruch aus der Familie in den Kindergarten, von dort in die Schule, in die Berufsausbildung oder ins Studium, in die eigene Familiengründung, in ein Arbeitsverhältnis und wieder hinaus in die Rente, am Ende ins Grab. Stationen unserer Lebens- und Lernbiografie mit unterschiedlichsten Erfahrungen und tiefen Prägungen. Die Pubertät gilt zu Recht als eine der schwierigsten Auf- und Umbruchphasen im Leben und könnte als Beispiel für viele andere Formen von emotionalen, geistigen und sozialen Wechseljahren dienen. Jede Station hat ihre kritische Kehrseite und die Möglichkeit eines Umbruchs und Scheiterns im Gepäck. Die Arbeit hat die Arbeitslosigkeit, die Heirat die Trennung, die Gesundheit die Krankheit im Rücken und umgekehrt. Jeder Mensch durchschreitet diese zum menschlichen Leben gehörenden typischen Ereignisse, aber für jeden sind sie mit einem anderen, dem spezifisch subjektiven Erleben verbunden, das sie aus der allgemeinen Erfahrung heraushebt und zum Teil der jeweils einzigartigen Biografie macht. Das Biografische entsteht durch die Zusammenführung und Integration von Ereignis und Erlebnis, von dem objektiven, an das Ereignis gebundenen mit dem subjektiven, an das persönliche Erleben gebundenen Geschehen.

Von einem solchen bedeutsamen Umbruch, in den viele Menschen durch den Verlust ihrer Erwerbsarbeit hineingezwungen werden, erzählt Carla Kellermann. Sie ist arbeitslos, Mitarbeiterin der Frankfurter Tafel, 53 Jahre alt, und noch ist der Leittitel ihrer Lebensmelodie:

Hoffnung gibt man nicht auf

»Es macht mich wütend, dass ich vom Staat abhängig bin. Ich will arbeiten und finde keinen Job. Sobald die Personalchefs auf der Bewerbung mein Geburtsjahr sehen, werde ich nicht einmal mehr zum Gespräch eingeladen. Ich bin zu alt, falle durch das Raster und bin plötzlich chancenlos auf dem Arbeitsmarkt … Niemand sagt mir offen ins Gesicht, dass es an meinem Alter liegt, aber natürlich ist mir klar, dass ich deshalb als schwer vermittelbar abgestempelt werde … Dabei würde ich mir auch die Hände schmutzig machen, ich bin mir für nichts zu schade. Ich will Geld verdienen und davon mein Leben und das meiner kleinen Tochter bestreiten können, ich will von niemandem abhängig sein. Das ist eine Frage der Würde, meiner Würde … Mein Alter empfinde ich in vielerlei Hinsicht als Blockade. Heute muss man jung und dynamisch sein, schon als vierzigjährige Frau gehört man zum alten Eisen … Jeden Tag werde ich älter, die Zeit rennt mir davon. Ein Jahr bin ich jetzt schon arbeitslos … Meinen Lebensabend mag ich mir unter diesen Umständen gar nicht ausmalen. Nur eine Minderheit der Alten in Deutschland kann sich Kreuzfahrten, Reisen in den Süden und ein Häuschen auf Mallorca leisten … In meinem Leben geht es mit zunehmendem Alter abwärts. Ich kann mir nichts aufbauen, nicht die Früchte des Lebens ernten, bei mir bricht vieles weg.«[15]

Jeder größere Umbruch, vor allem die erdrutschartigen, sind mit Fragen verbunden, die »ans Eingemachte gehen«, wie der Volksmund sagt, und Erklärung verlangen. Warum passiert gerade mir das und warum gerade jetzt? Was habe ich falsch gemacht? Worauf kann ich mich jetzt noch verlassen, wem vertrauen? Wer hat Schuld? Bin ich Opfer? Wie sieht der eigene Anteil aus? Welche Vorstellungen, inneren Bilder, Erwartungen und Bedürfnisse meines Lebens wurden bisher erfüllt, welche blieben auf der Strecke und warum? Soll, kann und muss ich Hilfe in Anspruch nehmen? Wovor habe ich Angst? Gibt es ein Licht am Ende des Tunnels? Lust, Bedürfnis, Aktivität und Kampf, Befriedigung sind die eine Seite der Medaille, die Leben heißt. Angst, unbefriedigte Bedürfnisse, Passivität und Rückzug, Frustration die andere Seite. Zwischen diesen Polen spielt Leben sich als Spannungsbeziehung ab. Wer lebt, hat, solange er atmet, Gegenwart und Zukunft, zumindest bis zum nächsten Atemzug, auch wenn es der letzte ist. Leben braucht das Motiv, das in ihm selbst steckt. Es will leben. Wenn das verloren geht, wird es dunkel, im Menschen selbst und um ihn herum. Mit Körper, Geist und Seele und allen Facetten des Lebens sind wir in die biografische Arbeit einbezogen, die der Befriedigung unserer Lebensinteressen dient, den Frust zu vermeiden sucht oder verarbeiten muss, wenn Enttäuschungen, Versagen und Niederlagen, schwierige Umstellungen, Umdenken und herausfordernde Lernprozesse auf der Tagesordnung stehen.

Biografie als Speicher von Lust und Frust

»Weißt du noch?« ist eine beliebte Frage, wenn Menschen sich treffen, die eine gemeinsame Zeit miteinander hatten und an besondere Erinnerungen anknüpfen möchten. Bedeutende Erfahrungen in der Vergangenheit, vor allem Umbrüche, tauchen aber auch im Dialog mit uns selbst auf, sind Trittsteine im Weg der Biografie. Die Wechseljahre, eine der größten Transformationen des weiblichen Körpers, sind für viele Frauen nicht nur körperlich, sondern auch emotional und sozial»abgespeichert«, weil es wirklich Jahre des Wechsels sind, die besonders deshalb eine große Herausforderung darstellen, weil Frauen sie auch als

Krise des Älterwerdens in einer Kultur wahrnehmen und meistern müssen, in der sie mit einem körperlichen Jugend- und Schönheitswahn konfrontiert werden, der sie schnell zum alten Eisen zählt. Was von der Medizin wie eine Krankheit behandelt wird, ist eigentlich eine normale, biologisch notwendige wie sinnvolle Umstrukturierung und lebensgeschichtliche Umwälzung, die wie nicht anders zu erwarten auch mit unterschiedlichen seelischen, geistigen und sozialen Reaktionen und Veränderungen einhergeht. Die Rockmusikerin Ina Deter stand in ihren Wechseljahren staunend vor sich selbst und stellte später wütend die Frage, warum es eigentlich keinen Aufstand der Sechzigjährigen gibt.

»Ich bin vor Kurzem sechzig geworden und finde, das ist ein guter Anlass, ab jetzt die Jahre rückwärts zu zählen. Heute nehme ich diese Zahlen leicht, doch vor zwanzig Jahren war ich dazu noch nicht in der Lage. Ich hatte gerade meinen größten Erfolg mit *Neue Männer braucht das Land*. Dann kam mein vierzigster Geburtstag, und ich dachte, das ist jetzt ein Einschnitt, jetzt gehöre ich zum alten Eisen, bald werde ich nicht mehr auf der Bühne stehen. Zwei Jahre später, mit zweiundvierzig, erlitt ich einen Nervenzusammenbruch. Bei einem Umzug rastete ich richtig aus, schmiss einen Stapel Zeitungen die Treppe hinunter und eine Vase gleich hinterher. Ich war völlig außer mir, aber ich konnte mir nicht erklären, was mit mir los war, und bat eine Freundin um Hilfe. Es waren die Wechseljahre, die bei mir recht früh kamen. Ich war überhaupt nicht darauf vorbereitet und stürzte in eine tiefe Krise, ich war depressiv, zweifelte an allem, stellte meine Arbeit, mein Leben, einfach alles in Frage. Ich wurde unruhig und ängstlich. Die heftigen Hitzewallungen machten mir zu schaffen, aber im Vergleich zu meinem psychischen Zustand waren sie das kleinere Übel ... Älterwerden bedeutet, dass man lernen muss, die Vergänglichkeit des eigenen Körpers zu akzeptieren. Die Sensibilität der Sinne verändert sich, nicht nur die Haut, auch die Stimme altert ebenso wie Augen und Ohren. Meine Stimme ist zum Beispiel einen Ton tiefer geworden, und mittlerweile sehe ich im Taucheranzug besser als im Badeanzug aus ... Wer ein paar Kilos mehr auf den Rippen hat, gilt schon als fett. Models hungern sich zu Tode, junge Mädchen eifern ihnen nach und werden magersüchtig. Wie krank muss eine Seele sein, wenn man nur über Äußerlichkeiten Anerkennung empfängt? Ich frage mich, was die Frauenbewegung überhaupt gebracht hat? Warum gibt es keinen Aufstand der Sechzigjährigen? Wir brauchen ein Bewusstsein für uns selbst. Wir dürfen uns nicht vom Urteil anderer abhängig machen. Nur so können wir gelassen älter werden.«[16]

Lust und Frust sind zwei wichtige Eckpfeiler im Prozess der biografischen Erfindung des Lebens. Sie geben dem menschlichen Gehirn und seinen Erinnerungssystemen ein schwarzes Brett für ihre Merkzettel. Affektive Bilder von besonderen Ereignissen, geliebte oder verhasste Musik, kränkende und lobende Worte, gute und schlechte Gerüche, Gesichter geliebter oder Angst einflößender Menschen, markante Begegnungen, großartige Erlebnisse, konfliktreiche Erfahrungen und vieles mehr hinterlassen als Erinnerung lebendige Spuren im biografischen Gedächtnis. Sie heften sich an die Fersen des Lebens und lagern sich abrufbar in der Biografie eines Menschen ein. Wir alle haben solche affektiven und bildhaften Erinnerungen im Repertoire. Der Blick der Mutter, als sie ihre Trennung von der Familie beim Sonntagsbraten verkündete. Die Bemerkung der Schwägerin zum Hochzeitskleid kurz vor der Trauung. Die vernichtende Bemerkung des Lehrers zum weiteren Verlauf der Schulkarriere vor der ganzen Klasse. Der Tag der Kündigung, der Diagnose, an dem der Vater starb, der Auftritt der Beatles nach stundenlangem Warten, der romantische wie der profane Ort der ersten oder der letzten Liebeserklärung.

Hinter jeder neuen Lust oder jedem Freudensprung, die ein Mensch verspürt, steht meistens eine zurückliegende gute Erfahrung, ein Gelingen, ein Erfolg, der biografisch abgespeichert wurde. Je beeindruckender und lustvoller sie waren, umso lieber wollen sie reaktiviert und wiederholt werden. Je weiter Liebeserlebnisse zurückliegen, desto romantischer werden sie. Die Biografie ist also ein wunderbarer aktiver Lustspeicher. Auch hinter jedem längeren Frust, jeder großen Enttäuschung, jeder prägenden Niederlage, jeder strengen Abweisung, jeder beschämenden Strafe stehen biografische Erfahrungen, die in der Gegenwart allerdings nicht auf Wiederholung, sondern auf Vermeidung drängen. Von den Eltern abgelehnt, von geliebten Menschen betrogen oder öffentlich würdelos und verachtend behandelt worden zu sein, gehört zu den nachhaltigsten »Frusterfahrungen« vieler Menschen, die ihre biografischen Spuren oft in seelischen Störungen, körperlichen Krankheiten oder sozialen Auffälligkeiten hinterlassen. Die Biografie ist also auch ein aktiver Speicher für alle Arten von Lebensschmerz und Enttäuschungen und kann starrsinnig bis ans Sterbebett an Kränkungen festhalten, anstatt sie erlösend für das Verzeihen zu öffnen.

So wie ein 50-jähriger Patient, ein Taxi-Unternehmer, der seit frühester Kindheit darunter litt, keine Anerkennung zu finden. Sein Vater, ein Fabrikbesitzer, sowie die gesamte väterliche Familie zogen den älteren Bruder aus der ersten Ehe des Vaters als Erben vor. Als er sechs Jahre alt war, ließen seine Eltern sich scheiden. Danach kümmerte sich sein Vater nicht mehr um ihn, und seine Mutter verweigerte ihm das Geld für den Besuch des Gymnasiums. Sein Leben lang war er bemüht, allen zu beweisen, dass er trotz seiner Zurücksetzungen erfolgreich sei. Seine Hoffnung bestand darin, jetzt, nachdem er selbst Besitzer eines Unternehmens war, Anerkennung zu finden. Seine Frau war jedoch unzufrieden mit ihm, entwertete seine Tätigkeit und weigerte sich, ihm bei der Arbeit zu helfen. Als dann der Besitzer des Hauses, in dem sich sein Unternehmen befand, überraschend kündigte, fühlte er sich wie früher vom Vater im Stich gelassen. Hektisch plante er den Bau eines eigenen Hauses. Aber auch durch diese scheinbare Autonomie gelang es ihm nicht, die Wünsche nach Sicherheit, Versorgung und Anerkennung abzuwehren. Kurze Zeit später erlitt er vier Herzinfarkte kurz nacheinander.[17]

Diese Biografie erzählt von Erfahrungen, die viele von uns in der einen oder anderen Weise aus ihren Familien und anderen Lebenszusammenhängen kennen. Nicht immer werden sie so beherrschend. Ablehnung, Ausgrenzung, fehlende Anerkennung können auch zu Widerstand, Stärke und kreativen Überlebensstrategien führen. Der tiefe Stachel, unangenehm aufzufallen, negativ beurteilt und geradezu verfolgt zu werden, sitzt auch in Phil, einem schönen Jungen mit einem ernsten Gesicht und dunkelbrauner Haut. Bis zur vierten Klasse hat er schon sechsmal die Schule gewechselt, einige Male ist er rausgeschmissen worden. Trotz dieser Erfahrungen sorgt er immer dafür, aufzufallen und lässt sich schwer an die Hand nehmen. Sein Vater verließ die Mutter schon vor Phils Geburt. In einer kleinen Geschichte, die er sich von der Seele schreibt, hat er eine wunderbare Idee zur Lösung seines Problems, das ihm nicht verborgen geblieben ist.

Die unglückliche Katze

»Es war einmal eine Katze, die konnte keiner leiden, weil sie einen riesigen Stachel in einem Finger hatte. Deshalb haben andere Katzen sie geärgert und ausgelacht. Eines Tages kam eine

Maus und hat ihr den Stachel rausgezogen. Die Katze war der Maus immer dankbar, und dann wurden sie ganz dicke Freunde und lebten glücklich bis ans Ende ihrer Tage.«[18]

Wenn das eigentliche Bedürfnis nicht befriedigt wird, macht das Leben Ausweichbewegungen in verschiedene Richtungen. Manchmal soll und kann eine Ersatzbefriedigung helfen, Mangel und Enttäuschung zu überwinden. Gefühle wie Scham, Wut, Abhängigkeit, Hilflosigkeit oder Neid sollen unsichtbar bleiben, auch wenn sie im Untergrund rumoren und das Innenleben vergiften. Leben will leben, nichts mehr und nichts weniger, aber dazu braucht es biografische Lösungen. Ohne mich geht nicht, lautet immer wieder die Devise. Die individuellen Lebensinteressen und Bedürfnisse aber sind kulturell geformt, mit Erwartungen angereichert, kommen als Grundbedürfnisse oder Sonderwünsche daher, haben Sprengkraft, sind auf Vergleich aus, fordern und hoffen als individuelle und soziale Bedürfnisse auf Anerkennung, Befriedigung, Gerechtigkeit und rechtlichen Schutz. Notfalls schlagen Menschen mit Gewalt um sich, wenn sie nicht erreichen, was sie so dringend brauchen, auch wenn der richtige Zweck die falschen Mittel nicht heiligt.

»Gelebtes« und »ungelebtes Leben« agieren in der Biografie wie ein verliebtes, mutiges, aneinander verzweifelndes, miteinander kämpfendes oder resigniertes Paar, das um seine jeweilige Zukunft ringt und sich dabei mit der Unvorhersagbarkeit, Unsicherheit und Überraschungsart des Lebens auseinandersetzen und abfinden muss. Mit dem Gedanken des »ungelebten Lebens« bezeichnet Viktor v. Weizsäcker[19] all jene in der individuellen Lebensgeschichte nicht verwirklichten Möglichkeiten, Hoffnungen, Wünsche und Fantasien, also einen fiktiven Lebensentwurf, der starke und nicht selten krankmachende Wirkungen hat, gerade weil er nicht verwirklicht werden konnte. Sozusagen eine Wühlmaus, die immer wieder für Unruhe sorgt, und deren Klagelied mit dem Satz beginnt:»Hätte ich doch damals! Den anderen Mann gewählt, die andere Arbeitsstelle angenommen, mich getrennt, das Haus nicht gebaut, die Schule gewechselt.«Das, was in unserem Leben nicht Tatsache wurde, weil wir keine Wahl hatten oder uns zum Zeitpunkt der Wahl für eine Alternative entschieden haben, taucht aus dem Untergrund auf und zeigt plötzlich erneut Wirkung, wenn eine getroffene Entscheidung fragwürdig wird oder in einer ähnlichen Situation wieder einmal nach biografisch richtigen, möglichst besseren Lösungen gesucht wird.

Die Erfindung und Gestaltung unserer Biografie leben von der Überraschungskunst des Lebens und seiner grundsätzlichen Unvorhersagbarkeit. Deshalb bleiben auch gelebtes und ungelebtes Leben in ständiger Auseinandersetzung und geben ihren Streit miteinander nicht auf. Wie will ein Mensch beim Verfassen seiner Patientenverfügung heute ermessen, ob seine gegenwärtigen persönlichen Entscheidungen und Wünsche zur medizinischen Versorgung seine Würde und Interessen auch morgen noch angemessen schützen werden? Wie finden wir heraus, ob der richtige Partner, die richtige Schule für die Kinder, der richtige Zeitpunkt für eine Trennung, ein die Zukunft sichernder sinnvoller Beruf, die passenden Freunde, der angemessene Wohnort für das Alleinleben im Alter überhaupt zur Wahl stehen? Zu jeder bisherigen Lebensentscheidung gab es eine Alternative, gegen die entschieden wurde, oder die nicht in Frage kam. Wir treffen Entscheidungen mehr oder weniger frei, oft intuitiv, viel mehr nach dem Gefühl als nach rationalen Argumenten, wie wir meistens glauben. Oft zu schnell oder gar nicht und meistens ohne Kenntnis der Nebenwirkungen und Folgen. In der Lebenswirklichkeit müssen sich diese Entscheidungen biografisch bewähren, also praktisch werden, und erst dann ist eine Aussage über Sinn und Wert möglich. Wenn Menschen vor wichtigen Alltagsentscheidungen oder bedeutsamen Einschätzungen stehen, spüren sie ihre Zweifel und Wissensdefizite, müssen sich mit ihren ambivalenten Gehirn- und Gefühlswelten konfrontieren, das Für und Wider abwägen und letztlich die selbst gesetzten Grenzen überschreiten, um Unmögliches möglich zu machen.

Nicht selten müssen Menschen viel riskieren, um ihre Wahlfreiheit zu wagen und eine tiefe Veränderung in ihrem Leben einzuleiten. Viele müssen aus fremden oder selbst errichteten Gefängnissen ausbrechen, die ihr Leben mit Körper, Geist und Seele eingesperrt halten, um sich für den Prozess ihrer Selbstheilung zu entscheiden, ohne dass ein Erfolg garantiert ist. Das Risiko, dass der Ausbruchsversuch scheitert, hält Menschen immer wieder zurück, und sie bleiben, wo und wie sie sind.

Sina, 19 Jahre, essgestört, schreibt bei ihrem Versuch, die Fesseln der Krankheit Magersucht zu sprengen, »*an den Teufel in mir, der mich quält, oder an mich, die ich mich selbst quäle*«.

Verschlossen

heute hast du mich
wieder verschlossen
ich sah wie du
den Schlüssel zu mir
in deine Tasche gleiten ließest
sah ihn fallen
wie in Zeitlupe
ganz langsam
versuchte ihn zu halten
hörte dich auflachen
als es mir misslang
schadenfroh kreischen

ich spürte dich in mir toben
wie du mit Begeisterung
mein Inneres zu Trümmern
schlugst
und von all dem Spaß
nicht genug bekamst
niemand konnte dich stören
hattest ja die Tür verschlossen

zuletzt sah ich
dich grinsen
als du einen mächtigen
Stein auf meine Seele rolltest
und ausgelassen
darauf herumsprangst
um ihn noch schwerer
zu machen
in deiner Hand
hieltest du triumphierend
den Schlüssel[20]

Nicht nur Kinder müssen durch Höllen wandern, um beim Namen zu nennen, was ihnen geschieht, wenn andere Menschen und die Bedingungen ihres Lebens über sie verfügen, so dass ihnen die Luft ausgeht. Um Leben zu lernen und die eigene Biografie zu erfinden, brauchen wir kognitive, emotionale und soziale Kompetenzen, aber vor allem Freiheit und eine tiefe Leidenschaft und nachhaltige Neugier auf Leben, um uns dem Weg zu den wandernden Horizonten und dem offenen Spiel zu stellen, der mit der biografischen Arbeit verbunden ist. Kinder sind mehr als Erwachsene und aus der Not ihrer Abhängigkeit heraus von Forschungsdrang beseelte Privatgelehrte, Spezialisten für biografische Erfindungen und Experten im Weg durch die Fremde. Alles, was das erste Mal vor ihren Augen, Ohren oder Händen auftaucht, ist unbekannt und verwandelt sich in eine Lernaufgabe. »Learning by doing«, Lernen durch Tun, ist das Prinzip und die Methode jeder Biografie.

Kinder wissen, dass man Leben ausprobieren muss. Das fängt beim ersten Atemzug nach dem Kappen der Nabelschnur an, setzt sich beim Versuch fort, das Saugen an einer fremden Brust zu lernen, und ist bei den ersten Balancierversuchen beim Sitzen, Stehen und Gehen auch nicht leicht. Kinder beschaffen sich wenn nötig unter härtesten Bedingungen das zum Leben notwendige Wissen, suchen nach sinnstiftenden Erklärungen und vergleichen die Ergebnisse, wenn man sie lässt. Sie fragen weiter, wenn sie unzufrieden sind, verweigern sich, leisten Widerstand und müssen die schmerzliche Erfahrung machen, dass man sich irren kann oder dass andere Kinder ein besseres Leben haben, mehr Möglichkeiten bekommen, mehr geliebt und beschützt werden. Und anders als viele Erwachsene, die auf ihrem jeweiligen Lebensweg durch die Fremde diese Neugier und Leidenschaft zum Leben zu verlieren drohen, können Kinder das erschütternde Lebensgefühl, das mit der Verweigerung von Lebensbedürfnissen als Ablehnung, Ausgrenzung und Freiheitsverlust verbunden ist, auch noch in Worte kleiden.

Der von einer Lehrerin jener schon erwähnten Klinikschule der Kinder- und Jugendpsychiatrie verfasste Bericht über eines jener Kinder, die in den Akten als »schwierig, schwer erziehbar oder unbeschulbar« beschrieben werden, zeigt auf eindrückliche Weise, vor welcher Herausforderung die Erfindung einer Biografie in jungen Jahren stehen kann.

»Es war einmal ein kleiner Junge, der hieß Mark. Er lebte zusammen mit seiner älteren Schwester und den Eltern in einer kleinen Wohnung. Die Mutter weinte viel, der Vater machte ein hartes Gesicht. Mark bewunderte ihn und hatte große Angst vor ihm. Für den Familiensonntag hatte sich der Vater ein besonderes Ritual ausgedacht. Die beiden Kinder zitterten schon am Abend vorher und konnten nicht einschlafen. Was sie wohl wieder erwarten würde? Am Sonntagmorgen rief der Vater dann seine Kinder zu sich, auf dass sie ihr Schicksal für die kommende Woche selbst in die Hand nähmen. Dies geschah in Form eines kleinen Zettels, den sie aus einer drehbaren, mit vielen Schnipseln gefüllten Trommel ziehen mussten. Der Vater hatte sie extra dafür gebaut, sogar schön angemalt, das konnte er gut. Auf den Losen war die Zahl für die Schläge für die kommende Woche angekündigt, verteilt auf die sieben Tage, und je nachdem gab es mal mehr, mal weniger Prügel. Es war auch immer ein großes Los dabei, das eine ganze Woche ohne Schmerzen versprach ... Die Schreie der Kinder gingen unter ... wenn doch einmal eine dunkel gefärbte Stelle (auf der Kleidung) zu sehen war, sagten sie, dass sie sich gestoßen hätten ... So ging das über Jahre. In der Schule kam der Junge nicht mit. Er konnte sich nicht konzentrieren. Er benahm sich wie ein wildes Tier. Er schrie und spuckte die Lehrer an. Er prügelte sich mit den Kindern ... und eines Tages kam dann doch alles ans Tageslicht ... Der Richter hat dem Vater eine Strafe verpasst ... die Schwester blieb zu Hause. Den Jungen haben sie aus der Familie genommen.«²¹

Der kleine Mark kam unter den Schutz der »öffentlichen Erziehung« und dort in eine Schule, in der die Lehrerinnen nicht nur Akten lesen, sondern hören wollten, wie es ihm bisher ergangen ist, woher er kommt, was er sich erträumt und was er davon erzählen möchte. In seinen Geschichten und Bildern beschreibt und malt er das weite Meer, große Schiffe, U-Boote, Seeräuber, die auf eigene Faust leben. Seine biografischen Erfindungen, wie er sich über Wasser halten könnte. Aber er beschreibt auch, wie er sich wirklich fühlt:

Ich heiße Alf und bin ein Kaugummi

Ich lebte in einer Kaugummipackung.
Eines Tages holt mich ein kleiner Junge heraus
und isst mich auf. Da kaut und beißt einer auf mir
herum.
Aber das Schlimmste kommt noch:
Plötzlich spuckt er mich aus. Man tritt und trampelt
auf mir herum. Und wie es so kommt, bleibe ich an
einer Schuhsohle kleben.
Der Schuh wird in den Müll transportiert.
Und von hier aus der Mülltonne kommt mein Bericht.[22]

Der biografische Wert der Jahre

Wenn wir nach Zeugung und Geburt das Licht der Welt erblicken und bis zum Ende unserer Tage weiterreisen, ist es unsere
Aufgabe, die »Schöpfungs- oder Evolutionsgeschichte« der
menschlichen Gattung mit unserer eigenen Geschichte fortzu-
schreiben. Das Ergebnis dieser geheimnisvollen Aufgabe ist offen. Intuitiv und durch die vorgeburtliche Erfahrung geschult
wissen wir bis auf die Ebene der Zelle, dass wir diese Aufgabe
grundsätzlich erfüllen, aber nicht allein bewerkstelligen können. Neun Monate intensiver Gestaltungsarbeit für den großen Wurf, der Leben heißt, liegen hinter jedem neuen Erdenbürger, eine der kürzesten Ausbildungszeiten, wenn man an die
umfassende, sich ständig verändernde Arbeitsaufgabe denkt,
die auf jeden zukommt. Der kleine Mensch weiß bei der Geburt
bereits, worum es geht, und kommt mit einigen entsprechenden Erfahrungen aus dem Zusammenleben im Mutterleib zur
Welt. Zum Leben braucht man eine Grundversorgung, die die

biologischen Bedürfnisse und physische Integrität sicherstellt; unterstützende Beziehungen, damit die Seele wachsen kann, nützliche Bezugssysteme, stabile Netzwerke und eine Umwelt, die im Austausch von allem mit allem das Herausforderungspotenzial für die körperliche, geistige, seelische, spirituelle und soziale Entwicklung zur Verfügung stellen. Damit der Mensch aber sich selbst, seine Wirksamkeit und seine Nützlichkeit erfahren kann, müssen in allen Lebensphasen lösbare Aufgaben bereitgehalten werden, die der kleine, der erwachsene wie der alte Mensch im Kontext seiner Fähigkeiten und Fertigkeiten auch bewältigen kann. Nur so kann er sich auch den Respekt, die Anerkennung und den Stolz erwerben, den jeder Mensch auch für seine Selbstachtung braucht.

Wir beginnen unser Leben mit einer »Hausbesetzung«, ob uns das politisch angenehm ist oder nicht. Wir nisten uns in der Gebärmutter ein und bekommen auf diese Weise neun Monate bedingungsloses Asyl einschließlich Grundsicherung. In seiner Nacktheit gibt es »Leben« zwar als Geschenk, aber auf diese Weise wird gleichzeitig klar, dass der Mensch um seine Existenz ringen und sie gestalten muss. Ein befristeter Arbeitsvertrag, an dessen Ende nach neun Monaten die »fristlose Kündigung« steht, war zwar ausreichend, um die biologischen und physiologischen Voraussetzungen für die weitere biografische Arbeit zu schaffen, zeigt aber auch, wie fragil, ergänzungsbedürftig und abhängig von weiterer Hilfe menschliches Leben ist. Die Gefahr, ins Bodenlose zu fallen, und die Unsicherheit, die damit ausgelöst wird, begleiten als latente und reale Todesangst die Lust auf Leben und den Lebenswillen als Antrieb zur biografischen Arbeit. Wer tief liebt, hat immer auch die Angst, den Geliebten oder das Liebgewonnene zu verlieren. Trennungsängste aller Art begleiten unser Leben von Kindesbeinen an, und der Versuch, sie durch Kontrolle zu mildern, misslingt auf Dauer. Die Möglichkeit, etwas oder alles zu verlieren oder an dem zu scheitern, was uns besonders wichtig erscheint, ist als Verletzlichkeit und Endlichkeit dem Leben dauerhaft beigegeben.

Solange wir leben, suchen wir auf brüchigem Boden nach einem festen Halt unter den Füßen, nach Trittsteinen und Haltegriffen, wenn wir ins Wanken kommen. Wer klettert und hoch hinauf will, braucht ein Seil, das ihn sichert, um anzukommen. Menschen wollen sich irgendwo niederlassen, Heimat gründen und beherbergt werden. Der größte Teil der lebenslangen biografischen Arbeit ist zielgerichtet dieser Aufgabe gewidmet. Auch die Wahl des Friedhofs gehört dazu. Die Bereitstellung und Gestaltung von Lebensorten, die uns beheimaten, nähren, sichern, bilden und aktivieren, ist lebensnotwendig. Wie früher im pränatalen Geburtsraum das Urvertrauen wuchs, dass die Welt es gut mit uns meint, so brauchen wir auch später Räume, die unser Vertrauen ins Leben stärken und die »mitgeborene«, weil reale Verlustangst mildern, vertraute Heimat zu verlieren. Getrennt sein, »abgenabelt« werden, sich loslösen, Abschied nehmen, allein sein sind die Herausforderungen der menschlichen Lebensreise und verbinden sich über Schmerz, Trauer und Hilflosigkeit vor allem mit dem Gefühl, Sicherheit und Halt zu verlieren, die im Vertrauten lag.

Simeng, ein 14-jähriges Mädchen aus China, musste wegen einer schweren Erkrankung ein halbes Jahr in einer Bremer Kinderklinik behandelt werden. Sie hat die Einsamkeit und Verzweiflung durch ihre Sprachbarrieren und die Abwesenheit ihrer Familie in der Kunsttherapie aufgearbeitet. »Durch die Bilder hat sie sich ein Stück Heimat ins Krankenhaus geholt«, erzählt die Kunsttherapeutin. »Sie hat mit Tusche wunderschöne chinesische Aquarelle auf Reispapier gemalt.« Bei einer schweigsamen Patientin mit Altersdemenz konnte der Geruch einer Erbsensuppe vehemente Heimatgefühle auslösen und die präzise verbale Beschreibung ihres Küchenofens zur Zeit des

Krieges hervorlocken, auf dem sie damals die »beste Erbsensuppe aller Zeiten« gekocht hat. Das Herz wird nicht dement. Es bewahrt ein Stück Vertrautheit, die dem Gehirn schon verloren gegangen ist.

Lebensorte, ihre Gestaltung wie ihre emotionale Besetzung spielen in fast jeder Biografie eine bedeutende Rolle. Sie sind wie Anker im Fluss des Lebens, die tiefer reichen als angenommen, dem Menschen Herkunft und Entwicklung garantieren und manchmal in der Erinnerung aufwühlen, was eigentlich schon zu den Akten gelegt worden war. Ein solcher Ankerplatz ist der Geburtsort. Sein Name ist so lange fester Bestandteil unseres Personalausweises, bis er letztmalig auf der Sterbeurkunde erscheint. Geburtsurkunden verewigen in vielen Teilen der Welt Zeit und Ort der Ankömmlinge, ordnen den einzelnen Menschen namentlich anderen Menschen oder einem Land zu und besiegeln dabei sinnigerweise die Tatsache, dass es sich bei den Ankömmlingen um »Erdenbürger«, »Kinder der Mutter Erde« handelt. Diese Aufnahme in die menschliche Gemeinschaft hilft nicht nur beim Zählen der Weltbevölkerung, sie macht über die Geburtsorte und Jahreszahlen auch deutlich, ob die Geborenen irgendwie geachtet und beschützt sein werden, wie und wo Menschen wahrscheinlich Hunger leiden, auf der Flucht sein, ihrer Menschenrechte beraubt oder an solchen Krankheiten sterben werden, an denen man eigentlich nicht mehr sterben müsste. In den Tagebüchern der Menschen füllen sich manche Seiten, bevor diese selbst den ersten Eintrag gemacht haben.

Die menschliche Biografie steht unter Beweislast. Mit Ausweisen, Aufenthaltsnachweisen, Arbeitspapieren soll der Mensch belegen, wer er ist. Wer ohne Ausweis und Lebensbeweise lebt, geht verloren, ist ein Verschwundener in den Akten, die Buch über uns führen. Welche biografische und persönliche Bedeutung Geburts-, Lebens- und Sterbeorte wie ihre Zeiten haben werden, zeigt sich nicht bei der Beurkundung, sondern stellt sich erst im Verlauf des konkreten Lebens heraus. Was bedeutet es, mitten im Bombenregen in Dresden am 13. oder 14. Februar 1945 geboren zu werden, im Brandschutzkeller ohne Kinderzimmer unter dem Heulen der Sirenen die ersten Begegnungen mit der neuen Welt hinter sich zu bringen? Wie verarbeitet ein 9-jähriger Junge, der eigentlich auf seinen zehnten Geburtstag zwei Tage später wartet, diese Nächte in Dresden in seiner Biografie? Im Internet steht der »Erlebnisbericht« mit den Erinnerungen des Kriegskindes Lothar Metzger, die auch nach 66 Jahren ungetrübt erscheinen.

»Der Fliegeralarm gegen 21.30 Uhr war für uns Kinder eine Angelegenheit, die wir kannten. Das Heulen der Sirenen auf dem Nachbarhaus, schnelles Aufstehen nachts, anziehen und in den Keller rennen waren wir gewöhnt. Meine große Schwester und ich trugen je eine unserer Zwillingsschwestern. Unsere Mutter betrat kurz nach uns den Keller des Hauses. Sie trug einen Notkoffer und Milchflaschen für die Kleinen. Ein Hausbewohner hatte ein Radio im Keller, und mit Entsetzen hörten wir die Meldung: ›Achtung, starke feindliche Bomberverbände befinden sich im Anflug auf das Stadtgebiet.‹ Diese Radiomeldung ist nahezu wörtlich, für mich unvergesslich. Kurze Zeit später hörten wir ein schreckliches, nie gehörtes lautes Brummen, die Motorengeräusche der anfliegenden Bomberverbände. Unmittelbar danach begann das Inferno der pausenlosen Explosionen und Detonationen. Unser Keller begann zu brennen und an einem Ende war er offensichtlich eingestürzt. Das Licht erlosch, und verletzte Hausbewohner schrien furchtbar. Es entstand Panik, und alle Hausbewohner versuchten den Keller zu verlassen. Uns gelang es. Meine Mutter und meine große Schwester trugen einen Wäschekorb, darin befanden sich unsere Zwillinge. Ich hielt meine kleine Schwester an der Hand, mit der anderen Hand hielt ich mich an Mutters Mantel fest.

Als wir die Straße betraten, erkannte ich diese nicht mehr. Von unserem Haus war unsere vierte Etage, damit unsere Wohnung, nicht mehr vorhanden, der Rest des Hauses brannte. Ebenso standen die anderen Häuser unserer Straße in hellen Flammen. Immer wieder begleitet von heftigen Explosionen und einstürzenden Häusern. Brennende Flüchtlingswagen, Menschen und Pferde, die im Todeskampf schrecklich schrien, verletzte Frauen, Kinder und alte Menschen, scheinbar ziellos umherlaufende Menschen, die sich einen Weg durch die Trümmer und Flammen suchten, sah ich ...!
Zu meinem zehnten Geburtstag am 16. Februar, ich hatte ihn vergessen, überraschte mich meine Mutter mit einem kleinen Stück Wurst, welches sie von einer Verpflegungsstelle des Roten Kreuzes zusätzlich erbettelt hatte.«[23]

Geboren in den Minuten des Erdbebens in Port-au-Prince auf Haiti und gleich zum Waisenkind geworden, meldet eine Zeitung. Wer erzählt dem kleinen Jungen später die Geschichte seiner Geburt und den frühen Verlust seiner Eltern? Geboren und aufgewachsen im sozialen Brennpunkt der »Bronx« von New York, abgehauen, Karriere gemacht, als reicher Mann zurückgekommen und die kleine Kirche aus Kindertagen vor dem Abriss gerettet! Wie gelingt das und warum so vielen anderen Kindern aus der Bronx nicht? Geboren im Wien der Zwanzigerjahre, in Berlin bei Kriegsausbruch, heute und morgen in einem kleinen Dorf ohne Bahnhof und eigene Schule. Die Geschichten, die das Leben erzählt, fangen mehr oder weniger spektakulär mit der Geburt an irgendwelchen Orten an. Dann aber beginnen die Geborenen an diesen Orten inmitten der jeweiligen Umwelt ihr Leben zu erfinden und erzählen in ihren Biografien über ihre Arbeitsergebnisse.
Wenn jemand uns nach den Daten unseres Lebenslaufs fragt, wie wir heißen, woher wir kommen, wer unsere Eltern waren,

in welche Schule wir gingen, welchen Beruf wir lernten, was wir studierten, wen wir heirateten, von wem wir geschieden sind und wie viele Kinder unseren Namen tragen, haben wir wenigstens etwas in der Hand, auch wenn es dem Fragenden in der Regel nichts sagt und wir selbst ins Schwitzen kämen, wenn jemand nach der biografischen Bedeutung dieser Daten fragen würde. Die eigene Biografie als Umsetzungsgeschichte der Datenbank, in der das Leben subjektiv gestaltet und mit Bedeutung versehen wird, führt bei vielen Menschen ein Schattendasein. Selten tritt dieses Gesamtkunstwerk ins Rampenlicht, bleibt hinter dem Schein zurück, den ein Mensch jeweils wahren möchte, und in seinem biografischen Reichtum wie seinen Ambivalenzen weitgehend unverstanden. Das Biografische beugt sich dem voyeuristischen Interesse nach Offenlegung nur bedingt, gibt manches, wie zum Beispiel die eigene Erkrankungsgeschichte, auch sich selbst gegenüber nur notgedrungen preis und wahrt viele seiner Geheimnisse über den Tod hinaus. Dennoch arbeitet das biografische Bewusstsein ständig in den Spielräumen zwischen Vergangenheit, Gegenwart und Zukunft und entscheidet darüber, was im Nachdenken bewusst werden darf.

So wollen viele Menschen neben dem amtlich bestätigten Geburtsort auch wissen, wo nach ihrem Tod ihre Überreste verbleiben, und treffen persönliche Vorsorge, sogar hinsichtlich der Worte, die bei der Beerdigung gesprochen werden dürfen oder der Art des Kuchens, der gereicht werden soll. Totenkulte, Friedhöfe, Bestattungs- und Ahnenfelder gehören als »Wohnstätten der Toten« zur Kultur und bezeugen ähnlich den Geburtsritualen unsere Zugehörigkeit zur Gemeinschaft einer Familie, eines Dorfes, einer Nation, einer Religion, einer Ethnie. Die Vorstellung, unbekannt und unbeachtet in fremder Erde »verscharrt« zu werden, macht den Menschen Angst und erscheint würdelos, auch wenn sie das unbekannte Sterben der wohnungslosen und entwurzelten Menschen auf unseren Straßen, in den Flüchtlingsbooten auf den Meeren vor unserer Haustür oder auf den Schlachtfeldern irgendwo in der Welt oft nicht in den Blick nehmen. Die Denkmäler für die Gefallenen der Kriege in unseren Dörfern und die Gedenktafeln, die dem unbekannten Soldaten, den »Verschwundenen« in Diktaturen, den Opfern nach Attentaten oder den vielen namenlosen Opfern nach Naturkatastrophen gewidmet sind, erinnern daran, wie viel biografischer Schmerz sich hinter der Tatsache verbirgt, unbekannt und namenlos in fremder Erde zu ruhen. Irgendwie soll im erinnernden Nachdenken öffentliche Verbundenheit entstehen, dafür stehen die Denkmäler dieser Welt.

Lebensorte als biografische Schulen und Werkstätten der Zukunft

Die Lebensreise geht entlang der Lebensphasen von Ort zu Ort. Von unterschiedlicher Dauer, mehr oder weniger ereignisreich, prägen diese Aufenthalte mit ihren Erlebnissen die Biografie eines Menschen. Sie werden zur Quelle vorwärtstreibender Entwicklungen oder zu Stationen der Stagnation wie beispielsweise der Ort des Beginns einer großen Liebe, der schmerzliche Verlust eines geliebten Menschen, der Höhepunkt einer Karriere. Plätze langjähriger Erwerbsarbeit werden zu Lebensmittelpunkten und fühlen sich beim Verlust des Arbeitsplatzes wie eine umfassende Entwurzelung an, wenn Zechen oder Werften schließen, die für Familien über Generationen hinweg mehr als Broterwerb waren und in der öffentlichen Wahrnehmung eine ganze Region in ihrer Alltagskultur prägten. Bis heute bleibt für viele Menschen unklar, was bei der Wiedervereinigung

Deutschlands wirklich vereinigt wurde. Unter biografischen Aspekten der heimatlichen und kulturellen Orientierung ist es nicht verwunderlich, dass »Ossis« im Westen und »Wessis« im Osten ganz unterschiedliche Erinnerungen an früher oder Gedächtnislücken haben, wenn sie an die politische Landschaft, die verlassenen Geburtsorte, an ihre Schulen, die Kirchen oder was auch immer denken.

Es gibt Menschen, die lebenslang an ihrem Geburtsort, am Ort ihrer Arbeit, ihrer Hochzeit, am Sterbeort der Eltern oder im geerbten Haus verharren, auch wenn es sie nicht glücklich macht. Zu akzeptieren, dass Tausende im Angesicht der Katastrophe in Japan nicht in ihre Häuser und Dörfer zurückkehren können, erzeugt großes individuelles und nationales Leid. Andere Menschen werden in ihrem Leben zu Umzugsexperten, Beziehungs- und Trennungsspezialisten oder sind ständig auf der Flucht. Es gibt Menschen, die zehren von einem einzigen großen Erlebnis in ihrem Leben und schweigen viel, andere kommen aus den Abenteuergeschichten ihres Lebens samt Seemannsgarn gar nicht mehr heraus und verschweigen nichts. Kinder haben kein eigenständiges Aufenthaltsbestimmungsrecht und müssen meistens irgendwohin mitziehen, ob sie wollen oder nicht. In ihren Erzählungen kann man nachlesen über diverse Umzüge oder in Behördenakten über auffällig gewordene Kinder, die an den Folgen unfreiwilliger Verschleppungen wie Scheidung der Eltern, Schulwechsel, Auslandsaufenthalte, Wohnungswechsel, Verlust von Freundschaften leiden und manchmal scheitern.

Lebensorte sind komplexe Lernorte, schreiben ihre eigene Chronik und werden zu »biografischen Schulen«, in denen wir Erfahrungen machen, das zugehörige Wissen sammeln und ihnen Bedeutung beimessen. Hier lernen wir Weinen und Lachen, Freude und Wut, Liebe und Hass, Toleranz und Gewalt, Selbstbewusstsein oder Minderwertigkeitsgefühle, Aktivität oder Rückzug und vieles mehr. Städte und Dörfer, Familien, Verwandtschaften, Schulen, Kirchen, Straßen, Kneipen, Schrebergärten, Baumhäuser, Gärten, Hinterhöfe, Supermärkte und Tante-Emma-Läden, Gefängnisse, Gerichte und Polizeistationen, Marktplätze, spezielle Treffpunkte, Kino, Tanzschule oder Disco gehören zu diesen Schulen, die uns bei der Erfindung und Gestaltung unseres Lebens beeinflussen, unterstützen, behindern und formen. Unfallorte oder Krankenhäuser, Orte der persönlichen Bedrohung, können sich ähnlich wie Kriegsschauplätze im Kontext der spezifischen Ereignisse, die mit ihnen verbunden werden, unmittelbar ins Gedächtnis eingraben und bilden Brücken zwischen Ereignis, Erlebnis und nachhaltiger biografischer Erinnerung. Sie geraten zwar hin und wieder in Vergessenheit und verschwimmen im Nebel des Gedächtnisses, tauchen aber sofort wieder auf, wenn die Erinnerung sie bei einem ähnlichen Ereignis oder im Interview über eine Erkrankung wieder freigibt und emotional auflädt. Eine Brustkrebspatientin erzählt:

»Es gibt eine Schlüsselsituation aus der Zeit während meines ersten Krankenhausaufenthaltes. Mein Mann und meine eineinhalbjährige Tochter hatten mich besucht. Ich sah ihnen nach, als sie sich verabschiedet hatten. Mein Mann ging gebeugt, das kleine Mädchen an seiner Hand. In diesem Augenblick wusste ich: Ich werde euch nicht verlassen. Ich werde dich, mein Kind, nicht so allein lassen, wie ich es war. Wie ich das anstellen würde, wusste ich damals nicht. Aber es hat funktioniert. Offenbar habe ich mich von der bedrohlichen Situation abgewandt und bin in Richtung Leben gegangen.«[24]

Wenn der Enkel geboren wird, erinnert sich die Großmutter an die Schmerzen bei der Geburt ihrer Tochter, die jetzt Mutter wird. Wer sich Jahrzehnte nach dem Abitur bei einem Ehemaligentreffen noch einmal in die gleiche Schulbank setzt und sich an die Zündung des Knallfrosches erinnert, der den Klassenlehrer ausgerechnet bei der Rückgabe der Klassenarbeiten in Ohnmacht fallen ließ, wer die Angst vor Zeugnissen oder die erste Zigarette auf der Toilette erinnert, spürt, wie biografische Erinnerung arbeitet und welche nachhaltige Bedeutung Schulerfahrungen für die eigene Lernbiografie haben können. Prüfungserlebnisse aus Schule, Studium oder Berufsausbildung können zur biografischen Fessel werden, aber was jenseits realer Erfahrungen eine spätere Prüfungsangst moderiert, bleibt unklar. Manchmal löst allein die Vorstellung, dass man nicht gut genug, nicht schön genug, nicht stark genug für irgendetwas ist, eine Erwartungsangst aus.

Wie hilfreich könnte die emotional angereicherte, selbstkritische biografische Erinnerung für die Auseinandersetzung mit der Gegenwart sein? Reflektierte Erinnerungen an die eigene Schulzeit, die Pubertät, an die erste und die anderen Lieben, an die realen und eingebildeten Niederlagen, könnten zu guten Begleitern werden, die vor mühseligen Wiederholungen schützen. Was könnten wir für das eigene Verhalten als Eltern lernen, wenn wir das Besondere im Erziehungsverhalten unserer Eltern nicht nur faktisch erinnern, sondern seiner Wirkung in unserem Erleben nachgingen? Was könnten wir für unser Älterwerden nutzen, wenn wir uns an die Weisheit oder Verbissenheit der Großeltern, an die eigenen Verhaltensänderungen im Umgang mit eigenen Kindern und Enkeln im Verlauf der Jahre tiefer erinnern würden? Auf welche biografischen Erinnerungen stößt die junge Generation mit ihren Visionen oder ihrer Langeweile in uns? Wer hat sie unterstützt oder ausgetrieben, wenn wir welche hatten?

Flohmärkte sind biografische Erinnerungsschulen der besonderen Art und intergenerative wie interkulturelle Begegnungsstätten. Wenn Großeltern mit Kindern und Enkelkindern, Männer und Frauen, Einheimische oder Fremde über diese Märkte schlendern, kommen Erinnerungen und Wissensbestände aus unterschiedlichsten »biografischen Schulen« zum Vorschein. Der alte Bratentopf bringt Geruch und Geschmack von Großmutters spezifischem Sonntagsbraten mit dem besonders gewürzten Rotkohl in die Nase. Das Angebot einer alten Säge erinnert an die Faszination, die Wut oder die wärmende Zuneigung, die Vaters Werkstatt im Keller auslöste, wenn er entweder seinen Kindern mit unglaublicher Geduld etwas erklärte, oder aber dort abtauchte und nie zu sehen war. Lieblingsbücher samt Vorlesesessel im Wohnzimmer springen ins Auge und fragen, warum man eigentlich den eigenen Kindern so wenig vorgelesen und die eigenen guten Erfahrungen damit verweigert hat. Alte Telefone, Schreibmaschinen, Faxgeräte oder ausrangierte Kopierer bringen Arbeitswelten ins Spiel und Generationen ins Gespräch über die Schnelllebigkeit der Kommunikationssysteme. Reiseführer, alte Fotos und Mitbringsel aus aller Welt stiften zum Staunen und manchmal zur Buchung der nächsten Reise an.

Biografien sind mehr als Datenbanken des Lebens. Sie sind auch etwas anderes als die Lebens- und Bildungsläufe, die wir einer Bewerbung beilegen, wenngleich beides zu ihnen gehört. Wer sich in die Biografie und die biografische Arbeit eines Menschen eindenkt, entdeckt das »Milieu«, in dem sie entstanden und entwickelt worden sind, sieht Strukturen, die sich bewusst und unbewusst gebildet haben, und entdeckt die Geschichte von Verhaltensweisen, die den Boden für Mut, Selbstvertrauen, für Abstürze, Krisen, aber auch Neubeginn bereitet haben. Vor allem sieht der Biograf sich selbst. Zu verstehen, wer wir sind und wie viele Seiten wir haben, wie wir geworden sind, was wir sind, und dabei biografisch auf die Suche nach Perspektiven und notwendigen Entscheidungen dafür zu gehen, wer wir morgen und in weiterer Ferne sein wollen, müssen, können, sollen oder dürfen, gehört zum Lehr- und Lernprogramm in biografischen Schulen und zu jenem Curriculum, das wir selbst schreiben.

Mit 32 Jahren, aber bereits sterbend, setzt sich der schwer an Krebs erkrankte Fritz Zorn zum ersten Mal bewusst mit der »Lebens- und Lernstimmung« wie dem »sozialen Milieu« seiner »biografischen Schulen« auseinander und fragt nach den Grundlagen seiner Normalbiografie, die er als junger Mann aus einer reichen bürgerlichen Familie in der Schweiz wie von selbst entwickelt hat. Das Fazit, das er zieht:

»Ich hatte überhaupt keine Probleme und ahnte, dass es auch besser so war, weil ich mich noch nicht hätte damit auseinandersetzen können, wenn ich welche gehabt hätte. Kurz: Ich erfüllte alle Voraussetzungen, um ein unglücklicher Mensch zu werden. Gesagt, getan. Ich wurde krank.«[25]

Familien sind Abenteuer und Wundertüten des Lebens

Familien und ähnliche Lebensgemeinschaften sind bewegt bewegende Lernorte, die jeder Mensch in seiner Biografie durchlaufen muss. Sie sind in jeder Hinsicht komplexe, durchaus schwierige Geburtsstätten für alles, was in der Biografie eines Menschen losgetreten und ausgetragen wird. Die leibliche Existenz braucht vom ersten bis zum letzten Atemzug Ernährung und Pflege, Erneuerungen, Ergänzungen, auch Ersatzteile. Von seelischen und geistigen Geburten lebt der Mensch, seit er auf der Welt ist, und überall sind gute und schlechte Hebammen unterwegs. Leben lebt von Übergängen. Jeder Mensch ist von einem Vater und einer Mutter auf den Weg gebracht worden, war einmal irgendeines Menschen Kind und bleibt es auf geheimnisvolle Weise. Die Übergänge von der Kind-, Eltern-

zur Großelternrolle, vom Ernährer der Familie zum Hilfsempfänger, vom glücklichen Familienvater zum schwulen Geliebten, von der spielfreudigen Mutter aus Kindertagen zur an Demenz erkrankten älteren Frau, mit der ihre Pfleger »Mensch ärgere dich nicht« spielen, enthalten ein umfassendes »Geburtsprogramm«. Manche fühlen sich nach Verlassen der Primärfamilie im eigenen Heim wie neugeboren, andere kehren aus unterschiedlichen Gründen zurück, um ihre Eltern zu pflegen, wieder andere können sich fast an nichts erinnern oder werden die erste Familie innerlich nie los. Wäre die Mutter anders, der Vater verlässlicher, die Geschwister nicht so neidisch gewesen, überhaupt wäre die Familie eine andere gewesen, lautet das lebenslange Klagelied für Menschen, die sich selbst kaum oder nie auf die Spur kommen wollen oder können. »Geburtswehen«, »Zangengeburten«, »Lobeshymnen« und »Klagelieder« begleiten die biografische Werkstatt Familie lebenslang.

Wie, was und wer wir geworden sind, was wir sind oder zu sein glauben, steckt als offenes Geheimnis in uns als den Wundertüten aus dieser Familienwerkstatt, enthält unerwartete Schätze, böse Überraschungen und reicht für das ganze Leben. Jeder von uns mag sich fragen, welches Familienunternehmen ihm seine besonderen Erfahrungen mit Liebe und Hass, Zusammenhalt und Isolation, Ermutigung und Behinderung, Lebensfreude und Lebensangst, Geiz, Neid, Eifersucht und vieles mehr vermittelt, das jetzt gelebte Familienbild geprägt und die Hoffnung auf Verbundenheit gestärkt oder erschüttert hat. Welche besonderen Familienarten tauchen im eigenen Bestimmungsbuch auf? Welche Bemerkungen, Erinnerungen und Beurteilungen stehen zwischen den Zeilen des gelebten Lebens? Welche Familienarten kennen Sie, wo haben Sie Teile Ihres Lebens verbracht? In Klein- oder Großfamilien, Scheidungs- und Suchtfamilien, gleichgeschlechtlichen, unverheirateten und Schwiegerfamilien, früh verwitweten und alleinerziehenden Familien, Flücht-lings- und Migrantenfamilien?

Familien sind Abenteuer im Dschungel der Gefühle. Ihre Denkarten sind oft so ungewöhnlich wie ihre Kommunika-tions- und Unternehmenskulturen, die Erfolge und Konkurse einzelner Familienmitglieder erwartet oder eben nicht erwartet wie manch anderer Zufall im Leben. Wie entstehen diese merk-würdigen unbekannten Wesen, die wir Familie, Ehe, Partner-schaft oder Lebensgemeinschaft nennen, in denen sich fremde Menschen miteinander verbünden, um ein gemeinsames Leben zu führen und sich dabei auch Krankheit und Krise zu stellen? »Bei der Liebe wird man erst von einem Pfeil getroffen. Was danach kommt, soll dann aber nicht mehr wehtun«, hofft das Mädchen aus dem dritten Schuljahr. Was als wärmendes Nest geplant war, kann zum Eisschrank der Gefühle werden.

Das unbändige Bedürfnis nach Zugehörigkeit und Liebe, ohne die es kein Überleben gibt, ist zentrale Grundlage und leitendes Motiv, das jeden Menschen zur biografischen Erfindung seines Lebens antreibt und ihn zunächst in der Familie hoffen lässt, geliebt und angenommen zu werden, aber auch selbst lieben und annehmen zu können. Leben rechnet mit Selbstwirksam-keit und Wirkung, besonders in der Liebe. Kinder kämpfen des-halb bis zur Selbstaufgabe um die Aufrechterhaltung der fami-liären Gemeinschaft, wollen in ihr bleiben, sie schützen und um jeden Preis unterstützen. Biografien von Adoptions- und Scheidungskindern, von Schulversagern, Heimkindern und an-deren kleinen Menschen mit Schwierigkeiten zeigen, mit wel-cher Kraft und Fantasie Kinder zunächst um die Zuneigung ih-rer Eltern, dann um die der Erzieher, Lehrer oder Freunde ringen. Auch Erwachsene kämpfen bis zur Selbstaufgabe um ihre Beziehungen, aber meistens resignativer, mit mehr Bitter-keit, Hass, Verzweiflung und »Mordgedanken« aller Art.

Wie bedeutsam es ist, an uns selbst zu erfahren, wie wir unsere eigene Suche nach Familie biografisch erlebt haben, sie befriedigt oder enttäuscht wurde, zur Selbstaufgabe zwang oder unsere Selbstverantwortung für Liebe gestärkt und die Fantasie angeregt hat, ein liebender Mensch zu werden, können wir dann entdecken, wenn uns klar wird, dass es bei dieser Suche eigentlich um die Entdeckung eines Lebens in Koexistenz und die Pflege der »Menschenfamilie« geht, auf die sich unsere biografische Sehnsucht richten muss. Nur so können wir weitergeben und teilen, was wir als Liebe und Zuneigung bekommen haben, und nachholen oder annehmen lernen, was wir vermissen und dringend brauchen, indem wir uns öffnen. Neben der Familie kämpfen wir in Kindergärten, Schulen, Erziehungsheimen, in unterschiedlichsten Lebens- und Arbeitszusammenhängen, im Krankenhaus, Altenheim bis ins Hospiz direkt und indirekt immer wieder um das gleiche Bedürfnis, nämlich auf- und angenommen, gesehen, gehört, anerkannt und um unserer selbst willen mit Würde behandelt zu werden. Nicht nur Kinder reagieren mit Auffälligkeiten, Erkrankungen und Verhaltensstörungen, wenn das nicht gelingt und der »Haussegen« in den verschiedenen Lebens- und Arbeitsgemeinschaften schief hängt.

So wie wir einerseits in einem beschützenden wie offenen Netzwerk von gegenseitiger Liebe, achtsamer Bezogenheit, respektierter Intimität und machbarer Selbstverantwortung eine uns tragende seelische Struktur und Lebensklugheit entwickeln und erarbeiten können, so können wir uns andererseits in den auferlegten oder frei gewählten Lebens- und Arbeitsgemeinschaften verstricken und das Gefühl für Freiheit, Würde und für uns selbst verlieren. Auf den Projektionsflächen für die biografischen Interessen und Wünsche von Eltern, Partnern, Kollegen und anderen Menschen, die erziehen, kontrollieren und erlaubt oder verbotenerweise emotionale, körperliche und ökonomische

Macht ausüben, werden Menschen dann zu Sündenböcken, schwarzen Schafen, Versagern, Störenfrieden, Leisetretern und Feiglingen und in die Irre geschickt. Nicht immer ist klar, in welcher Art von Netzwerk wir leben. Von einem auf den berühmten anderen Augenblick ändern sich durch Krankheit, Krisen und ganz gewöhnliche Ereignisse die Verhältnisse, und es geht drunter und drüber. Aus den schwarzen Schafen wird doch noch etwas, der Stille haut plötzlich auf die Pauke, dass das Trommelfell platzt, der gute Vater entpuppt sich auf dem Sterbebett als einer, der viel auf dem Kerbholz hat. Normale werden ver-rückt und Ver-rückte normal, und nicht immer kann man zwischen ihnen unterscheiden. Familiengeheimnisse und Lebenslügen sind Langstreckenläufer mit großer Wirkung, überleben manchmal Generationen, überqueren Kontinente, sind die berühmten Leichen im Keller gewöhnlicher Häuser und haben mit Missbrauch, Gewalt, Betrug, Erbschleicherei, aber auch mit kleineren Fehlern und Ausrutschern zu tun, die Familienmitglieder verschweigen oder ungeschehen machen wollen.

Wie ein Vogel, der weiß, dass er fliegen kann, bleiben Menschen, die wissen, dass sie gehen können, immer wieder in Käfigen der Familiengeschichte oder anderer Geschichten gefangen, können sich nicht lösen, unerträgliche Verhältnisse nicht verlassen, bleiben wütend an das gebunden, was sie nicht bekommen haben, und versenken das eigene Lebenslied in den Klageliedern über das, was Gesellschaft, Politik, die Reichen und Mächtigen, Vater, Mutter, Schwester, Bruder, Oma und Opa, eigentlich die ganze Welt, versäumt haben, um ihnen einen glücklicheren, effektiveren, erfolgreicheren Zugang zum Leben zu bahnen ...
  Biografische Arbeit ist ein Weg zur Selbsthilfe, eine Erfindungs- und Erinnerungsarbeit, die bereit machen kann, das Erlittene nicht zu wiederholen, weiterzugeben oder zu rächen.

Die Schritte jeder wirklichen Selbsthilfe sind klein und langsam, überlagern sich manchmal in der Verdoppelung der Krisen. Selten erobern wir die Welt im Sturm, und selten kommt eine Krise allein. Die 19 Jahre alte Sina Reinarz, die an Magersucht leidet, reflektiert während der Zeit der Auseinandersetzung mit ihrer Erkrankung ihre Verstrickung mit dem abwesenden Vater im Käfig der Familiengeschichte:

Vater

wo warst du
und wer
bist du und wer
gibt dir das Recht
nicht da zu sein
ich habe
dich niemals gebraucht

habe gelebt
in deinem Schatten
getanzt mit
dem Rücken zu dir
mit dem Gesicht
zur Sonne

doch wo
bin ich
und wer bin ich
und wer
gibt mir das Recht
nicht da zu sein
jetzt
so du mich brauchst[26]

Der heimliche Lehrplan der Familienbande

Die die Biografie formende Macht der Familienbindung kann auch zur »Bandenbildung« führen. Nicht selten wirken Familien und andere Lebensbündnisse wie »verschworene Gemeinschaften«. Und nicht zufällig organisieren sich Jugendbanden und andere kriminelle Milieus oft »familienähnlich« und üben gerade deshalb eine spezifische Anziehungskraft auf Kinder und Jugendliche aus, die in ihren Familien nicht klarkommen. Straßenkinder könnten kaum ohne den »großen Bruder« oder einen, der den Boss oder den Vater vom Ganzen spielt, überleben. Familien-Bande wirken im Innenraum der Familie oft subtil und unauffällig, nicht immer mit der Faust, die auf den Tisch und anderswohin schlägt. Anstatt sich selbst auszuprobieren, selbstständig zu werden, sich an sinnvollen Aufgaben abzuarbeiten oder im eigenen Rhythmus den aufrechten Gang einzuüben, werden viele kleine Menschen schon früh mit undurchschaubaren Aufgaben, inneren Auflagen und Missionen bedacht, auf deren erfolgreiche Erfüllung so genannte »Erziehungsberechtigte« setzen.

Die siegesverdächtige Eiskunstläuferin oder der Wundergeiger stehen ebenso auf den heimlichen Wunschzetteln von Familien wie der Hoferbe, der erste Familienakademiker, Vaters Prinzessin, die jeden betört, oder Mutters zärtlicher Sohn, der aber auf keinen Fall schwul werden darf. Manche müssen einen verstorbenen Geschwisterteil ersetzen, andere haben das falsche Geschlecht, sollen den verlorenen Partner ersetzen, zu pflegenden Angehörigen gemacht werden oder für die Religion der Eltern ihre freie Seele samt Geist und Glauben aufs Spiel setzen. Familien-Netzwerke werden auf diese Weise zu »Spinnennetzen« in der Biografie, in denen sich Familienmitglieder einschließlich zukünftiger Mitglieder der Clans wie hilflose Fliegen verfangen. Schwiegertöchter und -söhne, Schwäger und neue Partner, Stiefmütter und neue Väter aller Art können ein Lied davon singen!

In der Krankengeschichte eines 19-jährigen Mädchens mit sehr intensiven Kopfschmerzen hat sich der familiäre Leistungsanspruch als biografischer Dauerbrenner erwiesen. Arthur Jores beschreibt einen psychosomatischen Fall: »Schon als Kind waren die Schulleistungen Mittel, Anerkennung von den Eltern zu erwerben, zu denen ein recht neutrales und wenig herzliches Verhältnis vorlag. Das hatte zur Folge, dass jenes Kind, obwohl eine der besten Schülerinnen, vor jeder Klassenarbeit zitterte und bebte. Die Kopfschmerzen wurden besonders heftig, als es nach der Schule mehr dem Wunsch der Eltern, die selbst ein Geschäft hatten, folgend, Verkäuferin wurde, und nun mangels Eignung in diesem Beruf versagte. Die Lehrzeit musste wegen heftiger Kopfschmerzen abgebrochen werden.«[27]

Delegation nennen Wissenschaftler dieses Phänomen der unbewussten Aufträge und übertragenen Erwartungen. In den Lebens-, vor allem Kranken- und Therapieberichten vieler Frauen und Männer kann man die Fortsetzung solcher frühen Aufträge wie die Entwicklung und den ideologischen Ausbau von »Missionen« als biografische Konstruktionsmuster »gebundener Delegierter« wiederfinden. Ich selbst war froh, dass mich weder meine Mutter noch meine Lehrer je in eine nationalsozialistische Idee verwickelt haben, aber ich konnte an meinen engsten Freunden beobachten, was es für die eigene Entwicklung bedeutete, einen Vater bei der SS, eine Mutter als Kommunistin im Gefängnis, einen Bruder oder eine Schwester in einer religiösen Sekte zu haben.

Lebensgemeinschaften sind »lebende Systeme«, die wie alle anderen zunächst einmal dazu neigen, sich selbst zu erhalten. Auch im Kampf untergehender politischer Systeme sehen wir diese Struktur. Es sind die alten »Väter« und manchmal auch »Mütter«, die auf Macht, Geld und Hausgewalt pochen und der Aufkündigung der Verhältnisse ihren Selbsterhaltungstrieb entgegensetzen. Oft neigen Familien mit männlichen und weiblichen Oberhäuptern dazu, vor allem starre, angeblich effektive Strukturen zu erhalten und zu verfestigen. Familientherapeuten nennen das »Malignen Clinch« oder »bösartige Ordnung«, weil sich auflehnende Familienmitglieder nur mit Hilfe von außen aus diesen Ordnungen befreien können.[28] Ihre eigenen hilflosen Versuche auszubrechen, enden oft in Hohn, Spott und der Verachtung der »Machthaber« und werden dann wie beim umgedrehten Spieß über Scham und Schuldgefühle in Selbstmissachtung, Selbstentwertung, Selbstbeschuldigung oder maßlose Wut verwandelt.

Viele Ausstiegsgeschichten aus Sekten, Banden und spezifischen Familienclans lesen sich wie Frontberichte über lebensgefährliche Belagerungszustände, in denen einer den anderen bewacht und Worte wie Gefühle an Mauern aus Beton und Steinen abprallen. »Stone walling« heißt der therapeutische Fachbegriff. Unter solchen Lebensbedingungen greifen Körper und Seele zu Symptomen und rufen um Hilfe, der Geist stellt sein eigenständiges Denken ein, und der Mensch unterwirft sich mit kleinen und großen Lebenslügen dem Geschehen, um mit dem Verlust der eigenen Wurzeln fertig zu werden. Das Leben verliert seine Meinungs-, Handlungs- und Bewegungsfreiheit. Diese Art der Selbstaufgabe wie der Verlust der eigenen biografischen Utopie gelten ironischerweise oft als »gelungene Anpassung« an die vorgegebenen familiären oder gesellschaftlichen Strukturen, sind subjektiv aber eine »Anpassungskatastrophe«. Leben erfüllt sich nur dort, wo es in der Biografie die Spielräume zwischen Anpassung und Widerstand, zwischen dem Vorgegebenen und dem noch Möglichen sucht, diese nutzt und dadurch Wachstum zulässt. Selbst ein in der Familie immer wieder missbrauchtes Kind wie Karin entwickelt einen Spielraum für ihre Zukunft und glaubt fest an eine gewaltfreie Liebe mit Eheglück. Das drückt sie in der Psychiatrie so aus:

Die Vogelliebe

Es war einmal ein Vogel, der hieß Donni:
der war immer lieb und nett.
Und eines Tages kam eine liebe Vogeldame
zu ihm und sagte:»Du solltest mal endlich heiraten.
Du bist doch so alleine!«
Und Donni wurde ganz rot am Schnabel –
er war nämlich verliebt, also in die Dame,
mit der er gerade sprach. Und er fragte:
»Wen soll ich denn heiraten?«
»Mich«, sagte Tiffi, und er wurde noch roter als sonst.
Und er sagte:« Ja.«
Am anderen Morgen feierten sie Hochzeit, und
sie lebten in Zufriedenheit.[28a]

Die Unfähigkeit vieler Menschen, Konflikte konstruktiv auszutragen und auf entwertende Strategien wie Bestrafung, Ausgrenzung und Mobbing zu verzichten, erschwert die biografische Arbeit, ein freier, sich selbst bestimmender und eigenverantwortlicher Mensch zu werden und dies auch zu bleiben, wenn man in Abhängigkeiten, Versuchungen und schwierige Gewässer gerät und auf brüchigem Boden wieder Land gewinnen muss. Viele Menschen halten Desinteresse für Neutralität und »Coolbleiben« für Überlegenheit. Die Angst vor dem lebendigen, angemessenen Ausdruck von Gefühlen nimmt im Leben vieler Menschen zu. Der Druck, was man sollte oder nicht sollte, darf oder nicht darf, will oder nicht will, kann oder nicht kann, lässt nicht nach. Je länger aber Bedürfnisse, Wünsche und Gefühle auch aus Angst vor Enttäuschung zurückgehalten oder wichtige Anforderungen nicht erfüllt werden, umso schwieriger wird es, sie zu kontrollieren und ihre Bedeutung für notwendige Veränderungen einzuschätzen. Der leidenschaftliche Versuch, keinen Fehler zu machen, in keine Falle zu geraten oder eingefahrene, verhasste Familientraditionen nicht zu unterbrechen, kostet meistens mehr Energie, als sich entschieden und selbstbewusst zu verhalten und das eigene Wohlbefinden zu verbessern.

Wo Unrat im Keller liegt, kann der Dachboden voller Schätze sein. Familien und andere Lebens- und Lerngemeinschaften wie Schulen, Universitäten und Parlamente brauchen ganz offensichtlich Übungsfelder für die biografische Selbstreflexion, für emotionale, geistige und soziale Kompetenz, die Freiheit und Eingebundenheit in Koexistenz ermöglichen, biografische Kreativität und individuellen Erfindergeist fördern, Anpassung und Widerstand im Auge haben und Bündnisse gegenseitiger Gefangennahme unattraktiv machen.

Beheimatung in der Welt und in uns selbst

Lebensvollzug ist als biografische Erfindung des Lebens ein schöpferischer Prozess, wechselseitige Auseinandersetzung mit allen Aspekten der Wirklichkeit und den komplexen Dimensionen der menschlichen Existenz. Das Ergebnis dieses Prozesses ist die Biografie eines Menschen, weder eindeutig noch voraussehbar wie ein physikalischer Vorgang zwischen Ursache und Wirkung, sondern die reflektierte wie unbewusste Begegnung einer lebendigen Person mit den individuellen und gesellschaftlichen, subjektiven wie objektiven Bedingungen des Lebens. »I did it my way«, lautet der Titelsong dazu. Und anders als beim freien Fall, den man im Experiment wiederholt, weiß man zu Beginn seines Lebens nicht, wo dieser »Fall« enden wird und wie oft man zwischendrin ins »Bodenlose« fällt und wieder aufstehen muss oder kann.

Eine Biografie ist ein leibhaftiges Arbeitsergebnis mit festem Wohnsitz, bis zum Tod unkündbar, auch wenn wir unserem Leben manchmal kündigen und es am liebsten vor die Tür setzen würden. Biografisches Leben bewohnt als Eigentümerin das Haus, in dem wir leben, unseren Leib samt Gehirn und Inhalt, ist Mieterin und Untermieterin zugleich, fühlt sich für den Unterhalt des Hauses und anstehende Reparaturkosten zuständig oder nicht. Biografien sind immer auch Sozialbiografien, legen Zeugnis ab von Gesellschaften, Kulturen, Rechten und Pflichten und manchmal auch von »höherer Gewalt«, wenn Kriege oder Naturkatastrophen einzelnen Menschen oder ganzen Völkern den Boden unter den Füßen wegziehen. Das Haus der Biografie hat Fenster und Türen. Der Raum dazwischen macht des Hauses Bewohnbarkeit umso besser, je mehr diese nach innen wie nach außen aufgehen und Durchzug wie Rückzug erlauben. Treppen und Stiegen für Auf- und Abstiege gibt es überall! Parkett für Ausrutscher und einfache Dielen, die tragen, knarren oder nur die tiefsten Löcher in unserer Existenz abdecken auch. Das biografische Haus hat Stauräume für das, was wir wegpacken oder nicht loslassen konnten; Balkone für schöne Aussichten, Weitblick oder vergebliche Minnegesänge, und Kellerräume für die berühmte Leiche, die wir noch nicht beerdigt haben. Erst durch die biografische Lebensarbeit zeigt sich dem Menschen, wie er wohnt, was in ihm steckt und wie er gemeint ist.

Die Ökonomie des Lebens braucht eine andere Wirtschaftskunde und Gebrauchswertlehre als die Ökonomie der Waren, ein anderes kunden-, nicht warenorientiertes Marketing, einen nährenden, genussreichen, nicht nur verbrauchenden Konsum von allem, was das Leben und mit ihm Körper, Geist und Seele brauchen, um zu werden, was dem Einzelnen wie der Gemeinschaft möglich ist. Vor allem braucht diese andere Ökonomie Zukunftswerkstätten, in denen es um einen kreativen, achtsamen wie kritischen Umgang mit menschlichen wie gesellschaftlichen Entwicklungen geht. Für die Vision einer lebendigen, lebbaren und nicht nur verplanten Zukunft müssen wir mehr davon ausgehen und einkalkulieren, dass die Fähigkeit zur Selbstorganisation das vorrangige Kennzeichen lebendiger Systeme, also auch einer Lebensbiografie, einer Familie, einer Gesellschaft ist. Mehr denn je sind jene Zukunftswerkstätten wie der einzelne Mensch selbst auf ein Wissen über die biografisch sichtbar gewordenen Ressourcen, über die unentdeckten Talente, die subjektiven Fertigkeiten und Probleme auch derer angewiesen, die auf der Strecke geblieben sind. Wer mit Blick auf eine lebbare Zukunft die biografischen Erzählungen über das subjektive Leiden und das Leiden an der Gesellschaft übersieht, leugnet oder aus der kollektiven Erinnerung streicht, bleibt der Zukunft die menschliche Perspektive schuldig. Das Motto »Ex und Hopp« oder »schneller Gewinn« gefährdet die Art und Weise, wie Leben lebt. Leben und Biografie setzen auf Nachhaltigkeit, brauchen Nachdenklichkeit und müssen lebenslang mit Nachwirkungen rechnen.

Überall sind professionelle Entwicklungsstrategen mit pädagogischen, medizinischen, religiösen und politischen Konzepten vom richtigen Leben unterwegs, die den Lebenden die Unkosten eines eigenständigen Lebens ersparen wollen und sie auf eine Weise enteignen und für dumm verkaufen, dass einem die Luft wegbleibt. Unser biografisches Wissen ist lebenswichtig. Wir brauchen das Mitüberlegen der anderen, ihre Visionen und Ermutigungen, die Berichte über Experimente, die glückten, und über Fehler, aus denen wir für die biografische Arbeit des Einzelnen wie der Gemeinschaften lernen können. Was meiner Meinung nach fehlt, ist der Respekt vor dem »objektiven Faktor Subjektivität« und vor der menschlichen Würde, die jedes Lehr- und Lernverhältnis bestimmen muss. Leben und Lebensklugheit kann man nicht als Ware verkaufen, weil es beide nur in biografischen Ausgaben gibt. Bei jedem großen oder kleinen Problem winken überall Experten und andere Lebensretter zu schnell, zu selbstgewiss, medial aufgepeppt mit ihren persönlichen Lösungen. Ohne Ansehen der konkreten Lebenslagen und Lebensfragen der Menschen vor Ort wedeln sie mit wissenschaftlichen Stellungnahmen und Zukunftsprognosen, mit Botschaften aus dem fernen Osten und dem nahen Westen, anstatt dem konkreten Leben mit Liebe, Arbeit und Wissen ohne Bevormundung unter die Arme zu greifen. So wie der Bäcker bei Frau Lange, der eine Langzeitarbeitslose, die sozusagen auf dem Zahnfleisch ging, als sie als Aushilfskraft zu ihm kam, mit seinem Kuchen und seinen Marzipanschweinen geradezu mit Leben »anfütterte«. Ein kleiner Ausschnitt aus der Biografie von Frau Lange zeigt, wie das gehen kann.

»Der Berliner war für die Oma in dem Moment auch eine Lebenslücke«

»Ich konnte nicht mehr. Ich war seelisch am Ende«, erzählt sie. Ihre Eltern, zu denen sie eine sehr enge Bindung hatte, sterben nacheinander innerhalb von drei Monaten – nach schwerer Krankheit, die sie vor ihrer Tochter verborgen hatten. Annegret Lange trifft ein Schlag nach dem nächsten, ohne dass sie begreift, ohne dass sie die Möglichkeit hat, in Ruhe Abschied zu nehmen. Und reagiert auf ihre Weise: Sie geht hinterher – beinahe. Wäre da nicht der Bäcker gewesen mit seinen Süßigkeiten, seinem Kuchen und seinen Kunden, die Annegret Lange anfangs stundenweise bediente und so durchs Reden, Rechnen, Einpacken, Tun wieder ins Leben zurückgelangt. Frau Lange sagt es so: »Das war geil. Ich fing wieder an zu leben. Ich hab gemerkt, was mir gefehlt hat.« Das Reden, das Verkaufen hat ihr gefehlt. Annegret hatte vor ihrer Erkrankung viele Jahre eine Versicherungsagentur geleitet. »Verkaufen kann ich«, sagt sie. »Und es war mir egal, ob ich der Oma einen Berliner verkaufte oder einem Kunden nach einem qualifizierten Gespräch eine Versicherung. Der Berliner war für die Oma in dem Moment auch eine Lebenslücke.«[29]

Die Wirkung von Arbeitslosigkeit bekommt mit Frau Lange und ihrem Bäcker ein biografisches Gesicht. Und sie lässt uns teilhaben an ihrem Kampf um ein eigenständiges Leben in Würde und daran, wie es wirklich ist: arbeiten zu wollen und nicht zu können, abgelehnt und gedemütigt zu werden, obwohl man für die eigene Geburt nichts kann. Leben ist Entscheidung und auf den Lebenswillen angewiesen. Beides braucht die biografische Arbeit. Eine spezifische Familiensituation, Krankheit, Trennung, der Verlust des Arbeitsplatzes, ein politischer Umsturz und andere Krisen treffen uns ungefragt und erzeugen »Lebenslücken«, wie Frau Lange es nennt. Was Philosophen, Dichter und Denker »Geworfensein« nennen, erwartet einen biografischen Gegenentwurf, eine konkrete, subjektive Antwort, auch wenn öffentliche, gesellschaftliche Hilfsangebote folgen müssen, weil viele zu lösende Lebensaufgaben die Kraft eines einzelnen Menschen überschreiten. Zum Glück fühlen sich die meisten Menschen irgendwie und von irgendwem »angenommen«, »erwartet«, finden viele ihre »Bäckereien«, wo sie gefüttert werden, um im Bild von Frau Lange zu bleiben. Aber viel zu viele haben das nicht, sind nicht nur materiell auf der Strecke geblieben, brauchen bei der Erfindung ihres weiteren Lebens und der Suche nach lebbaren Antworten im Mangel Hilfe zur Selbsthilfe. Im Dialog zwischen Ich, Du und Wir sind wir alle gefragt.

So auch die Lehrerin der elfjährigen Sonja, die in einer Psychiatrieschule Kinder aus schwierigsten Verhältnissen dazu ermutigt, ihrer biografischen Not und Sehnsucht Ausdruck zu verleihen, und ihnen Hoffnung auf eine Zukunft macht, in der sie nicht nur Rechte, sondern auch eigene Wünsche haben dürfen. Sonja schreibt sich ihren Kummer von der Seele:

Eine Mutter besäuft sich

Eine Mutter geht in eine Kneipe, und
nach drei Stunden ist die Mutter
besoffen. Und ihr Kind sagt zur
Mutter:»Du sollst aufhören zu trinken.«
Aber die Mutter sagt:»Misch du dich nicht ein.«[30]

Sonjas Unterricht endet nicht an der Schultür, wenn sie am Wochenende nach Hause fährt. Ihre härteste Schule ist das Leben zu Hause. Sie muss aufräumen, sauber machen, die Geschwister beruhigen und abends auf sie aufpassen, damit die alkoholabhängige Mutter mit ihrem Freund durch die Kneipen ziehen kann.

Sonja wird gebraucht. Wenn sie sich beschwert, gibt es »warme Ohren«. Die Kleinen sollen den Mund halten. Es reicht schon, wenn sie Dreck machen. Für Sonja wird die Schule zum Zuhause, sie lernt gern und kommt der Lehrerin wie eine Klassenmutti vor, die überall anpackt, alle versorgt, freundlich ist und sich selbst dabei zeigt, dass sie es anders machen will als ihre Mutter und es auch kann. Ihre Ärmel sind immer hochgeschoben. Im Erleben der Unversorgtheit hat das kleine Mädchen das Sorgen lieben gelernt, kein »Helfersyndrom«, sondern Lebenskompetenz entwickelt, mit der man die »Lücken« anderer Menschen auffüllen kann. »Resilienz« ist keine pädagogische Erfindung, sondern praktisch gewordener Lebenswille, der der Lebensangst den biografischen Lebensentwurf entgegensetzt und dabei unabhängig vom Alter unterstützt und gefördert werden muss.

Die Not, die aus dem Mangel entsteht, und die Angst vor dem brüchigen Boden des Lebens sind neben der Lebenslust und ihrer Befriedigung die entscheidende Antriebskraft für die dauerhafte und arbeitsreiche Erfindung der Biografie. Jede Chance, die man einem einzelnen Menschen für seine Entwicklung raubt, gefährdet auch den gesellschaftlichen Prozess und das gemeinsame Potenzial. Hoffnungs- und Hilflosigkeit paaren sich mit Autonomieverlust und der Gefährdung von Teilhabe, graben das Wasser ab und sind im privaten wie öffentlichen Leben Meilensteine für das, was Menschen und ihre Gemeinschaften krank und sinnentleert macht. Die entwerfende Geste für die eigene wie die gemeinsame Zukunft unterbleibt. Das Leben legt immer wieder Widerspruch ein, denn der Mensch ist mehr als sein Befund.

II Krankheit und Krise als biografischer Aufruhr: Der erkrankte Mensch ist mehr als sein Befund

Unterwegs: Ein persönlicher Reisebericht

Ich schaue zurück auf das Jahr 1990. Während einer Reise in die USA trifft mein Leben der berühmte Schlag aus heiterem Himmel. Sein Name dieses Mal: Diagnose »Brustkrebs«. Biografischer Aufruhr. Meine Welt steht Kopf, und ich weiß zunächst nicht, wo mir mein eigener steht. Als ich einige Jahre später für die Erstausgabe der Schweizer Zeitschrift »Story« etwas über meine Erfahrungen mit »Glück« schreiben soll, spült mein Kopf genau dieses Ereignis in mein Gedächtnis zurück. Unter dem Titel »Warm und weich wie Wolle« versuche ich zu beschreiben, was in jenen Tagen rund um den Befund in mir tobte, und wie widersprüchlich die Erfahrungen waren, die mein Fassungsvermögen damals überschritten. Der einigermaßen feste Boden unter mir tat sich auf und drohte mich in einen unendlichen Abgrund zu ziehen. Wie eine Blinde suchte ich mit meinem Stock nach festem Boden und erstaunlicherweise fand ich ihn von Zeit zu Zeit für kurze Augenblicke, um dann erneut zu straucheln. Der Mensch ist mehr als sein Befund, und mit der Diagnose beginnt ein biografischer Aufruhr der besonderen Art, das konnte ich vom Scheitel bis zur Fußsohle spüren.

Ich nehme diesen autobiografischen Erfahrungsbericht hier als lebendige Spur auf, weil spätere Krebserkrankungen und andere Lebenskrisen das damalige Erleben jener Mischung von Chaos, Aufbäumen und Glück nicht gelöscht haben, sondern erheblich zu meiner These von der »Genesung am Leben« und meinem veränderten Blick auf das dialogische Geschehen zwischen Biografie, Krankheit und Gesundheit beigetragen haben. Alles, was geschieht, findet mitten im Leben statt. In ihm erkranken wir – und nur zusammen mit und in diesem biografischen Leben genesen wir auch, so wichtig professionelle Hilfe auch sein mag. Und so der kleine Artikel von damals:

Das Glück warm und weich wie Wolle

Es war im Juli. Genau vor sechzehn Jahren. Ich war nach einer schwierigen Trennung, die das Glück einer großen Liebe abrupt beendet hatte, auf dem Weg nach Arizona, ins Land der Hopi und Navajo-Indianer, den Vorfahren meiner Seele. Dort lernt meine Seele immer das Fliegen, wenn sie zu sehr am Boden haftet.

Der Wunsch

Ich war nicht ausgezogen, um weiter das Fürchten einer verlassenen Frau zu lernen, sondern um das beruhigende und einmalige Glück zu spüren, ein Kind von Mutter Erde zu sein, das trotz Schwere Leichtigkeit erfahren kann. Nach dem quälenden Tanz um das Goldene Kalb der Liebe zu einem Mann und der anstrengenden Übung, das trügerische Gefühl des Eheglücks loszulassen, mitten in den biologischen und anderen Wechseljahren des Lebens, wollte ich wissen, ob ich mit dem Scheitern leben, meine Wunden zeigen und betrauern kann, ohne sie zur Schau zu tragen, und ob ich mit ihnen wild und voller Hingabe dem silbernen Mond und dem grenzenlosen Sternenhimmel einer Nacht in der Wüste Arizonas entgegenzutanzen vermag. Ich wollte mein Leben wieder einmal von den Fingerspitzen bis zu den Zehenspitzen spüren und mich daran erinnern, was uns von innen zusammenhält, wenn alles andere wegfällt.

Versteinert

Auf einer Insel vor Boston hatte ich vor meinem Weiterflug ins Indianerland Freunde besucht, war den ganzen Tag am Meer entlanggelaufen und abends trunken von der Sonne und dem Wind mit dem betörenden Gefühl eingeschlafen, mich in einer Aufbruchsstimmung zu befinden. Irgendwie hatte ich den Faden meiner Lebenslust wieder aufgenommen und erinnerte mich an einen Satz von André Heller: »Die Narben auf meiner Haut sind die Wallfahrten zu meinem Juchzen.«

Am nächsten Morgen wachte ich vom Kaffeegeruch auf, die Freunde riefen zum Frühstück. Ich saß auf meinem Bett, träumte in den Tag und spielte mit meiner Halskette. Doch dann stockte mein Atem. Plötzlich tastete ich einen großen Knoten am oberen Rand meiner rechten Brust. Ganz zufällig hatte ich ihn gestreift. Ich wusste sofort: Das ist Krebs! Von einer Sekunde auf die andere landete ich auf einer anderen Bühne meines Lebens. Der schöne Film vom Tag davor war gerissen, den anderen, dessen dramatische Eröffnungsmelodie mich gerade packte, wollte ich nicht wahrhaben.

Immer wieder suchte meine Hand den Fundort auf. Die Bilder wechselten im rasenden Tempo. Mal war es der Knoten, ein anderes Mal das ganze Herz, dann wieder ein Knorpel am Brustbein, ein Tumor, eine Metastase. Chaos im Kopf! »Das kann doch nicht wahr sein! Habe ich mich nicht irgendwo gestoßen? Die Krebsvorsorge lag doch noch gar nicht so lange zurück. Ohne Befund, hieß es da doch! So sehr konnten sich Ärzte doch nicht täuschen!«

Ich konnte machen, denken, fühlen, was ich wollte, meine innere Stimme diktierte monoton wie in einem Mantra die Diagnose Brustkrebs! Versteinert saß ich auf meinem Bett. Keine Sonne, kein Wind, kein Meer, kein Gespräch konnte Trost spenden. Statt Aufbruch fühlte ich nur noch, wie alles in mir und um mich herum zusammenbrach.

Außer sich sein

In rasender Fahrt ging es nach Boston. Ein befreundeter Arzt brachte mich ins Krankenhaus. Ich musste nicht lange auf das Ergebnis warten: die Mammographie war eindeutig und niederschmetternd zugleich. Der väterliche Arzt riet zur Rückkehr nach Deutschland und wünschte mir alles Gute. Nur wenige Stunden später saß ich wieder im Flugzeug. Ein guter Freund hielt mich fest im Arm. Mein Leben flog in rasendem Tempo durch meinen Kopf, wirbelte die Vergangenheit auf und machte aus allem eine Art Sumpf, in den ich zunehmend hineinsackte. Zwischendurch Standbilder. Menschen, die ich liebte. Menschen, mit denen es noch etwas zu klären gab. Situationen, Hoffnungen, Abschiede. Abgeschlossenes und Offenes. Gedanken kamen und gingen. Sie rannten durcheinander, wirbelten die Gefühle auf, hinterließen Staubwolken in einer Wüstenlandschaft, die keine Orientierung mehr bot. Die Todesangst hatte mich fest im Griff. Ich weinte um mein Leben. Mein Begleiter weinte manchmal mit, hielt mich fest und wollte zusammen mit mir nach vorne schauen. Aber ich wusste nicht, wo vorne und hinten, oben und unten, links und rechts ist.

Wohin die Reise?

Warum schon wieder so eine Krise? Ich hatte doch gerade ein Überlebenstraining in Sachen Liebe und Trennung hinter mir. Warum war mir nicht ein längeres Leben vergönnt? Ich wollte doch noch so vieles. Ich musste doch noch so viel erledigen. Und dann wurde es plötzlich ganz still in mir. Der Strom von Angst und Verzweiflung verlor seine überwältigende Kraft, der Sog wurde geringer. Ich spürte ihn zunehmend wie einen Bach, der leise vor sich hinplätschert, und irgendwann blieb er wie ein kleiner Teich in einer Moos- und Wiesenlandschaft mitten in meinem Körper stehen. Ich stand am Rande des Sees, und ein unendliches Gefühl von Glück stieg in mir auf. Vor mir stand mein Leben. So schön hatte ich es noch nie gesehen. Ich erkannte die Narben auf der Haut, spürte vergangene Schmerzen, sah die Erfahrung von Krieg, Flucht, Armut und Ausgrenzung, aber auch von Gestaltungskraft, Aufstieg, Erfolg, Abenteuer. Ich sah mein Lachen, die wissenden Augen, Rundungen der Schönheit, die ich vorher nie gesehen hatte. Die Lippen und der Mund zeugten von gutem Geschmack, vom Mut, das Wort zu ergreifen, der Lust zu lieben. Die Ohren waren mir und der Welt zugewandt, die Hände zeugten von Tatkraft, und im entscheidenden Augenblick um mein Leben zu rennen, hatte ich auch gelernt.

Das Geschenk

Das Glück, das mich von Kopf bis Fuß erfüllte, war, wie die Sufis sagen, warm und weich wie Wolle. Ich stand vor meinem Leben und verliebte mich über beide Ohren genau in dieses gelebte Leben. Das »Unglück«, das mich gerade am Haken hatte, packte, noch bevor ich die Auseinandersetzung mit meiner Krankheit begonnen hatte, sein Geschenk aus: die große zähe Liebe zum Leben. Das Glück, schon fünfzig Jahre, also ein halbes Jahrhundert gelebt zu haben. Ich hatte im Flugzeug mitten in der Angst, das Leben zu verlieren, meine alte Liebe zum Leben und die Kraft wieder gefunden, die mir das Leben durch alle Krisen hindurch immer wieder geschenkt hatte. Diese beglückende Liebe fühlte sich wie eine ganz junge, zu allem bereite an, eine hoffende Liebe, die vertraut und die man eigentlich nie verlieren kann, auch wenn sie manchmal in den Unglücksgefühlen der Krisen aus dem Blick gerät.

Ich bin bei allen Zweifeln noch immer verliebt in mein Leben, auf neue Weise auch in mich, die es lebt so gut es geht, in das, was mich trägt und in die Menschen, die mir helfen, Glück, Vertrauen, Liebe und Ekstase zu erleben. Siebenundsechzig Jahre meines Lebens sind vergangen. Wer weiß, wie viele es noch werden. Die Reise geht weiter, denn:

»Genau in dem Augenblick, in dem die Raupe dachte, die Welt ginge unter, wurde sie zum Schmetterling.«[31]

Neue Bruchstellen:
Eine Krise kommt selten allein

Inzwischen sind fünf Lebensjahre dazugekommen. Manches Unbekannte wurde zum Schmetterling in meiner Lebenswelt, erneute Krisen bedrohten die eigene Welt mit Untergängen. Eine weitere Krebserkrankung stellte meine Liebe zum Leben auf die Nagelprobe, ließ alte Fragen und Zweifel aufleben und forderte wieder zu Anpassung und Widerstand mit dem heraus, was nach dem Ende der Erwerbsarbeit wirklich nicht auf der Wunschliste für das konkrete Älterwerden oder den zu genießenden Lebensabend stand. Der Himmel war nicht heiter, sondern bereits bedeckt, als der neue Blitz mit seiner Krankheitsdiagnose einschlug. Ich hatte nämlich gerade mein geliebtes altes

Bauernhaus hinter dem Deich verloren, weil der Schutzwall gegen die Fluten erhöht werden musste, und fühlte mich wie so oft in meinem Leben ohnehin schon zum Umbruch und Aufbruch ins Ungewisse gezwungen. Leben fragt nicht, ob uns die nächste Krise zeitlich passt, es hat seinen eigenen Rhythmus. Während hinter mir die bisherige Heimat, an der ich viel mitgebaut hatte, und die vor allem dem Kriegs- und Flüchtlingskind in mir Schutz und Sicherheit vor Kündigung geboten hatte, von einem einzigen großen Bagger abgerissen und in Schutt verwandelt wurde, sollte ich, wie es so schön heißt, gleich wieder nach vorne schauen. Einerseits sollte ich nach großer Operation auf dem brüchigen Boden meiner Gesundheit möglichst umgehend genesen und gleichzeitig einen anderen Lebensort suchen und mich meinem Alter entsprechend erneut beheimaten. »Barrierefrei« war der Schlachtruf, Apotheke um die Ecke. So als könnte sich irgendjemand das Alter ohne Barrieren vorstellen. Es war mir klamm ums Herz. Aufräumen, Aussortieren, Loslassen, Orientierungsverlust und Umzüge auf allen Ebenen.

Mein Umgang mit den Bruchstellen des Lebens war auch in dieser Lebenskrise nicht leichter geworden, aber die Schwierigkeiten wie die überraschenden Beglückungen waren längst andere geworden, das konnte ich spüren. Zunehmend nehme ich den Wert der Jahre staunend zur Kenntnis und wundere mich mehr darüber, was dem Leben und mir in unserer Zusammenarbeit immer wieder einfällt, was uns gelingt, was scheitern darf und was an Bedeutung verliert oder gewinnt. Ich hatte großes Glück bei der Suche nach einem neuen Dach über dem Kopf, bin vom Land in die Stadt gezogen, habe den Abschiedsschmerz in viel Kreativität am neuen Platz umgesetzt und weiß mit einem stillen Lächeln im Herzen, dass es bezogen auf mein Alter möglicherweise falsch war, um meiner Katze willen den Treppen im neuen Haus und einem kleinen Garten nicht ausgewichen zu sein. Das Glück der Gegenwart zählt, und es gibt keine Prävention für die nächste Krise! Die alte Heimat hängt nun wie ein schönes Gemälde der Erinnerung in meinem Gedächtnis, die neue Heimat erfahre ich, lege mich weniger fest, und manchmal fühlt es sich so an, als übte ich schon für weitere innere und äußere Umzüge, die irgendwo vor mir liegen.

Im Älterwerden verlieren Beständigkeit, Gewissheit und Normalität schneller als gedacht ihre Macht – wenn wir es zulassen. Die Jahre zählen anders. Das ist Bedrohung und Freiheit zugleich. Die Offenheit des Ausgangs, die in jeder Lebenskrise liegt und den Prozess des Älterwerdens seit Geburt begleitet, konfrontiert uns mit der großen Sehnsucht des Menschen, nach Umbrüchen und Abstürzen im Leben wieder Land zu gewinnen und den Boden zu festigen, auf dem er seinen bisherigen Weg zu gehen versuchte. Besitzstandswahrung nennt man diese Art der Eigentumssicherung. Wer krank wird, will in die Normalität der alten Gesundheit zurückkehren, auch wenn das nicht geht. Wer sich trennt oder geschieden wird, will irgendwie in die Normalität einer Beziehung zurück, auch wenn das inhaltlich schwer zu beschreiben ist. Wer alt und pflegebedürftig wird, würde am liebsten in der bisherigen Normalität seiner Lebenssituation verharren, wie unerträglich diese auch gewesen sein mag. Was man hatte, scheint oft besser als das, was aus der Not der Veränderung entstehen könnte, wenn wir uns denn daran beteiligten. Leitsätze wie »Schuster bleib bei deinem Leisten«, »Was man hat, das hat man« oder »Lieber der Spatz in der Hand als die Taube auf dem Dach« scheinen so etwas wie dauerhafte Mitbringsel aus der Geschichte der menschlichen Sicherungsverwahrung und Krisenbewältigung zu sein. »Keine Experimente« war 1957 nicht nur ein erfolgreicher politischer Wahlslogan, sondern hat sich für viele Menschen in das ehrgeizige Hohelied der Normalität verwandelt, nicht aus der Rolle zu fallen und sich einzupassen. Dem, was zumindest sichtbar gut läuft, dem »Herrschenden« oder der normalen Durchschnittsmeinung zu vertrauen, um das eigene Leben vor unruhiger See zu bewahren, erscheint als wichtige Lebensregel und hat der sogenannten »Normalität« die ungeheure Bedeutung verliehen, das menschliche Maß fast aller Dinge zu sein. Wer auf brüchigem Boden Land gewinnen und nach neuen biografischen Antworten auf Krankheit und Krise suchen will, muss umdenken lernen, kann sich nicht auf den statistischen Durchschnitt berufen und sein eigenes Leben auch nicht vom Nachbarn abschreiben, selbst wenn er nach der Bewältigung seiner Krise zu so etwas wie seiner subjektiven »Normalität« zurückkehren wird, wie wir das normale Alltagsleben nennen. Warum beruhigt und beunruhigt uns »Normalität« auf so vielfältige Weise? Warum wollen wir so sein wie die anderen und doch auch anders?

Die Fragilität des Normalen und der Terror der Gewissheit

Natürlich braucht der Mensch Sicherheit und auch das Gefühl, zu anderen Menschen dazuzugehören, mit ihnen vergleichbar und wie sie »normal« zu sein, Gemeinsamkeiten zu haben, Ansichten und anderes zu teilen, zu beobachten, wie andere Menschen Krisen meistern, mit Krankheit umgehen, es ihnen vielleicht nachzumachen oder sich einfach anzulehnen.

Aber ebenso wichtig ist die Erkenntnis, dass die Suche nach Nähe, Gemeinsamkeit, Vergleichbarkeit und Normalität nur die eine Seite unserer Lebensfähigkeit ist und Selbstbesinnung, Autonomie, Unabhängigkeit und Selbstvertrauen die andere Seite. Selbstverantwortung für das eigene Leben bedeutet immer, eigene Antworten für das zu finden, was sich als Frage stellt und als Problem gelöst werden muss. Jede einmal gefasste und überzeugende Meinung, jedes feste Urteil über einen anderen Menschen, jede einst klare Entscheidung oder alles, was wir im täglichen Verhalten für normal halten, kann sich als trügerisch, falsch oder schädigend erweisen und bedarf dann dringend der Überprüfung und Korrektur. Gewissheiten können unser Leben stabilisieren, den Menschen entscheidungs- und handlungsfähig machen. Die Gewissheit eines Arztes, eine angemessene Therapie anbieten zu können, und die innere Gewissheit des Patienten, diesen Weg auch gehen zu wollen, kann Gesundheit fördern und Leben retten. Aber Gewissheit kann auch zum Terror führen oder in Selbstbetrug umschlagen, kann einen Menschen überfahren und im falschen Moment daran hindern, selbst nachzudenken, Zweifel anzumelden und entgegen aller normalen Erwartung von außen eine andere, persönliche Entscheidung zu treffen. Auf diese Weise können unbefragte Gewissheiten, oft in der Form von Vorurteilen und Zweifelsfreiheit, Leben und Gesundheit eines Menschen gefährden, weil dieser misstrauisch gegen sich selbst aufhört, sich ins eigene Leben einzumischen.

Blinder Gehorsam und angstvolle Unterwerfung helfen in keiner Lebenskrise wirklich weiter, auch wenn wir uns gerade in der Krise gerne führen lassen würden. Sooft uns Menschen auch versichern mögen, dass sie wie gute Eltern nur das Beste für uns wollen, mit professioneller Gewissheit den richtigen Weg vor Augen haben und davon ausgehen, dass sie es selbstverständlich finden und für normal halten, dass ihr Vorschlag einfach akzeptiert wird: wir müssen vor allem in Krisen selbst herausfinden, was für uns richtig ist, wenn uns das sogenannte Normale nicht überzeugt.

Was ist für unser Krisenverhalten, für unsere Meinungsbildung oder für unsere Lebensentscheidungen normal, wenn der

Boden unter unseren Füßen wankt und vieles in Frage steht? Wie lange kann der Wunsch nach Normalität den besonderen Heraus- und Anforderungen notwendiger Veränderung in einer Krise die Stirn bieten? Wer definiert, was die normale Reaktion auf einen Krebsbefund, eine Gewalterfahrung, den Verlust des Arbeitsplatzes oder den Krieg in einem Land ist, das einem Menschen keine Zukunft mehr verspricht? Gibt uns der gesunde Menschenverstand Auskunft darüber, was normal ist? Meistens wird dieser ja von anderen Menschen eingeklagt, wenn einer Recht haben will und nicht begründen kann warum! »Das ist doch nicht normal!«, ist der schnelle Schlachtruf gegen alle und alles, was aus der Reihe tanzt, nicht widerstandslos in die geöffnete Schublade eingeordnet werden kann oder sich als Patient einer üblichen, statistisch erfolgreichen Behandlungsmethode entzieht, obwohl die Angehörigen ihn inständig darum bitten, weil sie selbst anders entscheiden würden. Es erscheint nicht normal, dass jemand im »Kessel der Normalität« nach einer Alternative für irgendetwas sucht, ohne dass die Aussicht auf Erfolg besser ist. Es erscheint unnormal, wenn ein Sterbender im Angesicht des Todes die medizinischen Behandlungsplätze verlässt und auf alle Angebote verzichtet, die noch ein paar Monate Leben herausholen wollen, und sich stattdessen in Ruhe auf den bevorstehenden Abschied einstellen will.

Hauptsache gesund? Die Gewissheiten über ein angeblich richtiges Leben und das, was deshalb schädlich für ein gesundes Leben des Menschen ist, nehmen ständig zu. Essen, trinken, bewegen, lieben, traurig sein, arbeiten und entspannen, alles soll gefasst in Durchschnittswerten zum normalen Verbrauchsgut für alle werden. Fit und gesund ins Alter, am besten mit Rolle vorwärts in den Sarg. Gesundheit statt Leben. Die Ungewissheit, was ein sinnvolles Leben in seinen verschiedenen Phasen aber wirklich braucht, und der Zweifel, warum der Mensch jenseits vernünftiger Versorgung, entsprechender Lebensqualität und Lebenssinn überhaupt so alt werden will, wie die demografischen Berechnungen zeigen, werden immer größer. Sind wir auf dem Weg zu einer Art »Pflicht zur Gesundheit«, die das Recht des Einzelnen auf Widerstand gegen Lebensauflagen und Behandlungswahn einschränkt, weil offenbar gewiss erscheint, was unter »normaler Gesundheit« und »normalen Krankheitsverläufen« zu verstehen ist und was wir uns für wen leisten wollen?

Wer bestimmt die »normalen Zeitabläufe« für Klinikaufenthalte und Krankschreibungen, wer die Minuten für normale Pflegeabläufe wie Waschen und Füttern und wer spricht mit wem über das »Recht auf Gesundheit« oder das »Recht auf Krankheit« und was diese »normalerweise« jenseits der ökonomischen Frage der Bezahlbarkeit beinhalten? Ab wann nennt man ein unruhiges Kind nicht mehr normal, sondern krank, überhäuft es mit Diagnosen und greift mit der chemischen Keule in sein Leben ein, damit es einen »normalen Schulalltag« unter »normalen Kindern« gut übersteht? Was ist eine »normale Kinderkrankheit« und was eine »Zivilisationskrankheit« und welche Maßnahmen müsste die Zivilisationsgesellschaft ergreifen, um Kinder vor einem spezifischen Leiden an der Gesellschaft besser zu schützen! Wie viele schizophrene, depressive, süchtige, angstgestörte, ausgebrannte, demente, hilflose Menschen und Menschen ohne Hoffnung braucht die Gesellschaft und die politische Erkenntnis, um den brüchigen Boden zu erkennen, auf dem unsere »normalen« Behandlungssysteme, ihre üblichen Begründungen und Prioritäten agieren? Wie müsste die Neugier auf Gesundheit, Krankheit, die biografische Bedeutung von Lebenskrisen, aber auch auf die Fähigkeit der Menschen aussehen, ihrem Leben selbstkritisch und hilfreich beizustehen und auch Widerstand zu leisten, wenn es erforderlich ist? Wie können Neugier, Freiheit und Solidarität sich so miteinander verbinden, dass sie den Menschen lehren und an Beispielen zeigen, wie man aktiv und produktiv an Verhältnissen und Verhalten zweifeln lernt statt zu verzweifeln?

»Nimmt man Gewissheiten ernst, so töten sie das Herz und fesseln die Phantasie«, heißt es bei Ivan Illich[32], der als radikaler Humanist die Kritik an der Enteignung der Gesundheit durch trügerische Gewissheiten und Ausblendung des Subjekts wie kein anderer vorangetrieben hat. Wer vom Menschen spricht, redet nicht von einem »Ding«, sagt er zusammen mit Erich Fromm, sondern von einem Entwicklungsprozess, von dem menschlichen Vermögen, all seine Kräfte zu entwickeln: zu größerer Intensität des Seins, zu größerer Harmonie, größerer Liebe und größerer Bewusstheit. Nur dieser Mensch kann mit Herz und Verstand die biografische Arbeit tun, die das Leben von uns erwartet, um zu gelingen.

Aber dieser entwicklungsfähige Mensch ist auch verführbar, kann mit fragwürdigen Gewissheiten korrumpiert werden, seine Aufgabe zu Selbstbestimmung und Selbstverantwortung in den Wirren des Lebens verfehlen. Durch all die Bevormundungen, Versprechungen und die Überflutung mit guten wie schlechten Ratschlägen glaubt der Mensch im Gefühl der Überwältigung durch eine Krise und zunehmende Unsicherheit am Ende selbst, dass er persönlich mit den objektiven Befunden seiner somatischen, psychischen oder anderen Störungen eigentlich nichts zu tun habe und sie den Fachleuten überlassen muss. Die Krankheit den Ärzten, die Seele den Psychotherapeuten, die Scheidung den Anwälten, die Schulden den Insolvenzverwaltern, die sozialen Konflikte der Gesellschaft und der Politik.

Aus unterschiedlichen Gründen scheint der vereinfachende Gedanke angenehmer und hilfreicher zu sein, dass, wie bei einer Infektion, die Gene, die angeborene Konstitution, die Umwelt und die veränderte Welt den Menschen lebensunfähig und krank gemacht haben. Auch wenn diese Faktoren Einfluss auf das menschliche Leben und seine Krisen haben, so erscheint es abwegig, dass immer mehr Menschen sich jenseits ihrer eigenen Strukturen sehen und der einzelne Mensch als Architekt, Mitgestalter und Initiator seines Lebens nicht wirklich ins Spiel kommt. Die Suche nach Schuldigen für das, was nicht gelingt, und für Lebenskrisen ist zu einer Art Volkssport geworden. Und die Betroffenen beschuldigen sich auch selbst. Hätten sie sich nicht falsch verhalten, zu viel geraucht und gegessen, sich mehr bewegt und nicht unnötig aufgeregt, wären sie gesund. Wütend sind dann die, die sich an die Normregeln für ein gesundes Leben gehalten haben und dennoch krank geworden sind. Der Mensch ist mehr als sein Befund, das gilt auch hier. Leben kann man nicht über eingehaltene Regeln leben, ihm nicht die Risiken vorschreiben, die es eingehen darf und die es vermeiden soll. Mit und ohne Krankheit, vor oder nach einer Krise muss jeder Mensch selbst prüfen, was wirklich zu seinem Wohlbefinden beigetragen hat, was geholfen hat, sich zu stabilisieren, dem Leben Sinn abzugewinnen und den eigenen biografischen Risikofaktoren auf die Schliche zu kommen.

In einer Gesellschaft, in der die Sorge um einen gut funktionierenden Körper, eine problemlose Seele, ein angepasstes Denken und ein Gesundheitsbegriff vorherrscht, der weitgehend auf Arbeits- und Einsatzfähigkeit reduziert wurde, sind Gefühle des Wohlbefindens, des Glücks, des Mitgefühls und viele geistige Werte wie die Frage nach dem Sinn des Lebens, seiner Endlichkeit oder das Nachdenken über das Menschliche in der Krankheit verdrängt worden. Gedanken über geistige Unabhängigkeit und schöpferische Fantasie des Menschen finden sich als öffentliche Aufforderung zum Umdenken und zur zivilgesellschaftlichen Beteiligung immer noch zu selten. Die Forderung nach »Einführung des Subjekts« in die Medizin und andere Wissenschaften oder ein fachliches Interesse für das biografische Krankheitsgeschehen erscheinen für die Lösung der realen Probleme nicht angemessen, stören das Normalitätsverständnis, gehören zu den Träumereien der Weltverbesserer und eignen sich allenfalls für die Verfassung von Leitbildern für Krankenhäuser und Pflegeeinrichtungen.

Eingefahrene Betriebssysteme in Familien, Schulen, Hochschulen, Verwaltungen und anderen Bereichen, die menschliches Zusammenleben organisieren, sowie vorherrschende Argumentationsketten, die auf sichere und effektive Wege pochen, lassen sich ungern stören. Das gilt auch für den Menschen selbst, der sein biografisches Betriebssystem vor allem dann auf möglichst wenig Veränderung einstellt, wenn bisher alles gut gelaufen ist. Wer anders lernen will, als die Schule es vorsieht, wird zum Querulanten. Wer andere Arbeitszeiten als die vorgesehenen braucht, ist schwer vermittelbar. Wer krank wird und nicht tut, was als evident und effektiv gilt, setzt sich zunehmend dem Verdacht aus, der höchsten Bürgerpflicht zur Gesundheit nicht zu genügen und der freiheitlich demokratischen Gesundheitsordnung den Gehorsam zu verweigern.

Ganz so schlimm ist es bei uns noch nicht, aber das romanhafte Buch *Corpus Delicti* von Juli Zeh verweist mit seinem kritischen, visionären Blick auf eine sich weiter zuspitzende Entwicklung in diese Richtung. Es geht um einen Prozess von Gesundheits- und Lebensbevormundung wie eine dazu notwendige Freiheitskontrolle, deren beängstigende Absicht die aktuellen Fragen um Gesundheitssicherung und Leistungsanspruch, Struktur wie Finanzierung des Medizin- und Gesundheitssystems, das gegenwärtige Verständnis von Gesundheit und Krankheit wie den Umgang mit Sterben und Tod bereits streift. Die Widersprüche werden deutlicher, die Zweifel größer, was der einzelne gesunde oder erkrankte Mensch noch mit seinem Leben, seinen Krisen in Gesundheit oder Krankheit zu tun behält. Juli Zeh hat die geistige Haltung gegen diese Entwicklung unter der Überschrift »Wie die Frage lautet« für mich beeindruckend zusammengefasst:

»Ich entziehe einer Gesellschaft das Vertrauen, die aus Menschen besteht und trotzdem auf der Angst vor dem Menschlichen gründet. Ich entziehe einer Zivilisation das Vertrauen, die den Geist an den Körper verraten hat. Ich entziehe einem Körper das Vertrauen, der nicht mein eigenes Fleisch und Blut, sondern eine kollektive Vision vom Normalkörper darstellen soll. Ich entziehe einer Normalität das Vertrauen, die sich selbst als Gesundheit definiert. Ich entziehe einer Gesundheit das Vertrauen, die sich selbst als Normalität definiert. Ich entziehe einem Herrschaftssystem das Vertrauen, das sich auf Zirkelschlüsse stützt. Ich entziehe einer Sicherheit das Vertrauen, die eine letztmögliche Antwort sein will, ohne zu verraten, wie die Frage lautet. Ich entziehe einer Philosophie das Vertrauen, die vorgibt, dass die Auseinandersetzung mit existentiellen Problemen beendet sei. Ich entziehe einer Moral das Vertrauen, die zu faul ist, sich dem Paradoxon von Gut und Böse zu stellen und sich lieber an ›funktioniert‹ oder ›funktioniert nicht‹ hält. Ich entziehe einem Recht das Vertrauen, das seine Erfolge einer vollständigen Kontrolle des Bürgers verdankt. Ich entziehe einem Volk das Vertrauen, das glaubt, totale Durchleuchtung schade nur dem, der etwas zu verbergen hat. Ich entziehe einer Methode das Vertrauen, die lieber der DNA eines Menschen als seinen Worten glaubt. Ich entziehe dem allgemeinen Wohl das Vertrauen, weil es Selbstbestimmtheit als untragbaren Kostenfaktor sieht. Ich entziehe dem persönlichen Wohl das Vertrauen, solange es nichts weiter als eine Variation auf den kleinsten gemeinsamen Nenner ist. Ich entziehe einer Politik das Vertrauen, die ihre Popularität allein auf das Versprechen eines risikofreien Lebens stützt. Ich entziehe einer Wissenschaft das Vertrauen, die behauptet, dass es keinen freien Willen gebe. Ich entziehe einer Liebe das Vertrauen, die sich für das Produkt eines immunologischen Optimierungsvorgangs hält. Ich entziehe Eltern das Vertrauen, die ein Baumhaus ›Verletzungsgefahr‹ und ein Haustier ›Ansteckungsrisiko‹ nennen. Ich entziehe einem Staat das Vertrauen, der besser weiß, was gut für mich ist, als ich selbst. Ich entziehe jenem Idioten das Vertrauen, der das Schild am Eingang unserer Welt abmontiert hat, auf dem stand: ›Vorsicht! Leben kann zum Tode führen.‹

Ich entziehe mir das Vertrauen, weil mein Bruder sterben musste, bevor ich verstand, was es bedeutet zu leben.«[33]

Wie geht es weiter? »Man muss noch Chaos in sich haben, um einen tanzenden Stern gebären zu können«, natürlich ist das leichter philosophiert als getan, aber der Philosoph Friedrich Nietzsche wusste aus der Dauerkrise seines Lebens, wovon er sprach. Die Schwierigkeit, Halt zu finden und Haltung zu bewahren, umstellt jede Lebenskrise und vor allem den Augenblick der Diagnose einer schweren Krankheit und den konkreten Umgang mit ihr, weil wir unverhofft aus der »normalen« Welt der Gesunden herauskatapultiert werden.

Schöne normale Welt und wir darin als ganz normale Menschen, das ist der große Traum von stressfreiem Leben. Ab und zu ein kleines Abenteuer, ein paar Seitensprünge jenseits der eingefahrenen Wege und Alltagsroutinen, aber dann nichts wie zurück zu allem, was immer schon so war. Normal zur Welt gekommen, keine Komplikationen, von normalen Müttern und Vätern begrüßt, die ihre Kinder normalerweise lieben, mit einem normal funktionierenden Körper, mit normalen Gefühlen, durchschnittlichen Gedanken, ganz normalen Ideen zum Überleben im Gepäck, mit einem normalerweise zu erwartenden Verhalten, in normalen Familien aufgewachsen, wieder solche gegründet, normal gelebt und normal gestorben. Noch Fragen? Gibt es wirklich irgendeinen Grund, warum das normal und gut für jeden sein soll oder kann? »Außer Spesen nichts gewesen«, heißt die betriebswirtschaftliche Bestandsaufnahme eines Lebens, das die wenigsten zu erwarten haben.

Wenn irgendetwas aus dem Ruder der »Normalität« läuft, gibt es Spezialisten, die uns wieder auf Kurs bringen. Gesundheit, den messbaren Normalzustand zu erhalten und im Krankheitsfall so gut es geht wiederherzustellen und das »Schicksalsrad« wieder zurückzudrehen, ist Sache der Medizin. So denkt der Durchschnittsbürger, der sich selbst als Wahrzeichen der Normalität plötzlich voller unnormaler Messdaten sieht und sich an die Experten wendet, die datenkundig sind. In der Regel widerspricht der Arzt nicht, weil die normale Akzeptanz seines Berufszweiges auf der Datenanalyse beruht und sonst nachhaltig erschüttert würde. Wer den bedrohlichen Akutnotstand überwunden hat, geht nach Hause und muss nun herausfinden, was im täglichen Umgang mit der Krankheit zu lernen ist, weil es auf die Frage, warum es den Menschen so und nicht anders getroffen hat, keine generelle Antwort gibt.

Auf der Suche nach Gesundheit

Welche Art von Gesundheit steht Monika von Trotha, ehemalige Lehrerin, 57 Jahre, zur Verfügung, als ihr konkretes Leben nach datengesicherter Diagnose, erster medizinischer Hilfe und ihrem eigenen Versuch, sich auf die chronische Krankheit einzustellen, weitergeht und sie herausfordert? Einer ihrer Genesungswünsche lautet: »Ich möchte so gerne noch einmal ans Meer!« Diese Art von Gesundheit kann zwar kein Arzt erfüllen oder per Rezept verschreiben, aber zusammen mit der Patientin kann er diesen Wunsch unterstützen, wenn er verstehen lernt, worum es dieser Patientin bei ihrer Genesung am Leben geht.

Über ihre biografische Krankheitsarbeit, ihre Erfindungen und spezifischen Erkenntnisse im Zusammenleben mit ihrer Erkrankung erzählt sie in einem Interview.

»Seit fünf Jahren bin ich frühpensioniert, weil ich an Multipler Sklerose leide. Das war ein großer Einschnitt in meinem Leben: plötzlich aus dem Berufsleben als Hauptschullehrerin herausgerissen zu werden. Der Verdacht auf Multiple Sklerose bestand bereits seit sechs Jahren, doch ich versuchte, der Krankheit, den Umständen noch zu trotzen. Vor acht Jahren folgte dann die endgültige Diagnose. Sie veränderte meinen Lebensrhythmus stark, es wurde immer schwieriger für mich, mein tägliches Soll zu bewältigen. Meine Lebensqualität und Mobilität nahmen ständig ab … Trotzdem wollte ich weiterhin aktiv sein, etwas tun. Ich schloss mich einer Menschenrechtsorganisation an, wo ich zweimal in der Woche ehrenamtlich arbeite. Außerdem gab ich Englischunterricht, machte Tai Chi und fand eine Malgruppe. Es gibt immer wieder Schübe, die Einschränkungen im Bewegungsapparat nach sich ziehen, dann kann ich kaum einen Stift halten. In solchen Zeiten trainiere ich konsequent, damit das Schreibvermögen zurückkommt.

Dass ich bei der Diagnose schon Ende vierzig war, machte es für mich leichter, damit umzugehen. Zum einen habe ich viel von dem, was ich heute nicht mehr kann, schon erlebt. Zum anderen kann man in höherem Alter mit Gegebenheiten, die nicht zu ändern sind, anders umgehen. Je älter ich werde, desto gelassener werde ich. Ich lerne, die Dinge auf mich zukommen zu lassen. Die Krankheit hat den Vorteil, dass ich nicht mehr in die Zukunft plane. Aufgrund der Krankheit habe ich mir natürlich viel früher Gedanken über das Älterwerden gemacht. Ob ich noch als Frau wahrgenommen werde, war mir dabei eigentlich immer egal. Mit meinen Krücken falle ich sowieso nur Hunden und Kindern auf, die mit mir spielen wollen. Ich habe oft das Gefühl, dass das Alter in Deutschland weitgehend ignoriert wird. Die meisten Menschen denken, sie würden nie alt. Wenn man sich früh genug kümmert, hat man viel mehr Möglichkeiten, selbst zu entscheiden. Statt ältere Menschen zur neuen Zielgruppe zu degradieren, weil sie oft über viel Geld verfügen, sollte man ihnen die Möglichkeit geben, in Würde zu altern und selbstbestimmt zu leben.«[34]

Eine verlässliche, normale Gesundheit körperlicher oder seelischer Art, ein leibhaftiges Leben »ohne Befund«, Wirkungen oder Nebenwirkungen sind ein Phantom, dem die meisten Menschen in Marathonläufen, mit Zickzackkursen und Salto Mortale mehr oder weniger erfolglos, wenngleich besessen, nachjagen. Phantome kann man nicht kaufen, nicht getrost nach Hause tragen, mit Medikamenten füttern, gesund ernähren, ab und zu mal operieren oder mit psychotherapeutischen Streicheleinheiten verwöhnen. Unser Leben ist weit weniger ein Fantasieprodukt denn ein realer, fortwährender, atemberaubend kühner Balanceakt um das herum, was wir »Normalität« nennen. Wir selbst schauen dabei allerdings weniger auf den Kern des Geschehens, den bewegend-beweglichen Prozess, sondern letztlich nur auf das erhoffte Ergebnis. Messbare Normalwerte im guten Durchschnitt sind gefragt: Blutdruck, Verdauung, Zuckerwerte, Gewicht, körperliches Verhalten, seelische Stimmungen, unser Denken. Was wir dabei meistens übersehen, ist die Tatsache, dass der wirkliche Ausdruck, sozusagen das Wesen der Normalität, nicht durch das messbare Ergebnis dargestellt wird, sondern aus einem unendlichen Spiel, einem Balanceakt besteht, also aus einer unglaublichen, kaum verstehbaren, ständig wechselnden Mischung von Bewegungen in unterschiedliche Qualitätszustände hinein. Normalität entsteht im Spiel mit den Abweichungen, Gesundheit im Spiel mit der Krankheit und umgekehrt.

Vor dem jederzeit möglichen gefährlichen Absturz aus dem Berechenbaren, das wir gerade zu leben scheinen, wenn das

Herz im Rhythmus bleibt, der Atem regelmäßig ist, die Verdauung klappt und die Seele nicht aufschreit, in das Chaos des Unberechenbaren, wo die Sterne tanzend eine Zukunft bereithalten, bewahren uns komplexe biochemische und andere Regelkreise der großen Ordnung, die sich undurchschaubar für uns der autopoietischen Selbstregulation und Selbsttransformation körperlicher, geistiger und seelischer Ressourcen bedienen und diese in fantastische Welten des Lebens verwandeln. In dieser Ordnung liegt übrigens eines der Zentren der Selbstheilung, deren nachhaltiger Einsatz für die Gesundheit nicht dadurch gemindert wird, dass Regelkreise auch zusammenbrechen können, wenn ihre Fähigkeit zur Selbstregulation aus den Angeln gehoben wird.

Schauen wir genauer hin, dann müssen wir unweigerlich erkennen, dass jede Sekunde unseres Lebens biologisch ein kurzfristig erfolgreicher, dauerhaft aber immer wieder auch aussichtsloser Kampf gegen den Verlust von Balance ist und Fragilität, Verfall und Tod nicht verhindern kann. Endlichkeit ist ein Prozess, der uns lebenslang mit vielen Variationen begleitet. Und gleichzeitig ist Leben ungeheuer plastisch und widerstandsfähig und setzt sich nicht nur in den Prozessen von Erkrankung und Genesung spektakulär in Szene, ist Materie und lebendige Energie, Aufbau und Abbau zugleich. Wie der Planet »Mutter Erde« zeigt auch Leben uns die jede Sicherheit gefährdende andere Seite ihres Gesichts, wenn es im übertragenen Sinn in einer Lebenskrise wie jene bebt, Feuer speit und das Wasser über alle Ufer treten lässt, so dass es uns am Halse steht. Der Boden berechneter Normalität kann sich in jedem Augenblick mit »Erdrutschen und Spalten« öffnen und uns in eine jener biografischen Unwetter und Abgründe reißen, wo die Suche nach dem festen Grund einer sinnstiftenden Existenz erst dann neu beginnt, wenn wir wirklich ganz unten angekommen sind.

Friedrich Nietzsche gehört für mich zu jenen »heimlichen«, visionären und überzeugenden Lebenswissenschaftlern, die immer wieder im Getümmel kurzatmigen Denkens und schneller Lösungen überhört werden. Als Philosoph mit Blick auf die Gesundheit des Menschen verwies er schon früh auf das trügerische Gesicht aller Versuche, »Sicherheit und Ordnung« im menschlichen Leben zu garantieren. Vorausschauend hat er schon im vorletzten Jahrhundert die bedrohliche Entwicklung kritisiert, in der Gesundheit mit Normalität verwechselt, die Medizin zum Garant für Lebensverlängerung um jeden Preis und die planbare Gesundheit wie der Wille zur Ausrottung oder Lenkung von Krankheiten mit Apparaten, Ersatzmitteln und chemischer Keule unbefragt vorangetrieben wird.

Über Gesundheit redet man noch mehr als über das Wetter. Wie ein Verfolgungswahn hängt sie mit dunklen Wolken über dem Leben der Menschen. Der einzige Markt mit Zuwachsraten ist im Augenblick der Gesundheitsmarkt, was das Wohlbefinden und die Gesundheit der Menschen nicht verbessert hat. Dennoch ist der Schlachtruf klar. Hauptsache gesund, ohne Befund, nur nicht auffallen, nicht aus der Reihe tanzen, immer einsatzbereit, immer verfügbar, schneller, besser und vor allem auch länger leben! Zweifel scheint unerlaubt und wäre doch um vieles gesünder für das persönliche Wohlbefinden und Leistungsvermögen. Wer die täglichen Meldungen über die Gefährdung der Gesundheit durch das Leben genügend verinnerlicht, an die Versprechungen und den Sinn der propagierten Verhütungsmaßnahmen glaubt, wer seine Lebensphilosophie und Glaubensbekenntnisse ungeprüft aus Beipackzetteln für Medikamente, aus angepriesenem Salz aus dem Himalaja oder Yogakursen gegen Krebs zusammenstellt, kann diese Art von Gesundheit wie eine Ware auf Fach- und anderen Märkten kaufen und die Nebenwirkungen zum Arzt, Apotheker, Heilpraktiker oder auch zum nächsten Schamanen tragen. Wer von der Messlatte der normalen Gesundheit und ihren Durchschnittswerten zu sehr abweicht, wird mit »Ritalin« in die Schule, mit »Hormonen« in die Wechseljahre, mit »Diäten« in die Küchen und mit »Viagra« bis ins Bett verfolgt.

Gesundheit ist auf den dressierten Hund gekommen, geht mutlos ohne Eigeninitiative und Abenteuerlust an der Leine, soll mit dem Schwanz wedeln und sogar Laut geben, wenn es das Richtige zu essen gibt, aber auf keinen Fall betteln und bellen, wenn Frauchen und Herrchen was Ungesundes bekommen, das viel besser riecht. Gesundheit geht doch ganz einfach, wenn man folgsam ist: schlechte risikoverdächtige Gewohnheiten abgewöhnen, die guten gesundheitsförderlichen antrainieren, Nahrungsergänzungsmittel als »fast food«, wer kein Gemüse putzen will, Treppen steigen statt Fahrstuhl benutzen, wer später nicht mehr tanzen kann, joggt mit dem Gehirn. In manchen Programmen macht die Hauptsache Gesundheit das Leben zur Nebenwirkung. Die Suche nach dem Menschen ohne Befund, einer Leertaste des Lebens, wird zum Volkssport. Einmal auf die richtigen Gewohnheiten eingestellt, läuft das Leben wie von selbst. »Es ist noch nie jemand früh gestorben, der bis ins hohe Alter geraucht und getrunken hat«, wäre ein Slogan, der helfen könnte.

Ich komme noch einmal auf Nietzsche zurück, der mich in meinem Denken über Biografie, Gesundheit und Krankheit nachhaltig beeinflusst hat. Schon zu seinen Lebzeiten hat man Nietzsches Schriften »eine Schule des Verdachts«, auch der Verachtung, aber glücklicherweise auch des Mutes und der Verwegenheit genannt. Immer wieder vom Zweifel angetrieben, hat er versucht, dem Verhältnis von Gesundheit und Krankheit am Leitfaden des Leibes auf die Spur zu kommen. »Wollten und wagten wir eine Architektur nach unserer Seelenart – so müsste das Labyrinth unser Vorbild sein«, schreibt er, denn am »Leitfaden des Leibes« wird der fragende Mensch durch das Labyrinth unendlicher Erfahrungen und Überraschungen geführt, in das das Krankheitsgeschehen eingebettet ist. Im Labyrinth des Lebens suchen wir weniger nach der Wahrheit, sondern eher nach dem Faden der Ariadne, der uns Orientierung gibt.[35] Nietzsche hat biografisch gedacht, war leidenschaftlich daran interessiert, dass Menschen sich für ihr Leben und Schicksal interessieren, dass sie es als einen Auftrag sehen, den es zu erfüllen gilt.

Immer wieder hat sich Nietzsche gefragt, worüber man eigentlich mehr wissen müsste als über das eigene Leben in seiner vollen, beständigen und so konkreten Leiblichkeit? Wovon lebt man existenzieller als von jenem leibhaftigen Leben, das ein Experiment des Erkennenden ist und bleibt?[36] Nicht kalte Neutralität des sogenannten wissenschaftlichen Menschen ist nach Nietzsche im Prozess der Selbsterkenntnis angesagt, sondern das mitwirkende, mitleidende »Experiment des Erkennenden«, weil es viel weniger um Tatsachen als um Interpretationen geht. Wenn der Arzt nur weiß oder zu wissen glaubt, was er tut, und nicht auch fühlt, an welcher Stelle des Lebenslabyrinths er den Kranken antrifft, geht er dem Patienten und dessen Krankheit als Helfer im Erkenntnisprozess verloren. Er verfehlt die biografische Aufgabe, die Teil der medizinischen Intervention auch dann ist, wenn er sie leugnet.

Jeder Schritt wagt den Fall, und wer in die Krankheit fällt, kann im Fallen den Boden unter den Füßen verlieren, muss aber gleichzeitig den Widerstand und Halt des Bodens noch spüren, der ihn vor dem Abgrund zu schützen sucht. Die Strickleiter, um sich aus dem Gemütsloch zu ziehen, in das die Angst den Menschen wirft, ist der Genesungswille. Im Fallen geraten wir aus der Balance des aufrechten Gangs, der auf großartige Weise das Verhältnis zwischen sichernder Stabilität im Stehen und verunsichernder Fragilität im Gehen veranschaulicht. Der Leib, so Nietzsche, ist nicht ein schlichtes Nacheinander, sondern auch das große Ineinander, Auseinander, Miteinander, Gegeneinander oder Übereinander. Sein Weg führt nicht linear von A nach B, hat kein berechenbares Straßennetz. Am Leitfaden des Leibes und mit den Stimmen von Geist und Seele geht die Krankheit auf Autobahnen, Abwegen, Seitenwegen, Waldpfaden, Sackgassen, die der Erkrankende gestaltet, um seine richtige Richtung zu finden.

»Ein logischer Vorgang, wie er im Buche steht, kommt nicht vor«, heißt es bei Nietzsche. Später formuliert der Arzt Viktor v. Weizsäcker in seiner Krankheitstheorie: »Wir sind lebendige, keine logischen Beispiele des Lebens!«»Wer A sagt, sollte nicht B sagen, wenn A falsch ist«, heißt es bei Brecht, ein guter Rat auf den Wegen zwischen Gesundheit und Krankheit. Am Leitfaden des Leibes wird uns der grundsätzlich rätselhafte Charakter des Lebens, seiner Krankheiten und Lebenskrisen offenkundig, und wir erfahren, dass es auch einen »Leidfaden« des Lebens gibt, in dem die vielen Leiden und unterschiedlichen Geburtsschmerzen stehen, die mit dem menschlichen Leben verbunden sind. Wir müssen Leben anders befragen lernen, Zweifel nicht gleich als Verzweiflung und Verneinung, sondern als Kunst des Suchens verstehen. Selbstzweifel sind eine Aufforderung, nach Alternativen in sich selbst zu suchen. Endliches Leben verträgt keine absoluten Wahrheiten, braucht neben der Liebe zum Leben eine »gesunde« Portion Skepsis. Auseinandersetzung gegen eine Friedenspflicht, die wir uns aus Angst selbst auferlegt haben, muss gewagt werden, und mit zu eifrigen Kriegserklärungen sollte man vorsichtig sein. Nietzsches »Schule des Verdachts« lehrt uns, das Leben in seinen Ambivalenzen und Entscheidungsalternativen kennen zu lernen. Mit eigenen Erfahrungen dem Wunsch nach Sicherheit aus fremder Hand entgegentreten und sich dem Terror der Gewissheit zu widersetzen, das könnte ein wichtiger Beitrag zur eigenen biografischen Gestaltungsarbeit sein, auch wenn uns das manchmal das Leben schwer macht und nicht in den Kram passt, weil wir oft nicht wahrhaben wollen, dass Unsicherheit und Selbstzweifel auch eine Antriebskraft sein können.

Der Nietzsche-Kenner und Philosoph Andreas Sommer spricht von der »Kunst der Seelenruhe«[37], in der es wieder um eine Art »Balanceakt« geht. Wenn man alles anzweifelt und nicht auch das »Zweifellose« sieht, läuft man Gefahr, sich selbst den Boden unter den Füßen wegzuziehen. Wer sich nur treiben und keinen Zweifel aufkommen lässt, dem fehlt bald die Orientierung. Es bedarf in jeder Biografie eines Ausgleichs zwischen Stehen, Gehen und Fallen. Der Zweifel muss mit Verlässlichkeit ins Verhältnis gesetzt werden, sonst verliert der Mensch den Halt.

Die Herstellung eines Gleichgewichts zwischen Zweifel, Selbstzweifel und Selbstabsicherung als Seelenruhe gehört sicherlich zu den schwierigsten Aufgaben, der sich Menschen vor allem in bedrohlichen Krisen wie denen einer Krankheit stellen müssen. Oft stehen sie mit dem Gefühl, allein und allein gelassen worden zu sein, mitten im Dschungel der Gefühle und Gedanken, die auf eine Lösung des Problems drängen. Der Mensch muss die Einsamkeit ertragen lernen, die seine einzigartige und damit auf ihn selbst angewiesene Existenz umstellt, sich in Krankheit und Krise stimmenreich Gehör verschafft und Abgrund wie Horizont zugleich sichtbar machen kann.

Das aber ist durchaus ein Risiko, denn einerseits kann Einsamkeit töten und den Menschen in eine tiefe Verlassenheit stürzen, aber andererseits den einzelnen Menschen auch durch die Erfahrung, dass er ganz auf sich angewiesen ist, in seine Kraft bringen und herausfinden lassen, zu was er in der Lage ist. Gesunden kann im Sinne Nietzsches nur, wer Ebbe und Flut nutzt, der Nachhaltigkeit ihres Wechsels vertraut und seine Lebenslinie da verfolgt, wo Ebbe und Flut, Lust und Angst, Tag und Nacht, Fülle und Leere, Stärke und Schwäche aufeinander stoßen, miteinander spielen. Leben lebt im Wandel von den Übergängen und Zwischenräumen, die sich ihm bieten. Zerreißt der komplementäre Zusammenhang und verdunkelt die Einsamkeit plötzlich jede Zukunft, dann wird die Kraft, am eigenen Leben und auch aus eigener Kraft zu genesen, unterwandert. Nietzsche spricht immer wieder im Umgang mit den Gefährdungen der Gesundheit von der Notwendigkeit zu erkennen, wohin der Fluss des Lebens den Menschen treibt. Sich einlassen und wieder zurückziehen, beides muss gelernt werden, um Wohlbefinden zu erzeugen. Gesundheit ist die Aufforderung zum Aufbruch und zur Häutung. Die Schlange, die sich nicht häutet, geht zu Grunde. Ebenso treiben Gedanken und Gefühle, die der Mensch im Fluss seines Lebens und in den Prozessen seiner Häutung nicht zulässt, ihr geheimnisträchtiges Unwesen an anderer Stelle.[38]

Biografischer Aufruhr als Krankengeschichte und Kampf um Sinn

Demut gegenüber der Weisheit des eigenen Lebens, das weiß, was es tut und im ständigen Einsatz für uns ist, sowie Geduld und Bereitschaft zur Mitwirkung an der eigenen Genesung schützen vor naiven Erwartungen an die Heilungsversprechen einer bevormundenden Medizin, vor der eigenen Ungeduld wie vor falschen Propheten der Alternativszene, die manchmal ähnlich überheblich mit ihren Mitteln und Versprechungen auf schnelle Heilung das Zepter in die Hand nehmen wollen. Auch erinnernde Dankbarkeit darüber, welche Krisen und Krankheiten schon bewältigt wurden oder still vorübergezogen sind, welche eigenen Ressourcen, sozialen Netze und Menschen hilfsbereit zur Verfügung stehen, tun der eigenen Gesundheit gut und stärken den Willen, sich aufzumachen. Man kann letztlich nur am eigenen Leben genesen, denn dort werden wir krank und gesund, zweifeln und hoffen wir, erarbeiten und erfinden wir das, was am Ende als subjektive Gesundheit und eigenes Leben gelten kann. Aber dazu später mehr. Im Folgenden geht es erst einmal um das Wissen und Wundern darüber, dass Menschen und ihre Krankheiten so sind, wie sie sind, und dass wir uns dem ein wenig annähern. Kriegsschlachten gegen Tumore und andere Symptome sind an der Tagesordnung. Ausrotten, niedermachen, vernichten, die Krankheit endgültig besiegen, dem Tod als drohender Niederlage entgegentreten. Die Sprache des Zorns und der Macht beherrscht das Feld bis in die Todesanzeigen. »Tapfer gekämpft und doch verloren«, lesen wir vor allem über den Anzeigen von Krebspatienten. Das Ringen des Menschen mit sich selbst und seiner Bestimmung, die Akzeptanz und der Friedensvertrag mit der Krankheit mitten im Leben, der Mut und die Kraft der Patienten, einen eigenen Beitrag zur Genesung zu leisten und die vielfältigen, biografischen Lebenskrisen und Genesungserfolge stehen meistens auf einem anderen Blatt. Dies aber ist nicht nur für die Medizin zum ungelesenen Beiblatt geworden, sondern steht den betroffenen Menschen selbst oft nicht zur Verfügung. Krisen versperren uns leicht den Zugang zu uns selbst, weil sie uns in Angst und Schrecken versetzen und schnell überwunden werden wollen, bevor wir erkennen können, worum eigentlich in der Auseinandersetzung mit uns selbst und der Krisenwelt gestritten wird.

Wenn der Boden brüchig wird, geht es um die konkrete »Krisen- und Krankheitsarbeit« des Menschen, um seinen täglichen Kampf gegen Leiden und Verlust, um seine Gegenwart, die es zu bewältigen gilt. Aber Krankheit und Krise halten sich nicht unbedingt an die Gegenwart, sondern greifen Unerledigtes der

Vergangenheit auf. Eine Krise kommt selten allein, heißt es im Volksmund, und vielleicht bricht mit einem Fieber, einem Unfall, einem heftigen Familienstreit gerade mehr auf, als man auf den ersten Blick erkennen kann. Manchmal geht es dann in der konkreten Krise um den Schutz gegenüber dem vollen Lebensdrama, das sich gerade ereignet und mehr niederzureißen droht als die Gesundheit. Eine neue Krise oder eine organische Krankheit, die plötzlich durch einen diagnostischen Befund sichtbar wird, kann auf merkwürdige Weise »retten«. Sie kann für den Betroffenen stellvertretend Schlimmeres vermeiden helfen, kann Aufschub für andere Krisen gewähren und die seelischen und sozialen Belastungen anderer Lebensdramen relativieren, mildern oder gar aufheben. Bildlich gesprochen tritt der eine Lebensschmerz mit einem anderen in den Dialog und verhandelt um Aufmerksamkeit. So wird das Problem einer quälenden Kinderlosigkeit vom Auftauchen einer MS-Erkrankung abgelöst und verliert seine Bedeutung. Eine Magersucht wird ohne therapeutische Intervention durch einen neuen Arbeitsplatz »geheilt«, weil das Leben gerade das als Nahrung brauchte. Manche große Einsamkeit, emotionale Vernachlässigung, Überforderung am Arbeitsplatz springt in eine körperliche oder seelische Krankheit und schafft sich auf diese unbewusste Weise Luft oder ein Zuhause. Ein »Herzinfarkt«, ein »Schlaganfall«, eine »Bulimie« wird neben der organischen Bereitschaft, die in ihr steckt, zum Stellvertreter für ein Seelenleiden oder übernimmt für eine langjährige unspezifische Krise sozusagen die Verantwortung für den Gesamtzustand eines Lebens. Als diagnostisch anerkannte Krankheit ist sie besser auszuhalten als die biografische Katastrophe, die keinen Namen hat. Körperliche und seelische Symptome sind Hilferufe des Lebens und arbeiten mit, wenn Krankheit und Krise auszudrücken versuchen, worum es im Leben eines Menschen geht, der sich zerrissen fühlt.

Dieses Gefühl der Zerrissenheit drückt die Bulimie-Patientin Sina Reinarz so aus:

Zerrissen

Ich stehe
mit einem Bein
im Himmel

und mit
dem anderen
in der Hölle

es zerreißt
mich

ich könnte
weinen
vor Glück

tanzen
vor Angst

und lachen
vor Schmerz[39]

Sina tanzt zwischen anerkannter Diagnose und biografischer Katastrophe, zwischen Himmel und Hölle, Glück und Angst. In diesem Zwischen spielt sich ihre Krankengeschichte und ihre Suche nach dem Sinn ihres Lebens ab, aber beides erscheint nicht in den Akten, die über sie erstellt werden. Dort steht, ob sie weiter zugenommen und endlich das Gewicht erreicht hat, das eine Entlassung aus der Psychiatrie rechtfertigt. Der Arzt

Viktor v. Weizsäcker wollte mit dem Konzept einer anthropologischen biografischen Medizin diese »Zerrissenheit«, die nicht nur die Patienten, sondern oft auch die Krankenbegleiter quält, zum Thema machen und das vergessene »Beiblatt« der Krankengeschichte als wichtige Seite der Humanmedizin wieder aufschlagen. Die großen Erfolge und »anatomisch-physiologischen Höhepunkte« der Hochleistungsmedizin wie Diagnostik, Bildgebung, Operationsmethoden, medikamentöse Therapie, Hygiene, Besiegung bestimmter Krankheiten sollten deshalb nicht geschmälert werden. Denn wo Schwächen, Grenzen und Schäden der Regelkreise der Organe erkannt werden, ist die Medizin glücklicherweise in der Lage, dem Körper immer wieder aus seiner Instabilität herauszuhelfen, Balancen wiederherzustellen und das Gesamtsystem zu unterstützen. Sie dezimiert Bakterien, operiert Löcher in der Herzwand, ersetzt fehlendes Insulin, transplantiert Organe, heilt bestimmte Tumore und kann wissenschaftlich, wenngleich begrenzt, erklären, ob eine Behandlung nützen oder schaden wird.

All diese Erfolge machen aber nach Weizsäckers Ansicht bei genauerem Hinsehen nicht plausibel, warum der erkrankte Mensch selbst mit seiner subjektiven Dynamik, seiner Vitalität und in seinem biografischen Kontext bei der Betrachtung seines Erkrankungs- und Genesungsgeschehens nicht die zentrale Rolle spielen sollte, die ihm als Träger der Krankheit eigentlich zusteht, sondern wie die ungewollte Nebenwirkung eines Medikaments an den Rand geraten ist. Die naturwissenschaftliche Medizin hat den erkrankten Menschen zunehmend auf sein pathologisches Substrat reduziert, nennt ihn »Krankengut« und kann offensichtlich bei der Konzentration auf den »objektiven Befund« weitgehend ohne das Subjekt auskommen, das hinter diesem Befund steht. Nicht ein erkrankter Mensch, sondern eine Krankheit wird an die Institutionen des Gesundheitssystems überwiesen und in den für die Krankheit zuständigen Abteilungen untergebracht. Der Patient liegt dann als Herzinfarkt auf der »Inneren«, als Schlaganfall auf der »Neurologie«, als Notfall auf »Intensiv« oder als endogene Depression auf der »Psychiatrie«. Auf diese Weise wird unmittelbar klar, welche Interventionen und Methoden zur Anwendung kommen und warum, strukturell geplant, diagnostische Absicherung, wiederholte Untersuchungen aller Art, schnelle Interventionen mit Apparaten und Einsatz spezifischer Medikamente nicht nur das Budget aufzehren, sondern auch besser honoriert werden als ein ausführliches Gespräch mit dem Patienten, das als Dreiminutengespräch nur nebenbei geführt wird.

Fehlerträchtig und teuer wird diese Entscheidung dadurch, dass Kommunikation jenseits notwendiger Information nicht stattfindet und auf diese Weise fast jede Krankheit zum »akuten Notfall« wird, der ökonomisch vorausberechnet im Laufschritt erledigt werden muss und vor allem dem Patienten keine Denkpause verschafft, um mit sich selbst, den Ärzten, den Diagnosen und Behandlungsvorschlägen in einen Dialog einzutreten. Diesem medizinisch nicht begründbaren Druck der Beschleunigung eine »Medizin der Langsamkeit« und »Seelen-, Denk- und Interventionsruhe« zu verordnen, könnte zur patientenorientierten Qualitätsverbesserung medizinischer Leistungen, ihrer Effektivierung und Sicherstellung beitragen. Den professionellen Akteuren wie den Patienten fehlen Einsicht und Respekt vor den Eigenleistungen des Organismus, der menschlichen Seele, aber auch vor den sozialen Netzwerken, die dem erkrankten Menschen zu Hilfe kommen können, wenn sie zusammen mit ihm überhaupt sinnvoll einbezogen werden. Im Fall von Krankheit hat sich auf allen Seiten ein fast blinder Aktivismus etabliert, dem es weniger um überlegte Begleitung und »Hilfe zur Selbsthilfe«, als um schnelle Eingriffe von außen geht. Augen zu und durch, zur Not im Drehtüreffekt, und das Ganze noch einmal.

Krankheit hat ein Subjekt und andere Mitgestalter

Gegen diese Tendenz wollte Viktor v. Weizsäcker dem medizinischen Denken und Handeln die bedeutsame Tatsache und naturwissenschaftliche Erkenntnis ans Herz legen, dass die Symptome der Krankheit Ausdruck einer Umwandlung sind und das Krankhafte ein Subjekt hat, das sich als »objektiver Faktor Subjektivität« im Krankheits- und Genesungsgeschehen etabliert. Nicht ein Organ wird krank, sondern der ganze Mensch ist in das Geschehen verwickelt und an ihm beteiligt. Es gibt einen Produzenten, einen Regisseur, einen Spieler, einen Moderator, der die Krankheit in die Hand nimmt. Der Mensch gestaltet und kämpft in der Erkrankung um seine Person und seine Bestimmung, und in seiner Krankheit kämpft der Sinn mit dem Unsinn in den Zellen wie in der Seele.[40] Für Weizsäcker ging es um nichts weniger als die »Einführung des Subjekts« in die Medizin und nicht nur um die freundliche Bitte, den Menschen mehr in den Mittelpunkt zu stellen, ohne dass dies Konsequenzen für das medizinische Denken und die Krankheitsauffassung hat. Er wollte den erkrankten Menschen selbst zum Ausgangspunkt derjenigen Erkenntnisprozesse machen, die der menschlichen Krankheit auf der Spur sein wollen … »um anzudeuten, dass Menschliches menschlich, das heißt in der menschlichen Begegnung, zu verstehen wäre«.[41]

Als Ausdruck eines Umwandlungsprozesses und der Tätigkeit eines Subjekts verweist jede Krankheit auf ein biografisch zu ermittelndes Arbeitsergebnis, das als »ganzheitlich« im Sinne einer Integration der körperlichen, geistigen, seelischen, sozialen und spirituellen Anteile verstanden werden muss. Krankheit ist ein Geschehen in der biologischen und historischen Zeit, das Ergebnis umfassender biografischer Gestaltung, auch wenn die Krankheit selbst für den Patienten nicht das Ziel seines Strebens war. Die ursprüngliche Bewegung zielte auf etwas anderes, war auf mehr oder anderes Leben aus und nicht auf seine Bedrohung durch Krankheit. Wie wir heute wissen, erweist sich nicht nur das »autonome Nervensystem« in engster Abhängigkeit von geistig und psychosozial motivierten Lebensbewegungen, werden Gehirn, Herz, Niere oder Pankreas von allen möglichen Einflüssen umstellt; und ein Zusammenhang der Entstehung von Schizophrenie oder anderen Erkrankungen mit psychosozialen Belastungsfaktoren – Familie, Arbeit, Krieg und Vertreibung – kann nicht mehr ernsthaft geleugnet werden. Medizinische Fachgebiete wie Psycho-Neuroimmunologie, Psycho-Onkologie, Psycho-Kardiologie und andere sind längst auf Spurensuche und Spurensicherung. Wie allerdings die beeinflussenden Dialoge konkret verlaufen, sich das Kräfteverhältnis zwischen Gesundheit und Krankheit allmählich verschiebt, welcher der unterschiedlichen Belastungsfaktoren die Krise einleitet oder zum größten Schädling wird, wie sich die Dynamik eines Tumorgeschehens oder einer chronischen Erkrankung entwickelt und vielleicht auch noch spontan entgegen aller Vorhersagen zum Stillstand kommt, darüber wissen wir noch wenig. Kausale und lineare Verhältnisse werden nicht zu finden sein, sondern lebendige Bewegungen, denn der Mensch und seine Krankheit sind keine logischen, sondern lebendige Beispiele des Lebens, wie von Weizsäcker definiert.

Das biografische Geheimnis hinter den Fakten, die uns als objektivierbare Befunde entgegentreten, kann nur zusammen mit dem Subjekt »erhoben« werden. Die novellistischen Beschreibungen »Meine Haut blüht«, »Ein böser Tumor zerfrisst mich«, »Der Schlag kam aus heiterem Himmel«, »Mein Herz hat einen Riss«, »Auf meiner Brust liegt eine Zentnerlast« kommen dem Wesen der Erkrankung über das subjektive Erleben der Wirkung und der Wahrheit näher als die exakte Messung oder Darstellung in einem bildgebenden Verfahren. Zum anthropologischen Hintergrund des dramatischen biografischen Geschehens, das verstanden werden will, schreibt Viktor v. Weizsäcker schon 1934 beeindruckend und überzeugend: »Der Mensch in seiner Welt ist dieser nicht gewachsen. Die ersten Begegnungen mit ihr in der Stunde seiner Geburt gleichen schwerer Gefahr; er begrüßt diese Welt mit unverkennbarem Protest. Seine Hilfsbedürftigkeit zwingt ihn sowohl zum Widerstreben wie zur Unterwerfung. Seine Verwundungen fordern zur Vorsicht wie zum Kampf. In Gewöhnungen und Erziehungen übernimmt er die Formen und Forderungen der Umwelt, und ist doch zugleich bemüht, durch Verteidigung sein Selbst zu wahren, durch Angriff sein Eigenstes der Welt aufzuzwingen. Von der Mutterbrust bis zum Todeskampfe sind es daher die Krisen der Behauptung in dieser Welt, welche abwechselnd mit Unterwerfung unter Unüberwindliches und mit Sieg über Schwächeres einhergehen.«[42]

Das spezifisch Menschliche der Krankheit wird in der menschlichen Begegnung verstehbar. Das nicht nur auf den pathologischen Befund im Röntgenbild oder in der Krankheitsakte fixierte Auge und das Ohr, das nicht nur hört, was es hören will, sondern wirklich zuhört, können wesentliche Zusammenhänge durchschauen und erfassen. Solche Augen und Ohren, die zur Öffnung bereit sind, sind auch dem Erkrankten selbst, jedem Angehörigen oder Begleitern möglich, die Menschen durch Krisen und Krankheit begleiten. Patienten, die nur auf ihre Daten, Arztberichte, Rezepte oder ihre Angst starren, verlieren schnell den Bezug zu dem, was sonst noch in ihnen und um sie herum vorgeht. Um eine »Umschulung« im Umgang mit sich selbst und mit anderen sowie um die Achtsamkeit für die biografische Interaktion von Körper, Geist und Seele im eigenen Leben geht es in diesem Buch. Viktor v. Weizsäcker kritisiert in einem Beitrag über »Wege der psychophysischen Forschung«[43] vor fast 80 Jahren bereits die Armut der modernen Wissenschaft, sich dem »Leib-Seele-Problem« und letztlich der Dramatik zu stellen, die hinter ihm steht. Während die alten Lehren der indischen, chinesischen und griechischen Philosophie umfassende Systeme seelischer Organbedeutung für Herz und Niere, Leber und Lunge besitzen, schreibt er, wagt sich die kritische Wissenschaft des 19. Jahrhunderts nicht an die Fragen heran, um die es eigentlich geht, und würde das Seelische am liebsten ganz verschweigen.

So ganz leicht ist es seit Freud oder den neueren Entdeckungen der Hirnforschung über Bedeutung und Regentschaft der Gefühle nicht mehr, die Geschichte des erkrankten Menschen draußen vor der Tür zu lassen und auf Dauer die Krankengeschichte durch die Krankheitsgeschichte zu ersetzen. Zunehmend tauchen auch in den gesundheitspolitisch relevanten Schriften und Reformgutachten Hinweise auf, dass Migrations- und andere psychosoziale Hintergründe, Familien- und Armutsverhältnisse im Umgang mit kranken Menschen nicht irrelevant sind und mehr Beachtung finden sollten. Aber ob sich hinter den Schlagworten Patientensouveränität, Qualitätssicherung, interdisziplinäre Zusammenarbeit ein grundsätzliches Umdenken oder gar eine Aufbruchsstimmung für eine am Menschen orientierte, sprechende und zuhörende Medizin verbirgt, muss bezweifelt werden.

»Der Kranke in Wut«, ähnlich dem Bürger in Wut, fehlt der bisherigen Gesundheitsreform, die weitgehend ohne die Patienten stattfindet, um die es eigentlich geht. Denn die aufgeschreckte Seele und der mutig sich einmischende Geist der erkrankten Menschen, dazu die offenen Fragen und Probleme mit Diagnosen sowie die steigenden Ängste vor undurchschaubaren Behandlungssystemen und zunehmender Abhängigkeit, die Selbstzweifel und der Ruf nach den heilenden Gurus, das

überschießende Urvertrauen auf der einen Seite wie das auf-
zehrende Misstrauen in Experten auf der anderen Seite: All das
sind unübersehbare Störfaktoren, die für zu viel öffentliche
Unruhe im gegenwärtigen Effektivierungs- und Zertifizie-
rungswahn sorgen würden. Zu deutlich würden sie nach einem
Umdenken und dem menschlichen Maß im Gesundheitssystem verlangen.

In der biografischen Medizin und ihrer Konzentration auf
den erkrankten Menschen soll also die Krankengeschichte die
Krankheitsgeschichte nicht ersetzen, aber in den Mittelpunkt
des Forschungsinteresses treten und den Platz einnehmen, welchen in den Naturwissenschaften die experimentellen oder sys-
tematischen Beobachtungen innehaben. Die biografische Methode verhilft nicht zu einer kausalen Erklärung der Krankheit,
die es als solche gar nicht gibt, sondern ist eine Art der beobach-
tenden und achtsamen Wahrnehmung. Mit ihrer Hilfe soll die
Bauordnung der Erkrankung in ihrem dynamischen Verlauf
und ihren Bildern verstehbar werden, in der Tendenzen, Span-
nungsstrukturen, Wendepunkte, kausale Bedingtheiten und
subjektive Begründungen, Verhältnisse von Vernichtung und
Erhaltung, Prozesse des Symptomwandels, der Bewegung zwischen Individuellem und Universalem, Kulturbedingtheit und
Geschlechtsspezifität aufleuchten. Im Kampf um »Sieg oder
Niederlage«, Anpassung und Widerstand zwischen der Krankheit und dem kranken Menschen bekommen die Beobachter einen Einblick in die Auseinandersetzung zwischen Gattungs-,
Lebens- und Gesellschaftsgeschichte, die sich täglich und in allen Lebenslagen im Menschen abspielen. Was in der biografischen Pathogenese des Befundes manchmal wie ein bloßer Anstoß oder Einbruch aussah und als dramatisches Lebensereignis
zum Motor des Geschehens hochstilisiert wird, enthüllt sich
bei genauer Betrachtung als ein dramatischer Stellungswechsel
in einem Zweikampf zwischen seelischer und körperlicher Er-

scheinungsweise. Wie zwei Schachspieler scheinen Körper und Seele miteinander zu ringen, was sie nicht täten, wenn nicht zu den Spielregeln die Unvorhersehbarkeit des nächsten Gegenzuges gehörte.[44] Das Subjekt als Krankheitsgestalter ist der Spieler und drängt der Forschung und dem Behandlungssetting das psycho-physische Rätsel des biografischen Krankheitsgeschehens auf. Nur wenn dieses Rätsel zumindest in Teilen gelöst wird, kann die Therapie greifen.

Der Krankheit als ereignishafter, biografisch begründbarer Einheit muss die Therapie als eine Art ereignishafter Umbruch und schrittweise Begleitung entsprechen – und das ist mehr als die Symptome zum Verschwinden zu bringen. Mit dem erkrankten Menschen zusammen müssen die Spuren verfolgt werden, die in seine Krankheit führen und die eigentlichen »Tatorte der Neurose« (von Weizsäcker) aufgesucht werden. Wie eigentlich soll ein Arzt einem Menschen Arbeitsunfähigkeit bescheinigen, wenn er den Arbeitsplatz gar nicht kennt, der möglicherweise seine Unfähigkeit erzeugt hat? Welche Kenntnisse über und Gespräche mit Familie und Lebenswelt des Erkrankten braucht das professionelle Team, um ihn nach der stationären Behandlung einer Psychose wieder nach Hause zu entlassen?

Die menschliche Krankheit erörtert nicht nur das kranke Organ, seine Funktionsfähigkeit oder andere Ausfälle, sondern immer die Geschichte eines Subjekts, das das Geschehen der Erkrankung sowohl erleidet als auch zusammen mit seiner Umwelt hervorbringt und gestaltet. Wie der Biologe und Philosoph Hans Jonas am Beispiel des Stoffwechsels so eindringlich veranschaulicht hat,[45] lebt der Mensch seine Existenz in der Spannung zwischen seiner Freiheit auf der einen Seite und Abhängigkeit wie Notwendigkeit auf der anderen. Wir bekommen die Möglichkeit zu atmen, atmen müssen wir schon selbst und zwar die Luft, die uns umgibt. Wir werden krank und bekommen die Aufforderung, mit dieser Krankheit zu leben, zu genesen oder auch an ihr zu sterben. Als strukturell abhängig ist Leben ein Leben in Koexistenz und erfährt neben den Möglichkeiten, sich zu entfalten, auch die Bedingungen seiner Gefährdung, Zerstörung und seines Scheiterns. Herausfinden, um was es im Einzelnen geht, müssen wir dies selbst.

Jede einzelne Biographie, jede Krise und jede Krankheit erzählen von dieser grundlegenden Struktur des Menschseins und von den unendlichen phantasiereichen Variationen, mit denen das Individuum sich dieser herausfordernden Struktur des Lebens in seiner individuellen Existenz stellt. Was sich im fokussierten diagnostischen Blick auf ein Röntgenbild und den Laborbefund zunächst als eindeutiger Befund darstellt und auf allgemeine Regelverläufe abgeklopft wird, kann sich im biografischen Kontext und Umgang mit dem Erkrankten als das »Mehr« des Menschen erweisen, das hinter seinem Befund steht. Dieses Andere jenseits der Daten kann sich als zu ergreifende Möglichkeit erweisen, gemeinsam mit dem Kranken zu entdecken, wohin die Lebensbewegung ursprünglich gehen sollte und was jenseits der Krankheit vollendet werden sollte.

Im Umgang mit Krisen und Krankheiten kann man nie bei eins beginnen. Bevor sie sichtbar werden, sind sie schon da, entwickeln ihre Provokationen, bereiten sich auf ihren Auftritt vor. Der Boden wird brüchig, bevor wir die Brüche sehen. Land geht verloren, bevor wir spüren, dass wir keinen Boden mehr unter den Füßen haben. Lebenskrisen kommen und gehen, wann sie wollen, dauern kurze Zeit oder Ewigkeiten, lassen sich von keiner Wissenschaft und keiner Profession leicht einfangen, auf eine Lösung zuschneiden oder umkehren. Leibliche und seelische Phänomene, wie wir sie in Krise und Krankheit sehen, können weder in Kausalreihen noch in Parallellinien geordnet werden. Ihr Zusammenspiel ist unübersichtlich und verläuft selten in Schongängen. Auf einer Postkarte mit dem Bild eines kleinen Jungen im Matrosenanzug, der Artur heißt, steht als Lebensrat: »Lebe wild und gefährlich!« Wie wild und gefährlich, aber auch heilbar das Leben aus sich heraus ist, erfahren wir meistens erst in und nach der Krise.

»Diese Krisen eben sind es aber, in denen wir jenen Kampf der Gefühle, jene Ambivalenz der Affekte durchleiden, in denen die großen Umgruppierungen der Reflexe, die Wandlungen der Gewohnheiten, der Neigungen der Bedürfnisse, die entscheidenden biologischen und physiologischen Kräfteverschiebungen, die Zerstörung alter und die Errichtung neuer Gleichgewichte erfolgen. Sie sind eindrucksvoll in der Pubertät, in der Lebensmitte und beim Einbruch des Alters. Aber wir kennen sie gleich heftig bei den großen Erschütterungen der persönlichen Biografie wie der allgemeinen Geschichte. Eben diese Krisen aber sind es, in denen auch die Krankheit einbricht oder die Disposition entsteht, welche ihr später den Weg bereiten wird.«[46]

Leben auf dem Seil als unendlicher Balanceakt

Leben stellt einen fragilen und gleichzeitig stabilen Rahmen zur Verfügung, in dem wir die biografische Arbeit erledigen. Hätte das Leben nicht in der Sekunde seiner Existenzgründung einen Weg gefunden, wieder neues Leben hervorzubringen, es existierte gar nicht. Von dauerhafter Stabilität kann gar nicht die Rede sein, von Ruhe auch nicht. Selbst im Schlaf laufen wir auf Hochtouren, denn unser Organismus ist pausenlos damit beschäftigt, die Balance zu halten: Temperatur, Sauerstoffkonzentration, Hormonpegel, Zuckergehalt – alles muss stimmen. Zu viel ist tödlich, zu wenig sowieso. Regelkreise sind die Wächter im Kampf um die Balance und sorgen dafür, dass das Herz ausreichend pumpt, der Magen beizeiten knurrt und defekte Zellen Selbstmord begehen. Was für eine erfindungsreiche Arbeit, die an der Basis der menschlichen Existenz mit der Herstellung und Sicherung der physiologischen und biologischen Grundlagen die weitere Konstruktion jeder Biografie erlaubt.

Genau betrachtet ist der Mensch in vielerlei Hinsicht unglaublich belastbar und dies umso mehr, wenn sein Leben biografisch Sinn macht und Aussicht auf Erfolg winkt. In der Frauenheilkunde spricht man bezogen auf das Geburtsgeschehen deshalb von einem Werdeschmerz, der sich anders als der destruktive Tumorschmerz besser aushalten lässt, weil die Freude auf die Geburt des Kindes ihn besänftigt. Eines der aufregendsten symbolhaften Beispiele für die Lebensweise und Regelkreise des Lebens ist das Immunsystem, das feindliche Eindringlinge abwehrt und den menschlichen Organismus im Kampf gegen die »Feinde des Systems« unterstützt. Das Selbsthilfepotenzial des Immunsystems beruht auf der Fähigkeit, zwischen gesunden und von Viren befallenen Zellen zu unterscheiden und seine Zerstörungswut so fein zu dosieren, dass es uns schlimmstenfalls mit Fieber ins Bett wirft. Auch wenn das System sich manchmal irrt und dann harmlose Blütenpollen oder körpereigene Substanzen derart attackiert, dass es den Menschen in einen tödlichen Schock versetzt, wenn die Bakterieninfektion aus dem Ruder läuft, so können wir uns über diese Arten von sich selbst organisierender Lebensweisheit im Körper nur wundern. Gleichzeitig könnten wir darüber nachdenken, wie seelische, geistige, spirituelle oder soziale »Immunsysteme« funktionieren, die uns lehren, Leben besser zu verstehen.[47]

Gerät die Balance der körpereigenen Kräfte aus den Fugen, greifen also Gendefekte, Viren, seelische Stürme, soziale Katastrophen, Akte konsequenter Selbstbeschädigung in den

Balanceakt ein und überfordern ihn, dann bricht das System der Selbstorganisation natürlicherweise zusammen. Wir sprechen dann zwar von Krankheit und einer pathologisch relevanten Veränderung, haben aber immer noch einen kreativen Schöpfungsakt vor uns, wenngleich in die ungewünschte Richtung. Auf seine Weise hilft sich der Organismus dennoch selbst, er macht einfach nicht mehr mit und meldet Widerspruch an. Vereinfacht gesagt: Wir bekommen ein Problem mit unserem Blutdruck, weil das Blutdrucksystem vorher ein Problem mit uns hatte. Keine Strafe, sondern eine Reaktion. Bei jeder Entstehung eines Symptoms oder einer Krankheit verwandelt sich etwas, es gibt Gründe und Hintergründe, die sich ineinander verschränken und keine eindeutige Zuordnung erlauben. Von nichts kommt nichts, und wo nichts ist, kann auch nichts werden. Aber was wie geworden ist, ist schwer zu sagen.

Die Frage, wie man seine eigenen inneren körperlichen, geistigen wie seelischen Systeme, also die vorhandenen Handlungs- und Selbstheilungspotenziale und damit sich selbst unterstützen kann, bewegt nicht nur den erkrankten Menschen. Welche Systeme und Organe sind an der Krise beteiligt, wurden oder werden über- oder unterfordert? Was brauchen sie? Wer sind die »Feinde« im Immunsystem? Wer die der Seele? Was macht den Geist unfähig zu denken, was lähmt die notwendigen Handlungsimpulse? Welche Probleme sind über Familie, Arbeit, Alter und soziale Lage eingewandert, aber wie wirken wir auch auf die? Wer oder was braucht eine Art »Seelenruhe« als Anleitung zum stoischen Denken, und wo sollte wer zur Entlastung hörbar mit der Faust auf den Tisch hauen, um sich wenigstens akustischen Respekt zu verschaffen? Jede Krise stellt andere Fragen an Leben und Überleben, jede Krankheit fordert andere Ideen und Leistungen heraus. Biografische Antworten fallen nicht vom Himmel. Sie wollen »erdacht« und

»erfühlt« sein und müssen konkret auf den einzelnen Menschen zugeschnitten werden. Biografisches kann man nicht abschreiben. Eine Brustkrebs-Patientin beschreibt diese Herausforderung wie folgt:

Krebs-Über-Leben

Meine Geburt habe ich überlebt
meine Kindheit habe ich überlebt
meine Pubertät habe ich Gott sei Dank auch überlebt
die Schule habe ich schlecht und recht überlebt
meine erste Liebe habe ich überlebt
alle Examina habe ich überlebt
den Berufseinstieg habe ich überlebt
die Kindsgeburten
schließlich habe ich auch meine Ehe überlebt
den Verlust der Eltern
Erfahrungen mit Freunden
Urlaubsreisen
ferne Länder
einen Autounfall
und den Umzug ins neue Haus
habe ich überlebt.
Und jetzt soll ich auch noch meinen Krebs …?
Nein.
Jetzt will ich leben.[48]

Stationen und Erinnerungen eines Lebens, deren Spuren bis in die Gegenwart reichen. Wie in einem Buch könnte man bei jeder Zeile ein kleines Kapitel im Leben der Patientin aufschlagen und nachlesen, was es zur Kindheit, zu den Geburten der Kinder, zur Trennung, zum Verlust der Eltern, zu den Freunden oder zum Autounfall zu erzählen gibt.

Wie war der Seiltanz ihres bisherigen Lebens? Die Krankheit mischt das Leben auf und sich ein, erzählt und schreibt eine neue Geschichte auf, die ebenfalls in der Vergangenheit begonnen hat und seit der Diagnose die Gegenwart beherrscht. Für die Zukunft heißt die Heilungsperspektive dieser Patientin »leben« statt »überleben«, was immer das biografisch bedeutet. Wer seine Krankheit in die eigenen Hände nehmen und gesunden will, muss sie nicht nur medizinisch verstehen lernen, sondern begreifen, was geschehen ist, welche Balancen verloren gingen, was gegenwärtig zu tun ist und auf welchen nächsten Horizont sich im lauten Trubel der Krankheit der eigene Herzton einschwingt.

Gut Ding will Weile haben. Das gilt im biografischen Aufruhr der Krankheit für alle Dimensionen. Das Immunsystem mit seinen fein austarierten Regelkreisen mal eben anregen zu wollen, das Gehirn gegen die Vergesslichkeit der Verdrängung joggen zu lassen oder die Seele mit Urschrei, Schamanenfeder, Herz-Yoga und einigen verhaltenstherapeutischen Übungen auf die Schnelle auszugleichen, ohne dass innere Beteiligung, ernsthafte Übung und Selbstdisziplin erwartet wird, ist etwa so, als wolle man ein Piano stimmen, indem man die Saiten mit dem Akkuschrauber so stramm wie möglich zieht.

Die Art und Weise, mit der heute auf dem Ratgebermarkt für Gesundheit und Krankheitsbewältigung für Methoden zur »Immunstabilisierung« für Körper, Geist und Seele und die schnelle Lösung von Lebenskrisen geworben wird, zeugt von ungeheurer Einfalt und Ignoranz gegenüber dem komplexen biografischen Geschehen im Feld von Gesundheit und Krankheit. Ahnungslosigkeit und wenig Respekt vor den sensiblen Eigenleistungen des menschlichen Organismus wie der biografischen Einzigartigkeit des Kranken, dazu die systematische Enteignung des Menschen durch Experten hinsichtlich grundlegender Lebenskompetenzen, haben das Vertrauen geschwächt, sich auch ohne Experten auf das eigene Leben besinnen zu können und es in eigener Regie zu gestalten. Die Weizsäckersche Idee von der »Einführung des Subjekts« in die Medizin und das Konzept einer biografischen Arbeit als Selbstermutigung und Aufforderung zu einem gemeinsamen Bemühen, die menschliche Krankheit zu verstehen, erscheinen deshalb auch mit Blick auf die Patienten, um deren Mündigkeit im System es geht, einerseits geradezu als absurd und andererseits als unverzichtbar. Kaufen, schlucken, schweigen, sich behandeln lassen sind erfolgreiche Strategien für die Ökonomie der Waren. Für eine Ökonomie des Lebens, die Aktivierung des eigenen Willens, für die Beteiligung an Transformationen und Lust auf Selbstbestimmung sind sie das nicht.

Genesung am eigenen Leben geht anders, verlangt den Dialog zwischen Gesundheit und Krankheit, ist auf das Verstehen angewiesen, das sich der erkrankte Mensch in der Auseinandersetzung mit sich selbst erarbeiten muss.

Was es an der menschlichen Krankheit zu verstehen gilt, ist der Umwandlungsprozess, der aus etwas Unauffälligem, das es schon gab, etwas medizinisch Auffälliges, nämlich einen pathologischen Befund macht. Eine Zelle bleibt in ihrem Wesen eine Zelle, aber wenn sich viele Zellen zu einem malignen Tumor zusammenschließen, ist die Botschaft für den Menschen eine andere. Er ist krank geworden, das heißt, seine Lebensbewegungen haben den Weg zur Erzeugung seines Wohlbefindens und Erhaltung seiner Lebenskraft verlassen und dabei das eigentliche Lebensziel verfehlt. Krankheit ist für Weizsäcker deshalb durchaus kreativ, eine »unvollendete Schöpfungstat«, ein »verstümmelter Endgedanke«, hinter dem sich ein komplexes Sinngeschehen verbirgt, dessen Entschlüsselung den Weg der Genesung freilegen kann.

»Warum jetzt?« und »Warum hier?« und viele andere Fragen muss sich der erkrankte Mensch zusammen mit seinen Ärzten stellen, um herauszufinden, wohin ihn die Krankheit gebracht hat und worauf sich der Wandlungsprozess der Genesung richten soll. Wechselseitig sind Gesundheit und Krankheit eine Art biografischer Aufruhr, die mit Befunden und Befinden zu den lebensnotwendigen Veränderungen aufrufen.

Die Sprache der Krankheit und die Turbulenzen in den Dialogen

Wenn die Haut »blüht«, der Tumor »böse« ist, die Galle »steinreich« wird, der »Hexenschuss« bewegungslos macht, die »Laus über die Leber« läuft oder »der Hörsturz« den Kopf mit Pfeiftönen zum Wahnsinn treibt, kommt die Sprache der Krankheit in den Blick. Unser Organismus ist wie ein Orchester, das in kleiner oder großer Besetzung zu Konzerten über das Leben antritt, uns mit Flötentönen das Hoffen oder das Fürchten lehrt, wie eine Tsunamiwelle über uns hinwegrollt oder in die Ruhe eines Klangs bringt, der für manche mit dem nachhaltigen Meeresrauschen verbunden ist. Im eigenen Leben sitzen wir immer in der ersten Reihe und hören, wie die »Kompositionen« aus unseren inneren Räumen klingen. Wie Musikinstrumente, Filme, Lein- oder Plakatwände sind unsere Organe ein Medium, um gefühltes Leben mit seinen Erfahrungen von Leiden, Schmerz, Zorn, Freude und Glück zur Anschauung zu bringen. Wenn sie krank werden, sprechen Organe ihre eigene Sprache, eine Mixtur aus Bildern, Worten, Tönen, Farben, Dialekten und Zeichen in Form der Körpersprache. Der Magen knurrt, der Atem pfeift, die Knochen knirschen, die Beine zittern, das Gesicht verfärbt sich, der Schmerz sticht, der Schädel brummt, der Darm gluckert, die Haare sträuben sich, die Wut kocht hoch, die Freude springt aus den Augen. Gemälde wie *Der Schrei* von Edvard Munch machen mit großer Eindringlichkeit in Form und Farbe sichtbar, wie sich Angst, Verzweiflung, Schmerz und Einsamkeit des Menschen anfühlen und nach Ausdruck und Sprache suchen.

Auf unterschiedliche Weise soll die Welt erfahren, wie es um das Wohlbefinden eines Menschen steht, Befindlichkeitsstörungen um Beachtung ringen und die Krankheit sich manchmal langsam über Jahre oder blitzschnell in wenigen Minuten wohnlich in Körper, Geist und Seele einnistet. Auch der betroffene Mensch will wissen, was gemeint ist, wenn ein Arzt ihm mitteilt, dass er »etwas habe« oder ihm »etwas fehle«, wenn er sich selbst als nicht mehr richtig beieinander, angeschlagen, angezählt, im Stolpern fühlt, also unberechenbarer wird, weil ihm die Normalität abhanden kommt. Unnachahmlich hat Karl Valentin das verwirrende Lebensgefühl zum Ausdruck gebracht, das mit dem Umschlagen von Wohlbefinden in Unwohlsein, von Gesundheit in Krankheit verbunden ist. »*Mein Magen tuat mir weh, die Füaß tuan mir weh, der Kopf tuaht mir weh, mein Hals ist entzunden und i selbst befind mich aa net wohl.*«

Mitten im Alltagsgeschehen des Lebens steigt überraschend eine Unruhe auf. Schon lange hat man den Knoten gespürt, die Hautveränderung gesehen. Die Entzündung ging nicht mehr weg, der Schmerz durchzog den ganzen Körper, und die Depressionen waren längst keine leichten Verstimmungen mehr, sondern blockierten die Lust, überhaupt noch aufzustehen. Irgendwann geht der Mensch zum Arzt, manche beim ersten Alarmzeichen, andere auf den letzten Drücker. Eine klare Diagnose wird prägnant gestellt, die unsichere nur vage angedeutet und sorgt auf diese Weise für noch mehr Unruhe. Eigene Vermutungen werden bestätigt, für untauglich erklärt, manche stoßen auf taube Ohren, weil sie zu abwegig erscheinen. Wie aus dem Nichts übernimmt plötzlich ein fremdes Wort die Regie, ein diagnostischer Name ergreift Besitz, verändert die Wahrnehmung und greift mit subtiler Macht in den routinierten Ablauf des Lebens ein. Ungewisses erscheint gewiss, Vermutetes wird zum gesicherten Befund. Ein Blitz erhellt die Dunkelheit, und mit dem folgenden Donner trifft den Menschen der berüchtigte Schlag. »Sie haben Krebs!« »Das ist mit Sicherheit MS!« »Das war ein Herzinfarkt!« »Ihr Kind leidet an ADHD«! »Ihr Vater hat Alzheimer!«

Dem diagnostischen Blitzeinschlag folgt in der Regel ein Blitzkrieg. Gefahr erkannt, Gefahr gebannt! Der Fahndungserfolg verlangt Eingriffe. Je schneller, desto besser, nicht nur bei Ärzten, auch bei den Patienten stößt die Eile auf Gegenliebe. Das »Böse« verlangt nach dem »Guten«, was immer das ist, die Diagnose verlangt die sofortige Intervention, wohin auch immer die Reise geht. Auf jeden Fall muss unverzüglich gehandelt werden. Betroffene, an Brustkrebs erkrankte Frauen erleben das so:[49]

»Ich habe Brustkrebs mit 23 Jahren, eine Ablatio, Lymphknotenbefall und die Hormonrezeptoren sind positiv. Neben der Chemotherapie wird mir aufgrund meiner Jugend und des ausgedehnten Befundes dringend die Entfernung der Eierstöcke vom Chefarzt empfohlen. Alles in mir sträubt sich dagegen.«

»Ein kleiner Knoten. Ich bleibe gelassen. Ich doch nicht. Ein Termin beim Frauenarzt ist am übernächsten Tag. Vorher kontrolliere ich, ob ›er‹ überhaupt noch da ist.«

»Dann hat er (der Frauenarzt) mich sofort zum Röntgenarzt hinübergejagt – ich bin im Galopp hin, weil mir die ganze Geschichte dann schon ein bisschen suspekt war.«

*»In wenigen Minuten sollte ich mich entscheiden. Brust ab
oder nicht. Ich war ein Grenzfall. Der Arzt gab mir zwei
Stunden.«*

*»›Das gehört sofort heraus, man muss das abklären ...‹.
Ich: ›Ich bitte Sie: Jetzt – undenkbar! Mein Terminkalender
ist voll.‹ Und er sagt: ›Diese Seite im Kalender reißen Sie
heraus, die gibt es nicht. Sie kommen am Montag in das
Krankenhaus.‹«*

Wenn Organe ihr Schweigen in einer somatischen Erkrankung
brechen, die Seele im Nervenzusammenbruch, in der Depression oder mit einer Psychose sichtbar rebelliert und an der
Hand des erkrankten Menschen Krankheiten auf die Bühne des
Lebens treten, sprechen sie meistens in Bänden. Sie erzählen
Horrorgeschichten über das Innenleben, verwandeln Symptome und Schmerzen in Dramen, Romane und Gedichte, wählen Bilder, Symbole und Metaphern, spielen das »Lied vom
Tod«, auch wenn dieser noch gar nicht im Spiel ist. Die menschliche Krankheit hält sich nicht an nackte Daten. Das wissenschaftlich Beweisbare irritiert in seiner mathematischen Nüch-
ternheit, wechselt über die Angst hinter den Daten schnell die
Kleider, wird zur Glaubenssache. Keine Krankheit lässt sich mit
einem lateinischen Namen abspeisen, auch wenn Patienten sich
redlich darum bemühen, richtig auszusprechen, was sie haben
sollen. Immer wieder wird deutlich, wie kümmerlich und unzu-
reichend der Versuch ist, das objektiv feststellbare Ergebnis einer Krankheit, seine Geschichte, das »subjektive« Erleben der
Erkrankung und die Geschichte des erkrankten Menschen in
einer medizinischen Diagnose und dem entsprechenden Erklä-
rungsblatt einzufangen.

Diagnosen, sagt der psychosomatische Arzt Viktor v. Weizsäcker, sind für mich wie eine Meditation. Der biografisch ar-

beitende Arzt muss sich langsam in das Krankheitsgeschehen und den erkrankten Menschen eindenken, um herauszufinden, was geschehen ist. Er muss wahrnehmen, wie der Patient im ersten Augenblick seiner Begegnung mit dem Arzt auf diesen zukommt, sich biografisch in Szene setzt und zu verdeutlichen versucht, wie er sich selbst fühlt und dem Arzt zu begegnen gedenkt. Hat er schon eine Diagnose im Kopf und sucht nur noch nach Bestätigung? Fühlt er sich wie ein eingebildeter Kranker oder ein überzeugter Gesunder? Will er sich stark und unnahbar zeigen oder an die Hand nehmen lassen? Spricht er von sich und seiner Lebenssituation oder soll der Arzt erst einmal seine Fachkompetenz unter Beweis stellen? Will er ihn angefüllt mit dem Wissen aus dem Internet vielleicht am Nasenring durchs Sprechzimmer ziehen oder ihm zeigen, dass und wie er sich für seine Krankheit interessiert? Sollen Angehörige »mithören«, vielleicht ein Mitspracherecht haben, oder wird ein absolut verschwiegenes Bündnis zwischen Arzt und Patient erwartet?

Die Welt des erkrankten Menschen ist voller Fragen, aber auch voller Wissen und subjektiv bedeutungsvoller Antworten. Sein Leben enthält biografische Geheimnisse, die die Suche nach der hinter der Krankheit verborgenen Gesundheit erleichtern könnten.

»Warum ich? Was bedeutet sie? Was habe ich falsch gemacht? Wie konnte das passieren? Ich muss der Krankheit eine Bedeutung verleihen«, fragt sich aufgewühlt und verzweifelt Treya Wilber, als die Ärzte bei der 36-Jährigen eine Woche nach ihrer Hochzeit Brustkrebs diagnostizieren und sie zusammen mit ihrem Mann auf eine äußere, gegen die Krebserkrankung kämpfende und eine innere, die Erkrankung annehmende, Sinn suchende Reise geht. In dem Buch *Mut und Gnade* erzählt der Ehemann und bekannte Bewusstseinsforscher Ken Wilber später die Geschichte dieser Reise durch Himmel und Höllen, bei der seine Frau den Mut gefunden hat, bewusst zu sterben und er den Mut, den Tod seiner Geliebten anzunehmen und sie durch die Stadien des Sterbens zu begleiten. Durch die medizinischen, psychologischen und philosophischen Fragen und die eigenen Träume und Visionen hindurch finden beide zusammen den Mut, das »kleine Ich« in seinem gegenwärtigen Leben aufzugeben, um ein Leben zu finden, in dem sie sich auch nach Treyas Tod vereint wissen.

Die Welten der Krankheit, des erkrankten Menschen und der Medizin sind voller Vermutungen und Begriffe, die wie Speerspitzen umherfliegen, aber selten ins Herz des gesamten Geschehens vordringen. Aufgespießte Botschaften fliegen umher, Ratschläge in Boxhandschuhen, lateinische Worte aus medizinischen Lehrbüchern, aufgerufene Internetseiten und lockere Sprüche an diagnostischen Betonwänden erzeugen reale und virtuelle Denk- und Gefühlslandschaften, hinter denen sich die Kranken abducken und verstecken, um nichts mehr darüber zu hören und zu lesen, was sie falsch gemacht, nicht verstanden oder verdrängt haben, hätten wissen können, wenn sie denn gehört hätten. Wenn Menschen in schwierigen Situationen, wie die der Aufdeckung einer Krankheit, bei der Suche nach Gründen auf ihre Vergangenheit stoßen, hört man oft das Klagelied »Hätte ich doch damals gehört«. Wer krank wird, scheint etwas falsch gemacht zu haben. Aber eben nur scheinbar, denn Krankheit und Krise sind keine Strafen für Ungehorsam, sondern Anregung und Aufforderung, etwas zu ändern, das das Leben wieder in Fluss bringt. Das unproduktive »Hätte ich doch« und das nicht zu beantwortende »Warum bin ich krank geworden?« muss durch die Frage ersetzt werden: »Was muss und kann ich jetzt in meiner Situation lernen?«

Die essgestörte 19-jährige Sina beschreibt die Lernsituation so:

Bulimie
In meinem Kopf
ein Gewirr
aus Schlangen

das Lachen
zu laut

Flammenaugen
sind blind
weißt du

Himmel und Hölle
ein einsames Spiel[50]

Als Betroffener, der die Diagnose täglich erlebt und erleiden muss, wird der erkrankte Mensch zum Berichterstatter, Reisebegleiter und Kommentator der eigenen Lebensreise. Er legt, wenn er gefragt wird oder ungefragt in Gedichten und Tagebüchern mit beeindruckenden Bildern und deutlichen Worten Zeugnis über sein Kranksein ab, das man von außen kaum abschätzen, sondern nur in den Innenräumen der Krankheit erleben, fühlen und vor allem auch fürchten kann. Himmel und Hölle, ein einsames Spiel! Ein Gewirr aus Schlangen im Kopf. Von einem »glühenden Stahl, der sich ins Herz bohrt«, spricht ein Herzinfarktpatient, Stahlwerker von Beruf. Ein »ausgespucktes Kaugummi unter einer Schuhsohle« nannte der kleine Mark das Gefühl. »Gnadenlos« hat in der emotionalen Sprache ein »bösartiger« Tumor die Herrschaft übernommen, »heimtückisch« und »gemein« haben sich Krebszellen zusammengerottet und »fressen« sich wie die Raupe »Nimmersatt« durch Gewebe und Knochen. Terror im eigenen Haus! Diktatur pur! Ungerecht dazu! Ein Schlaganfall hat das unschuldige Kind, das

nichts falsch gemacht hat, ausgerechnet beim geliebten Fuß-
ballspiel »erwischt« und dann auch noch lebenslang an den
Rollstuhl gefesselt! Wo war Gott? Warum wird der redege-
wandte Manager kurz vor dem Höhepunkt seiner Karriere zum
Aphasiker gemacht, dem die Worte auf der Zunge kleben bleiben? Wir werden in Wort und Reaktion sehr direkt und persönlich, manchmal poetisch oder ausfallend, sozusagen menschlich, wenn es um die Erfahrung und die emotionale Begegnung
mit Krankheit und Krise geht.

Verletzbarkeit, Begrenzungen und Überlebensängste bekommen eben ein biografisches Gesicht, und das bezieht Stellung.
Eine konkrete Person tritt auf die Bühne und versucht den Au-
ßenstehenden zu erklären, wer sie ist und nicht, was sie hat.
»Sein und Haben« im Sinne Erich Fromms spielen in Krankheit
und Krise eine große Rolle. Symptome mausern sich zu bildrei-
chen Erkenntnissen, transportieren Hilferufe des persönlichen
Lebens, proben den Aufstand, fackeln nicht lange, setzen sich
durch und arbeiten mit den feinsinnigsten und unglaubwürdi-
gen Erklärungen, auf die der Mensch ohne die Krankheit gar
nicht gekommen wäre. In einer Studie, die ich mit Blick auf den
biografischen Kontext der Herz-Kreislauferkrankungen von
Bluthochdruck über die Herzrhythmusstörungen, den Herzinfarkt, die Bypassoperation bis zur Herztransplantation in einer
großen Herzkreislaufklinik durchgeführt habe, habe ich fast
tausend Patienten, vorwiegend Männer zwischen 51 und 65
Jahren, in der Mehrzahl verheiratet, noch berufstätig oder schon
im Ruhestand, mit der Frage konfrontiert, welches Bild, welche
Fantasie oder welche Vorstellung spontan in ihnen aufsteige,
wenn sie an ihr »krankes Herz« denken. Die Antworten zeigen
einen ungeheuren Bilderreichtum, mit dem die Menschen das
Geschehen einzufangen und zu beschreiben versuchen.[51]

Das kranke Herz ist *arm, beleidigt, gebrochen, gequält, überfordert, gejagt, heiß, angeschlagen, alternd, geschädigt, verprü-*

gelt, gestopft, gestresst und müde. Wie ein angeschossener Eber, ein geprügelter Hund, ein zusammengeduckter Vogel. Wie ein durch Schneelast abgebrochener Baum oder eine verkümmerte Kartoffel. Es hat keine vollwertige Schaffenskraft mehr, ist ein Herz mit Bypassmarkierung. Das kranke Herz ist *Lebensgeschichte – erinnert an Krieg, an die herzkranke Mutter, an ein kleines frühgeborenes schutzbedürftiges Kind und sagt:* »*Zu gut gelebt, Junge*«*! Leichtsinniger Umgang mit Gesundheit, auch das wird assoziiert.* Das erkrankte Herz erscheint Patienten *als technischer Schaden, als Motorschaden, als Auslaufmodell, Austauschmotor oder gar als Auto ohne Motor, als Pumpe, aber auch als verlassene brachliegende Telefonzentrale, als Feuerzeug ohne Benzinzufuhr, als Plattfuß oder Reifenpanne, als zerbrechliches Glas, als Herz, durch welches ein Pfeil gebohrt ist, als verstopfter Schornstein, als schöner 280er SE- Mercedes mit Drehzahlbegrenzung auf 1500 u/ min ohne Anlasser.*

Für manche Patienten ist das innere Bild vom Herzen mit seiner Physiologie oder der Diagnose identisch – *eine Koronarsklerose im Muskel oder: das Zentralorgan.* Für andere ist das Herz identisch mit der *Intensivstation und ihren Geräten oder nur noch eine verengte Arterie auf dem Bildschirm.* Auch Bilder der Genesung und Hoffnung tauchen auf: *Dann ist das Herz gesund und pulsierend, die Landschaft der letzten Bergtour oder ein blühender Holunderstrauch, von Blattläusen überfallen.* Neugeburt, Fingerzeig, weitere Lebensplanung und Dank an den Spender sind Bilder, die in die Zukunft verweisen. Verharmlosung, Bagatellisierung, Ablehnung und Fatalismus bestimmen manches Bild vom Herzen. *Da ist das Herz einfach gar nicht krank, noch mal davongekommen, hat Pech gehabt und muss das Beste draus machen!*

Schritt für Schritt haben wir das Haus gebaut, in dem Körper, Geist und Seele zusammenleben. Vom Moment der Zeugung an waren wir beteiligt, haben uns eingebracht, die Organe und Sinne als Werkzeuge mit entwickelt. Wir bauen und renovieren weiter, solange wir leben. Wir haben auf unser Herz, unseren Magen, unseren Atem, unsere Angst, unser Glück gehört oder sie überhört, sie haben sich gemeldet oder auch nicht, haben unsere Freudensprünge mitgemacht und unsere Angst geteilt, sind aus ihrem lebendigen Rhythmus gekommen oder in einen mechanischen Takt verfallen, wenn wir ihnen viel oder zu wenig zugemutet haben. Wir formen unsere leibhaftige Existenz, Gedanken und Gefühle, lernen in Beziehungen zu leben, werden krank und wieder gesund, haben Erfolge und Misserfolge, werden zu Einzelgängern oder Herdentieren, sind mit dem Erreichten zufrieden, erfolgreich oder fühlen uns als Verlierer, an den Rand gedrängt oder fern der Heimat. Irgendwann machen wir uns alle mehr oder weniger vorbereitet oder überraschend auf die letzte Reise.

»Warum jetzt? Warum hier? Warum ich?« sind die Fragen, mit denen Menschen in den Dialog mit den erzwungenen Auszeiten des Lebens eintreten.

Hélène Grimaud ist eine der besten Klavierspielerinnen der Welt. Klug, schön, zielstrebig und klar hat sie als Musikerin viel Bewunderung auf sich gezogen und zusätzlich besondere Beachtung durch ihre sensible Arbeit mit Wölfen gefunden. Eine schwere Krankheit hat sie 2010 aus der existenziellen Bahn ihres Lebens geworfen oder mitten in diese hinein, je nach subjektiver Bedeutung, die das Krankheitsgeschehen bekommt. Über beide Seiten spricht sie in einem Interview mit Axel Brüggemann in einer Bremer Tageszeitung:

»Eigentlich hatte ich für dieses Jahr eine Auszeit geplant, weil ich gespürt habe, dass ich neue Gedanken und neue Inspiration brauche. Aber dann wurde bei mir ein Bauchhöhlentumor diagnostiziert. Das ist eigentlich ein kleiner Eingriff, aber nach der

Kernspintomografie haben die Ärzte gesagt, dass es ernst sei. Und so wurden aus der kleinen Behandlung vier Monate, in denen ich Medikamente schlucken musste. Mir war dauernd schlecht, ich hatte unerträgliche Schmerzen und konnte nichts dagegen tun. Ich habe Dinge erfahren, die ich nie für möglich gehalten hätte. Und heute, da es mir besser geht, merke ich, wie sehr mich diese Zeit verändert hat. Ich wünsche mir, das nie wieder erleben zu müssen, aber das, was ich erfahren habe, war existenziell. Ich habe mich in einem merkwürdigen Fluss befunden, in einer Welt aus Schmerzen, in der nichts mehr Sinn gemacht hat. Für jemanden wie mich, der sein ganzes Leben immer seine Ziele verfolgt hat, war das eine neue Erfahrung.«[52]

»Warum jetzt? Warum hier? Warum ich?«, fragen die Betroffenen, und niemand weiß die Antwort. Zu früh für ihre weiteren Lebensplanungen verwandelt die unerwartete Diagnose einer Krankheit die Zukunft in Vergangenheit und macht die Pläne der Menschen zunichte. Gerade als sie eine andere Krise hinter sich hatten, gerade als sie sich nach dem Ende der Erwerbsarbeit auf mehr Zeit freuten, gerade als die Kinder endlich auf eigenen Füßen standen, gerade als die Karriere auf dem Höhepunkt und alles bestens schien, schlug die Krankheit zu. Das bildhaft knappe »Aus die Maus!« über einer Todesanzeige wird für manche Menschen im Augenblick der Diagnose zur zentralen Botschaft ihrer Lebensanzeige. Eine Falle, ein Gefängnis, ein Raubüberfall, das Ende von etwas oder gleich allem, was wichtig war und noch immer wichtig ist.

»Mein Körper hat mir nicht mehr erlaubt, Musik zu machen, also haben meine Gedanken versucht, dieses Problem zu lösen … Mein Kopf hat mich gesund geredet, hat den Zustand meines Körpers ignoriert, mir gesagt: ›Das wird schon wieder.‹ Aber irgendwann musste mein Gehirn einsehen, dass mein Körper ihm nicht folgt. Und da hat es angefangen, meine Krankheit neu zu denken. Und ich habe diesen Streit zwischen Körper und Geist beobachtet, ohne eingreifen zu können.« Im Moment des Schmerzes war auch die Musik machtlos, sagt die Pianistin.

In der Sprache wie im Empfinden von Betroffenen sind schwere Lebenskrisen, Krankheit und vor allem Schmerz Rebellion und Aufruhr, der die Grenzen des Erträglichen in den Blick nehmen. Die hoffnungsvolle Ahnung, dass es um Gelegenheiten zu notwendigem Wandel geht und der Mensch an diesen leidenschaftlichen Bewegungen des Lebens sogar viel umfassender als erwartet genesen kann, kommt selten im Augenblick der Erschütterung zum Zuge. Die Beschreibung, ein Mensch sei seelisch oder körperlich »außer sich vor Schmerz«, der Boden sei ihm entzogen, er wisse nicht mehr, wo hinten und vorne, oben und unten sei, zeigt, wie der Mensch in der Krise von den verschiedenen »Warum« gejagt wird und seine Konturen verliert. Wo der »Teufel der Verwirrung« sein Spiel treibt, bleiben manchmal nur Scherenschnitte übrig, wie die junge Bulimiepatientin Sina verzweifelt textet.

Scherenschnitt

seht mich nicht an
ich weiß
ich bin nur noch
ein Schatten
meiner selbst
völlig ausgebrannt

was ihr seht
ist nur
Asche und
kalte Glut
erstarrt im Wind[53]

Kranksein ist für Sina, ausgebrannt vom Leben zum Schatten ihrer selbst geworden zu sein, zum Scherenschnitt, der das Wesentliche aber immer noch zusammenhält. Jede spezifische Krankheit erfindet sich im erkrankten Menschen neu, malt andere Bilder aus. Bei der Neurodermitis, die mit Entzündungen, Ekzemen und Juckreiz schon den Körper eines Kleinkindes ab dem zweiten Lebensmonat überfallen kann, »blüht« die Haut nicht nur, sie »schlägt aus«, auf vielfältige Weise auch zu. Sie »besetzt« den Körper, überzieht ihn mit Fremdem wie bei einer Kolonialisierung und reizt Betroffene bis zur »Weißglut«. Am liebsten würde der erkrankte Mensch nicht nur beim speziellen Juckreiz dieser Krankheit, sondern auch bei vielen anderen Krankheiten und ihren Symptomen um sich schlagen und den berühmten *Veitstanz* aufführen, der an eine epidemische Volkskrankheit im Mittelalter (heute die erbliche Krankheit Chorea Huntington) erinnert, die mit einer ungeheuren Tanzwut oder Tanzplage einherging.

Während der Zeit des »Schwarzen Todes«, also einer großen, das Leben bedrohenden Epidemie, war der Wuttanz oder die Tanzwut ein vielfach aus Verzweiflung beschrittener Weg, der bewussten Erfahrung der Bedrohung durch die Krankheit zu entgehen. Die Menschen tanzten wahrscheinlich unter halluzinogener Wirkung pflanzlicher Drogen so lange, bis sie in eine Ekstase verfielen, die ihre Müdigkeits- oder Erschöpfungsgefühle ausschaltete. Dadurch konnten sie so lange fortfahren, bis sie vor Erschöpfung zusammenbrachen oder sogar starben.

Die Wuttänze gibt es noch immer, sie sind nur anders, meistens nach innen verlagert, weil sich ein Veitstanz nicht gehört und vielleicht eine zweite Diagnose nach sich ziehen würde. Eine bewusst menschliche Begleitung des biografischen Aufruhrs in der Krankheit durch sinnvollen Einsatz von Medikamenten, Gesprächs- und andere Therapien kann heute jenen »Wuttanz« um einen wie immer gearteten schmerzenden

Juckreiz ersparen, umlenken, auffangen oder zu anderen Formen der Akzeptanz einer Krise oder zu ein wenig »Seelenruhe« inmitten der Turbulenzen der Krankheit verhelfen. Die Bilder vom »Ausrasten«, vom »Tiger im Käfig«, vom »Pulverfass, auf dem man sitzt«, vom »Blitzschlag« oder der »Brutalität«, mit der Diagnose und Krankheit zuschlagen, signalisieren die geballte Kraft des Einbruchs wie der Reaktion. Das Ende der Fahnenstange ist erreicht, die Zumutung »unerträglich«, wenngleich das Unerträgliche höchst subjektiv ist und ein menschliches, vor allem biografisches Maß hat. Auch die Bitte um »aktive Sterbehilfe« kommt aus der Mitte des biografischen Erlebens, meistens aus der Erfahrung und dem Erleiden subjektiv unerträglicher Schmerzen sowie dem Gefühl, dass nichts mehr Sinn macht.

Es gibt keinen objektiven körperlichen, seelischen, sozialen oder geistigen Schmerz, den man eindeutig messen und von außen leicht einschätzen könnte. Weil es immer um einen verschiedene Ebenen integrierenden Lebensschmerz geht, bedarf es des mitfühlend-menschlichen Umgangs mit ihm. Der besondere Ausnahmezustand, die ungeheuren körperlichen Erregungszustände wie die unterschiedlichen Reaktionen, in die viele Menschen im Dschungel der Diagnosen und im Durchleben einer letztlich unkalkulierbaren Erkrankung geraten, sind für professionelle Begleiter wie Freunde und Angehörige immer wieder eine große Herausforderung, die Wissen, Intuition, Kreativität und jene Empathie verlangen, die weiß, dass eine Krankheit jeden Menschen treffen, aber auch in seinen Möglichkeiten übertreffen kann.

Soweit der umfassende Lebensschmerz mit all den Facetten, die in biografischen Situationen liegen, nicht geleugnet, als störend abgewiesen, sondern erkannt wird und zur Sprache kommt, kann man ihm in der Regel hilfreich mit einfühlsam offenen Gesprächen, Zuwendung, Berührung, Behandlungen oder auch Beruhigungs- und Schmerzmitteln begegnen. Die körperlichen Symptome gilt es zu behandeln oder wenigstens zu mildern, die »Seele« aufzuhellen, das rastlose Grübeln zu beruhigen. Es geht darum, das bisherige Band zum Leben, die Hoffnung auf Genesung oder den Mut zum Sterben nicht abreißen zu lassen und zu unterstützen. Die objektiven wie subjektiven Grenzen werden immer sichtbar, denn der Weg durch die Krankheit, die Gefühlslandschaften, Gedankengebäude und Selbstzweifel, durch die willkommenen wie unerwünschten Ratschläge von allen Seiten ist ein sehr einsamer Weg durch den eigenen Glauben, die eigene Liebe, die individuelle Hoffnung wie die unüberprüften Vermutungen, die wir über das Leben im Allgemeinen oder über das besondere Verhältnis von Seele, Geist und Körper in uns haben.

»Wer sagt, dass der Geist wichtiger ist als der Körper, spinnt! Die Wahrheit ist, dass der Körper den Geist besiegen kann. Ich glaube, dass ein Leben nur dann perfekt ist, wenn beides im Einklang ist. Während meiner Krankheit habe ich erfahren, dass der Körper und der Geist zwei eigene Leben führen – wenn einer von beiden sagt, dass er etwas nicht kann, ist der andere machtlos. Am deutlichsten war die Trennung, wenn ich Medikamente bekommen habe. Dann habe ich gespürt, dass ich nicht mehr ich selbst war. Dann war mir alles egal. Dazu kam der Schmerz. Vielleicht gibt es kein anderes Gefühl, das den Menschen so sehr auf sich selbst zurückwirft wie er. Irgendwann hat mich nichts mehr interessiert, ich lag nur noch da. Alles, was ich kannte, hatte keine Bedeutung mehr.« (Grimaud, a.a.O.)

Wohlbefinden, Schmerz, Freude oder Angst sind uns ins Gesicht geschrieben, fahren uns in die Knochen, machen sichtbar, was verborgen schien. Seelische und körperliche Erkrankungen, diese psychosomatischen und sozialen Schöpfungsakte des Lebens, verwandeln eine blühende Lebenslandschaft voller

Musik in eine tonlose Wüste, in einen undurchdringlichen Wald oder eine tote Vulkanlandschaft, aus der nach dem wütenden Ausbruch alle anderen Menschen geflohen sind. Man fühlt und sieht Menschen an, wie es ihnen geht, erkrankten Menschen ganz besonders. Auch Trennung, Abschied, Verlust des Arbeitsplatzes, Obdachlosigkeit oder der zu verkraftende Tod eines geliebten Menschen graben sich als Lebenserfahrung in Körper, Geist und Seele ein, hinterlassen Spuren und präsentieren sich über Körperhaltung und Gesichtsausdruck.

Dies geschieht natürlich nicht nur, wenn es Menschen schlecht geht, sondern auch, wenn sie »aufblühen«, ihre Würde im Gesicht tragen, mit Stolz zeigen, dass sie etwas geschafft haben. Die Kinder »stolz wie Oskar« oder »grinsend wie Schmalzkuchen« sind uns in guter Erinnerung. Auch wer mit sich und der Welt zufrieden ist, hat einen spezifischen Gesichtsausdruck wie der Patient, der nach langer Zeit des Liegens am Arm eines Begleiters die ersten Schritte macht, wieder etwas essen kann, auf dem Weg der Besserung vorangekommen ist. Das besondere Lächeln, das auf dem Gesicht eines in Frieden Verstorbenen auftauchen kann, wird nicht zufällig ein seliges genannt. Am Tag der ersehnten Entlassung aus der öffentlichen Anstalt einer Schule, Hochschule, aus dem Gefängnis, einem Heim oder beim Verlassen des Amtes, bei dem man endlich das Einbürgerungsdokument bekommen hat, bekommt das Leben ein anderes Gesicht. Hoffnung ist ins Gelingen verliebt, und das zeigt sie auch, wenn etwas gelungen ist.

Hautnah und unter der Haut lebt der biografische Aufruhr

Leben ist immer hautnah und muss seine Haut auch dann retten, wenn es in Krankheit und Krise an Orte und in Situationen gerät, die auf unterschiedliche Weise unter die Haut gehen und nicht ohne weiteres erlauben, aus der Haut zu fahren. Der Tag der Entlassung aus einem »Krankenhaus«, in das eine Diagnose, Operation, Chemotherapie, Bestrahlung oder eine Rehabilitationsmaßnahme den erkrankten Menschen gebracht hat, zeigt das in zweifacher Weise. Erst einmal durchatmen, den Blick nach vorne richten, es geht vorwärts, meistens Erleichterung wie nach einer unangenehmen Prüfung. Der andere Blick geht zurück und richtet sich auf das Krankenhaus als Anstalt, auf eine Institution, die dem Kranken die besondere Erfahrung eines zwangsweise »Eingewiesenen« hautnah beschert hat.

Eigentlich müsste das »Krankenhaus« in der Regel eher »Krankheitshaus« heißen, denn statt erkrankte Menschen, so scheint es, liegen »pathologische Befunde« in den Betten, die dem professionellen Blick der Krankheitsspezialisten zwecks datenspezifischer Kontrolle und geregelter Behandlung für eine kurze Zeit ausgesetzt werden. Als »Arbeitgeber«, die man zuvorkommend behandelt und um die man buhlt, werden Patienten selten gesehen, wenngleich jedes Krankenhaus ohne diese geschlossen werden müsste. Die Kranken fungieren vor allem als Datenquelle, sind Fundgruben für Fragen der medizinischen Forschung und Archive für ärztliche und pflegerische Maßnahmen, deren Bewertungsergebnisse mit wachsender Begeisterung zur angeblichen Qualitätssicherung in Akten und Dokumentationsbögen eingetragen werden. Je nach Schweregrad der Krankheit, Versicherungsvertrag und Bettenkapazität bekommen Patienten bestimmte Liegezeiten und verschwinden danach schnell wieder dorthin, woher sie gekommen sind, ob ihnen das gut tut oder nicht.

In seinem kleinen Buch *Die größeren Kopfschmerzen* beschreibt der Arzt Gert Udo Jerns, was aus dem erkrankten Menschen wird, wenn er in der Medizin landet:

Krankenhauspatient
Der Krankenhauspatient ist etwas,
das ausgezogen, ins Bett gelegt,
geröntgt, gewaschen, gemessen, gewogen,
gefüttert und behandelt wird.

Der Krankenhauspatient,
das ist die Herzinsuffizienz von Zimmer 23,
die Galle, der perforierte Blinddarm
oder die Oma mit dem Katheter,
das ist der Zucker in 107,
die Magenschonkost oder die Gallendiät.

Der Patient ist ein Körper,
der sich geweigert hat zu funktionieren,
verschiedene Organe stehen unter Anarchieverdacht.
Sie sind beschuldigt des Verstoßes
gegen die freiheitlich-demokratische
Gesundheitsordnung
und werden strengstens observiert.

Die Krankheit,
das ist offene Rebellion gegen das Krankenhaus
als chemisch-physikalische Ordnungsmacht.
Wir heilen mit dem Knüppel der Medikamente,
bis wieder Ordnung herrscht.

Das Krankenhaus
ist oberste Verfassungsschutzbehörde,
der Arzt erteilt die Amnestie.
Der Patient war organisch
in schlechter Verfassung,
psychisch auffällig war er nie.

Nur am Tag seiner Entlassung
fällt er uns auf.
Angezogen steht er vor uns,
aufrecht und mit selbstbewusstem Gesicht,
fast wie ein Mensch
beinahe wie wir.[54]

Der ganze Körper ist die leibhaftige Bühne, auf der erscheint, was dem Leben im Fall der Krankheit geschieht. Er muss zum Ausdruck bringen, was gerade gespielt wird, welche Teile, Funktionen und Gefühle betroffen sind, wer ausfällt oder kompensieren muss, wer die Musik bestellt hat und wer wann bezahlt. Der Bühnenvorhang geht auf und zu, und manchmal gibt die Bühne erst lange Zeit nach dem »akuten« Ereignis die Veränderung preis, die sich hinter dem Vorhang abgespielt hat. Von einer solchen Erfahrung und den aufgeschobenen Fragen berichtet eine an Krebs erkrankte Frau im Sommer nach ihrer Brustamputation.

»Ich zog ein elegantes Kleid nach dem anderen aus dem Schrank, doch alle waren weit ausgeschnitten, und ich musste sie gar nicht erst probieren, um zu wissen, dass ich sie wohl nie mehr anziehen konnte. Diese Erkenntnis war im ersten Moment ein Schock, und die Hilflosigkeit, die mich überkam, löste Verzweiflung aus ... Ich fühlte mich allein gelassen und ratlos ... und es war das erste Mal, seitdem ich wieder zu Hause war, dass ich weinte. Ich weinte über den verlorenen Busen, weinte über das Alleinsein und weinte über das ganze Leben ... Es war ein Abschiednehmen und Erkennen, dass ich nicht mehr dem normalen Maß entsprach. Ich war anders – und plötzlich ließ ich die Frage zu, die mir Angst machte, und die ich die ganze Zeit verdrängt hatte: Würde ich wohl je wieder unbeschwert mit einem Mann schlafen können?«[55]

Die Verletzungen und Beeinträchtigungen durch die Erkrankung sind für die Betroffenen von höchst unterschiedlicher Bedeutung. Das Augenlicht oder die Sprache zu verlieren, Lähmungen, ein sichtbarer Tumor, der Verlust der Haare, allergische Reaktionen, auffälliges Zittern, Herzrasen, Atemnot, Amputationen und viele andere Symptome und Auswirkungen der Krankheit werden nur langsam als Teil des Aufruhrs fassbar und in ihrer biografischen Wirkung begriffen. Wie empfindsam und offen Symptome die Hilferufe des Lebens aufnehmen und die heimlichen Botschaften aus dem Seelen-, Geistes- und Sozialleben eines Menschen transformieren, gehört zu jenen biografischen Geheimnissen, die sich im Prozess von Krankheit und Genesung an unterschiedlichen Orten und in ihrer eigenen Zeit entschlüsseln und darauf aufmerksam machen können, worum es geht. Die Brustkrebspatientin weint lange nach der Operation über vieles, was die Krise der Krankheit in ihrem Leben angerührt hat, aber gegen Ende ihres Weinens gerät die im Augenblick wichtigste biografische Frage ins Zentrum, die sich durch das Erlebnis der Brustoperation verschärft und die Anprobe der Sommerkleider aktualisiert hatte: Werde ich je wieder unbeschwert mit einem Mann schlafen können?

Auf der biografischen Bühne spielen die spezifischen Orte und Wunden einer Krankheit ihre besondere Bedeutung aus. Das gilt nicht nur für die weiblichen Brüste, sondern in der einen oder anderen Weise für den ganzen Körper, seine Organe, Funktionen und die jeweiligen Beeinträchtigungen. Durch die Verletzung treten sie aus der Anonymität und der Selbstverständlichkeit ihrer Existenz heraus, erscheinen in einem anderen Licht und machen klar, welche Aufgaben sie im Gesamtsystem der leiblichen Existenz des Menschen und im persönlichen Leben einnehmen. Alles, was der Mensch in Krankheit und Krise erlebt, geht unter die Haut. Vieles wird auch im Außen sichtbar, gibt Zeichen, hinterlässt Narben, anderes tobt unsichtbar im Untergrund.

So ist die Haut das größte Organ, das der Mensch hat, eine Art Bühnenvorhang für die biografischen Auftritte des Lebens, ein Schutzmantel, der offenbart und verhüllt. Sie sorgt für Kontakt, Abgrenzung, Abwehr, bildet die Grenze zwischen Innen und Außen, trennt den einzelnen Menschen von anderen, ist Medium für Ausdruck und Darstellung, Nähe und Distanz. Die Aufgaben und das Lernprogramm, das die Haut für unsere leibhaftige Existenz zu bewältigen hat, sind gewaltig. Grandiose und zurückhaltende Bühnenbilder wird ein Mensch durch Lebensphasen und Lebenskrisen hindurch entwerfen müssen, um sein Bedürfnis nach Kontakt, Abgrenzung oder Nähe darzustellen, sich seiner Haut zu wehren und Verletzungen hinzunehmen, die sichtbare Spuren auf dem Körper hinterlassen.

Ich erinnere mich noch gut an meine sterbende Freundin, die in den letzten Wochen immer ängstlicher darauf geachtet hat, die Erschlaffung ihrer Haut durch die Abmagerung während ihrer Krebserkrankung vor ihrem Mann, ihren Kindern und mir zu verbergen. Eine junge Patientin, die ich begleitete, hat sich bis in die Stunden ihres Todes die Zeit genommen, sich schön zu schminken und zurechtzumachen, damit der nächste Tag und eben auch der letzte beginnen konnte. Sie wollte ihr Aussehen nicht einfach dem Sterben überlassen und mitbestimmen. Sich seiner Haut in einem umfassenden Sinn zu wehren, in der Erschütterung aufrecht zu bleiben, wenn etwas sichtbar unter die Haut geht, was man verbergen will, durch Errötung oder Blässe ein Gefühl zu veröffentlichen, als Kind die blauen Flecke einer elterlichen Gewaltmaßnahme in der Schule aus Scham verbergen zu wollen, das alles gehört zu den hautnahen Bühnenbildern von Nähe und Distanz, Kontakt und Abgrenzung, die das Organ »Haut« schöpferisch gestaltet und jedem einzelnen Menschen für seine Weise, krank zu sein und zu gesunden, zur Verfügung stellt.

Haut macht Gefühle und innere Situationen sichtbar, schafft Bilder vom Leben, sichert Spuren der Verletzung, ist Trägerin von sichtbaren und unsichtbaren Narben, die das Leben hinterließ. Sie ist matt, strahlt oder glänzt im Fieber der Erwartung, legt sich in Sorgenfalten und andere Falten, die auf die Lebensart verweisen. Sie zieht sich bei Wunden und operativen Eingriffen unter den Narben zusammen, brennt wie Feuer bei einer öffentlichen Beschämung und bildet Pickellandschaften im Gesicht und auf anderen Körperteilen der Pubertierenden, die den jungen Menschen erneut unter die Haut und an die Nieren gehen, sie in aggressive Abwehrhaltungen und Rückzugsmanöver treiben, weil sie nicht nur ihre Kontaktversuche mit dem anderen Geschlecht behindern.

»Atopische Dermatitis« oder »Dermatitis atopica« bezeichnen Ärzte die Neigung der Haut, auf »banale Reize« wie Berührungen mit Juckreiz zu reagieren. Aber welche Berührungen, unter welchen Bedingungen und für wen sie banal sind und welche anderen unter die Haut gehen, kann uns die Medizin mit ihren Diagnosen nicht erklären. Um herauszufinden, warum den einen Menschen im biografischen Aufruhr zu oft »das Fell juckt«, ein anderer ständig »aufgekratzt« ist, warum psychisch sensible Menschen sich die Haut aufritzen, bis sie blutet, und wieder andere Menschen vieles kalt lässt, was um sie herum und in ihnen selbst passiert, dazu muss man sich in den Menschen und seine Lebenssituation einfühlen. Es reicht nicht, nur Lehrbücher oder das Internet aufzuschlagen, wenn man Menschen in ihrer Haut und hautnah verstehen lernen will. Weshalb »coole Typen«, die angeblich vor nichts Angst haben, sich bei der Diagnose einer Krankheit unverhofft in kleine Mäuse verwandeln, warum alte angeschlagene Männer sich nicht vom Thron des Pharao lösen können, obwohl ein ganzes Volk ihnen auf den Pelz rückt, warum die Haut im Alter vielfach dünner wird und zurückliegende Lebenskrisen uns plötzlich doch noch das »dicke Fell« über die Ohren ziehen, gehört ebenfalls zu den biografischen Geheimnissen des Menschen. Die Hautnähe zum Leben macht die Haut zu einem der stärksten Ausdrucksmittel des Menschen.

Die biografische Arbeitsstelle des erkrankten Menschen

Biografisches Wissen ist in seiner Essenz ein radikal personenbezogenes Wissen, das auf keinem Röntgenbild erscheint und in keinem noch so gut ausgerüsteten Labor ermittelt werden kann. Es muss während der biografischen Arbeit in der Person »aufsteigen«, medizinische Daten einarbeiten, die wesentlichen Töne zum Klingen bringen, aber vor allem muss es eine Sprache finden, sich Gehör verschaffen und gehört werden, um zu wirken. Die Geschichte einer Krankheit ist in die Geschichte des erkrankten Menschen eingebettet. Beide unterscheiden und überlagern sich, fragen nach dem Sinn des Einzelgeschehens im Gesamtgeschehen und ringen um die subjektive wie die übergreifende Wahrheit. Sinn kämpft mit Unsinn, der Wunsch nach Vollendung mit der »unvollendeten Schöpfungstat«, wie von Weizsäcker das Krankheitsgeschehen nennt. Der objektive Befund, den die Medizin ermittelt, hat ein Subjekt vor Ort, einen Mittäter, einen Menschen aus Fleisch und Blut, mit Herz und

Verstand, mit Hoffnung und Verzweiflung, der bewusst und unbewusst an der Entstehung und Gestaltung seiner Krankheit oder Lebenskrise beteiligt war und dies auch nach der Diagnose und im Prozess der Genesung bleibt. Tat und Täterschaft sind nicht im Sinne eines schuldhaften Vergehens gemeint, sondern verweisen schlicht auf die Nötigung des Lebens zur Betätigung, zum Mitmachen im eigenen Leben. Krankheit ist keine Schuld, keine Strafe Gottes, sondern eine Weise des Menschseins. Weizsäcker sprach in diesem Sinne auch vom »Tatort der Neurose«, an den der Arzt mit dem Patienten zurückkehren muss, um die Ursprungslandschaften der Krankheit oder die Verhältnisse kennen zu lernen, in denen sie entsteht und das Verhalten der Menschen prägt.

Der Ort des »objektiven Befundes« ist die biografische Arbeitsstelle des erkrankten Menschen, seine Wirkungsstätte, Ort der Auswirkungen und seiner Selbstwirksamkeit, wie die Hirnforscher das zentrale Bedürfnis des Menschen nennen, mit eigenem Denken und Tun, aber auch durch Unterlassung etwas zu bewirken und auch ungewollte Spuren zu hinterlassen. Diese leibhaftige Arbeitsstelle, an der Arbeitgeber und Arbeitnehmer identisch sind, geht dem Menschen, solange er lebt, nicht verloren und bleibt auch nach der Produktion des objektiven Befundes einer Krankheit Ort seines zukünftigen Wirkens. »Alles Gute« und »Gute Besserung« sind die üblichen Begleitwünsche, die wir dem Kranken mit auf den Weg geben. Die biografische Arbeit für die Genesung muss mitten in der Lebenslandschaft getan werden, in der auch die Krankheit entstanden ist, denn der Erkrankte wird mit oder ohne Zutun der Experten und jenseits professioneller Hilfe weiter die »Keimzelle« und »Gebärmutter« für seine neue, veränderte Gesundheit bleiben, vielleicht aber auch für die Chronifizierung seiner Krankheit, eine Wiedererkrankung oder die Vorbereitung auf Sterben und Tod. Nichts ist vorhersehbar, und was immer geschieht, ist für eine bestimmte Zeit der »Weisheit letzter Schluss«, auch wenn weisere Entscheidungen und »subjektiv« angenehmere Entwicklungen denkbar gewesen wären. Soweit ihm möglich, tut der Mensch sein Bestes, die Ärzte ebenfalls, irren ist menschlich, und eine Garantie für irgendetwas gibt es nicht. Die Zumutungen des Lebens müssen angenommen werden.

Im »objektiven Befund« einer Krankheit liegt das Ergebnis eines spezifischen Teils der biografischen Arbeit eines Menschen vor, das er nach eigenem besten Wissen und Gewissen, entsprechend seinen Fähigkeiten und Fertigkeiten, unter spezifischen Lebens-, Arbeits- und Kulturbedingungen geschaffen hat. Im Schatten seiner Irrtümer und Uneinsichtigkeiten, einer Mischung aus Bewusstem und Unbewusstem, aus Entscheidung und Zufall, aus gelebtem Leben und dem, was als ungelebtes Leben nicht Tatsache wurde, ist eine neue komplexe »Tatsache« geworden, die in Wirklichkeit mehr als jener Befund ist, den die Ärzte als Diagnose in der Hand halten. Auch wenn letztlich alle Beteiligten wissen, dass das diagnostische Wissen auch medizinisch gesehen begrenzt und vordergründig ist, bekommt es seine spezifische Macht und Bedeutung vor allem dadurch, dass es klarer und berechenbarer erscheint, wenn es die biografische Dimension des erkrankten Menschen unberücksichtigt lässt und deshalb schneller zum Behandeln der Krankheit übergehen oder kurzfristige Lösungen anbieten kann.

Im Augenblick der Mitteilung einer Diagnose, also der Taufe einer Krankheit, wird diese praktisch öffentlich anerkannt und dem Gesundheitssystem bzw. der Krankheitsverwaltung übergeben. Die bisher »unorganisierte Krankheit«[56] geht samt ihrer Symptomatik in einen organisierten Zustand über, und der erkrankte Mensch nimmt zumindest formal die soziale und versicherungsrechtlich relevante Krankenrolle eines »Patienten« an. Nur approbierte Ärzte sind offiziell dafür vorgesehen, diese

Anerkennung und Institutionalisierung des erkrankten Menschen zum »Patienten« vorzunehmen, spezifische Entscheidungen wie eine Krankenhauseinweisung zu treffen und »Hand anzulegen«, das heißt zu behandeln. Sie entscheiden darüber, ob der Patient krank- oder gesundgeschrieben wird, also bei seinem Befund zur Arbeit gehen muss, obwohl sie den Arbeitsplatz und die Art der Arbeit gar nicht beurteilen können. Irrelevant bei der Krankschreibung oder einem vorzeitigen Verrentungsantrag ist auch die Frage, ob der Erkrankte selbst arbeiten kann, will, soll, darf oder möchte oder was die Arbeit selbst mit dem ganzen Erkrankungs- oder zukünftigen Gesundungsgeschehen zu tun hat. Krankheit wird in gewisser Weise zum »Sperrgebiet« für Biografisches erklärt. Es werden Ausnahmeregelungen erlassen, und der Patient verliert auf die eine oder andere Weise seine Zurechnungsfähigkeit. Er ist im wahrsten Sinne des Wortes in »Expertenhand« und kann nur hoffen, dass das System sich noch für etwas anderes als seinen Befund interessiert, zum Beispiel für »*Die größeren Kopfschmerzen*«, wie Udo Jerns sie beschreibt.

Die größeren Kopfschmerzen

Der Mann
erlitt einen Arbeitsunfall:
Schwere Gehirnerschütterung!
Die Ärzte
klären den Patienten auf:
absolute Bettruhe
oder monatelange Kopfschmerzen.
Der Arbeiter
klärt die Ärzte auf:
entweder monatelang Kopfschmerzen
oder monatelange Arbeitslosigkeit![57]

Je exakter im naturwissenschaftlichen Sinn die medizinische Diagnose am Ende der Abklärung sein soll, ob und inwieweit der erkrankte Mensch zu einem versicherungsrechtlich abgesicherten und professionell anerkannten Patienten geworden ist, desto verengter müssen sich Diagnostik und Therapie auf das pathologische Substrat des erkrankten Menschen konzentrieren und den Definitionsprozess auch prognostisch auf das »sicht-, mess- und beweisbare Geschehen« eingrenzen. »Sie haben statistisch gesehen noch sechs Monate«, hörte meine Freundin bei der Mitteilung ihrer niederschmetternden Diagnose vom freundlichen Arzt, der intuitiv das Richtige für diese Patientin tat: mitfühlen und den Raum zwischen sich und ihr weit für das offen zu lassen, was die Vorstellungen der Patientin nach diesem Schock sein würden. Was diese sein würden, konnte niemand von uns in diesem Augenblick wissen, aber das halbe Jahr wurde zu einer ihrer intensivsten Lebensphasen mit Mann, Töchtern und Freunden, weil im Angesicht des Todes eine große biografische Erntearbeit gelang. Die Medizin hatte ihre übliche Rolle aufgegeben, sich zurückgezogen und war zum stillen Begleiter der Symptomlinderung geworden, während die biografische Heilung nicht nur für die Erkrankte auf »Hochtouren« lief.

Ein besondere Situation und eine spezifische menschliche Begegnung zwischen Arzt und Patientin, die aber für den medizinischen Normalbetrieb jene Richtungsänderung andeuten, um die es in einer biografisch denkenden Medizin gehen könnte.

Während nämlich das kranke Organ, die Funktionsstörung, der Tumor oder die Infektion im üblichen Behandlungssetting immer deutlicher hervortreten und die professionelle Umgangsweise bestimmen, treten der erkrankte Mensch als lebendige Einheit, das Gesamtumfeld seiner Krankheit, seine subjektiven Wahrnehmungen und Sinndeutungen und vor allem seine biografischen Konstruktionen immer mehr in den Hintergrund, weil sie den normalen Ablauf eher stören oder wie bei meiner Freundin im Einverständnis mit Familie und Arzt sogar zum Abbruch führen könnten. Aus dem »kasuistischen Original« (von Weizsäcker) ist ein »Fall« geworden, an dem vor allem die verallgemeinerbare Wiederholung interessiert. Soziale und subjektive Sinnkontexte und Bedürfnishorizonte wurden dabei entweder als medizinisch uninteressant entwertet oder als medizinisch interessant zu Befunden verobjektiviert.

Auf Beipackzetteln für Medikamente werden Patienten von der Pharmaindustrie aufgefordert, persönliche Nebenwirkungen zu melden und auf diese Weise zum »medizinischen Fortschritt« aus subjektiver Sicht beizutragen, aber das dient eher der juristischen Absicherungsfloskel, als dass es ein wirkliches Interesse am objektiven Faktor Subjektivität bekundet. Es liegt auf der Hand, dass die naturwissenschaftliche Medizin verständlicherweise jenen Symptomen eine höhere Bedeutung beimisst, die körperlich leichter zu lokalisieren und damit objektivierbarer sind als beispielsweise dem subjektiven Schmerzempfinden, den unerklärlichen Müdigkeitszuständen oder den überraschenden Panikattacken der Patienten, die den ganzen Menschen erfassen und durcheinanderbringen, die kaum einzugrenzen sind und vor allem den Patienten als bisher unbekannten Experten in die Gutachterrunde oder Tumorkonferenz einbringen.

Doch die Zweifel am bisherigen Vorgehen nehmen zu, je differenzierter die diagnostischen Fragen und Antworten werden. Auch die Medizin muss zur Kenntnis nehmen, dass das Gehirn anders als gedacht arbeitet, die autonomen Systeme nicht so unabhängig sind, wie man bisher dachte, und emotionale Erschütterungen nachweisbar somatische Veränderungen nach sich ziehen. Aus dem Zappelphilipp ist ein hyperkinetisches Syndrom geworden, die Differenzierung der Krebserkrankun-

gen und ihrer Merkmale geht weiter, die Analyse der Demenz-
arten und die Suche nach Möglichkeiten der Therapie oder
schlichter Überlebenshilfe hält uns in Atem. Jedes neue For-
schungsergebnis, das für die Einschätzung einer Krankheit von
Bedeutung ist, kann die bisherige Systematik fortsetzen, ergänzen oder als lückenhaft, möglicherweise falsch erweisen. Die
Medizin ordnet den Befund eines einzelnen Patienten in das
schon vorhandene Wissen ein, versucht zu generalisieren, das
heißt, sich auf das zu konzentrieren, was sie schon kennt und
was sich bei vielen Menschen, die unter die gleiche Diagnose
fallen, wiederholt. Aber sie stößt auf mehr Abweichungen, als
sie je dachte. Die gleiche Diagnose bedeutet nicht, dass ganz
einfach gesprochen auch die gleichen Symptome in Erscheinung treten, der erkrankte Mensch am Gleichen leidet, die gleichen Schübe hat oder die gleichen Medikamente verträgt. Nur
weil sie den gleichen Namen tragen, ist die Krankheit des einen
Patienten nicht identisch mit der eines anderen Patienten, auch
wenn sie Vergleichbares aufweisen.

Weder die Entstehung einer Krankheit noch ihre Symptomatik, weder die Geschichte eines erkrankten Menschen noch
die Reaktionen auf Behandlungen sind exakt die gleichen. Im
Lebendigen gibt es keine Kopie, das gilt auch für die Krankheit
als ein lebendiges Geschehen im menschlichen Organismus,
wie für das Leben und die lebendigen Reaktionen des Kranken.
Trotz all dieser Variationen ist es natürlich überaus beruhigend
zu wissen, dass der einzelne Kranke mit seinem Befund und Befinden nicht allein dasteht. Die meisten Menschen sind trotz
aller Widrigkeiten und Widersprüche erleichtert, wenn sie zu
den Diagnostizierten gehören, als Patienten anerkannt werden
und zu wissen glauben, was sie »haben«, und sich mit anderen
Patienten unterhalten und vergleichen können.

Was tun?

Das von Weizsäcker und anderen geforderte Umdenken in der Medizin ist dennoch dringlicher denn je. Die thematische Orientierung ist klar, und ich fasse sie zusammen. Der erkrankte Mensch wird krank, bevor er krank ist. Seine Krankheit ist Teil seiner Geschichte, aber die Geschichte des kranken Menschen ist mehr als die Geschichte seiner Krankheit. Dem »objektiven Befund«, den wir in diagnostischen Daten und Bildern erfassen, wohnt ein Subjekt inne, dem Produkt ein Produzent. Die Krankheit wird vom erkrankenden Menschen »gemacht«, ist sein Werk, ob er dieses nun besonders liebt oder nicht, ein bewusstes Verhältnis zu ihm entwickeln kann oder vor ihm davonläuft, weil er sich schämt. Auch Befunde sind Bilder, wie wir gesehen haben, die ein biografisches Geheimnis in sich tragen, auch wenn sie noch so exakt auf dem Bildschirm erscheinen und dem Diagnostiker wie dem Patienten die entscheidende Sicherheit für die nächsten verantwortbaren Schritte der medizinischen Intervention geben.

Der Krankheitsbefund aus dem Labor oder auf dem Röntgenbild ist eine wichtige, unverzichtbare statische Moment- und Detailaufnahme der dynamischen und komplexen Bewegung eines Menschen in der Krankheit. Auch die Umkehr zurück in den Zustand einer neuen Gesundheit braucht Befunde über »verbesserte Werte« und Zustände. Aber wir können am ausschnitthaften Bild noch so exakter Werte und Befunde nicht erkennen, wo der Mensch wirklich steht, ob sein Weg von einer »früheren Gesundheit« ohne Befund in seine »spätere Krankheit« mit Befund ein langer, kurzer, spontaner, beschwerlicher oder widersprüchlicher Weg war, ob es einen Auslöser gab, der alles beschleunigte, durch welche Landschaften seines Lebens der Weg in die Krankheit führte oder ob es Ziele gab, die der Patient auf dem Weg seines Lebens versäumte, und die ihm jetzt zu schaffen machen. Dieses verdeckte biografische, letztlich erweiterte medizinisch notwendige Wissen steckt in einer »Erzählung«, die erzählt werden muss. Nicht Fakten, Informationen oder Lebensereignisse als solche sind ausschlaggebend, sondern welche Bedeutung diese »Wegweiser« für die zukünftige Lebensperspektive oder den Genesungsprozess haben werden. Die Suche nach einer klaren Antwort auf das »Warum?«, nach der eindeutigen, kausalen Ursache einer Krankheit oder einer Krise ist ein auswegloses Unterfangen.

Die Entstehungsgeschichte, Bestandsaufnahme und mögliche Heilungsperspektive der Erkrankung muss zusammen mit dem »Produzenten« auf vielfältige Weise »erhoben« werden. Jenseits der Röntgen-, Ultraschall- und CT-Bilder wie Laborbefunde bedarf es eines Gesamtbildes, das eher einem Gemälde oder einem Puzzle mit verloren gegangenen Einzelteilen gleicht denn einem Passfoto im Stil eines fälschungssicheren Ausweises. Gefordert ist eine umfassende biografische Anamnese, eine bildhafte Erinnerungsarbeit, die auf die Mitarbeit und die Erzählungen des erkrankten Menschen angewiesen ist. Die medizinische Diagnose ist ein wichtiger Rahmen für das Verstehen, sozusagen eine Art nacktes Knochengerüst, das des »Fleisches« und des biografischen Gewandes bedarf, um zu zeigen, was in einer Krankheit steckt, und weshalb der Mensch mehr als sein Befund und etwas anderes als ein »pathologisches Substrat« ist.

Wenn diese andere »sinnbildende Materialisierung« und systemische Einbettung der Diagnose in das Leben des Patienten nicht geschehen kann und das Verhältnis von Biografie und Krankheit in der »Anamnese« für alle Beteiligten ausgeblendet wird, geht es nicht nur dem Patienten schlecht, sondern auch denjenigen Ärzten, die sich nicht zufällig »Humanmediziner« nennen und auch so verstehen wollen. Dass die gegenwärtige

Ausbildung von Ärzten dazu kaum einen Beitrag leistet, steht auf einem anderen Blatt und hat inzwischen viel mit dem öffentlichen Prestigeverlust des Berufsstandes zu tun. Humanmediziner müssen trotz aller Apparaturen und pharmakologischen Siege mehr denn je in ihrem beruflichen Selbstverständnis auf die Begegnung zwischen Menschen setzen, müssen mitdenken und mitfühlen, um die menschliche Krankheit und den erkrankten Menschen, der in vielfacher Hinsicht und höchst unterschiedlich leidet, zu verstehen; sie müssen mit ihm sprechen, ihn anleiten, für ihn da sein.

Von dem fast unerträglichen inneren Konflikt, den diese Haltung im gegenwärtigen Medizinbetrieb auslöst, der sich weitgehend der Jagd nach den pathologischen Befunden verschrieben hat, erzählt die Geschichte eines Arztes, die in einer Radiosendung zum Thema »Mitgehen und Mitleiden. Über das Mitleid« zur Sprache kam.[58]

»Er hatte viel Erfolg in seinem Leben. Auf seine Leistungen darf er stolz sein. Berufsoffizier, Medizinstudium, Arzt, Oberarzt, Chefarzt, Professor. Eine Kapazität auf seinem Gebiet. Ein erstklassiger Diagnostiker. Seine Patienten pilgerten aus der ganzen Republik zu ihm. Und dann stand sein Abschied in den Ruhestand bevor. Man plante ein großes Fest, und die akademischen Freunde reisten aus ganz Europa an. Sie redeten und dankten dem ehrenwerten Professor. Der hörte zu und lächelte geduldig, bis sich das letzte Lobeswort über ihn ergossen hatte. Dann stand er auf und hielt seine letzte Vorlesung. Er verbeugte sich vor seinen Gästen und sagte:

›Ja, ich habe viel geleistet auf dem Gebiet der modernen Medizin. Ich habe Abertausende von Computer-Tomografien gesehen. Ich sah den Querschnitt der Leber, des Magens, der Niere, der Lungen. Ich sah Rücken, Schultern, Beine und Füße bis auf den kleinsten Knochen. Ich sah die kranken Organe und rechnete mir manchmal aus, wie viele Monate das bösartige Gewächs in ihnen noch wüten würde, bis es zu Ende geht. Ich sah mit meinen Röntgenaugen alles – und trotzdem fühle ich mich wie ein Blinder, dem das Wesentliche verborgen blieb. Wer war das? Der Lungenkrebs? Wie war es, als man ihm sagte, dass seine Tage gezählt sind? Starb er schwer? Haben seine Kinder geweint? Oder der Magen? Wer war das? Wie viel Kummer musste dieser Mensch, zu dem er gehörte, schlucken, bis er sagte: Ich kann nicht mehr? Was weiß ich, der Chefarzt, über die Patienten, die in meinem Krankenhaus mit dem Tod gerungen und oft genug den Kampf verloren haben? Ich kenne von diesen Menschen nur ihre Röntgenbilder; noch nicht einmal ihr Gesicht. – Ja, meine Damen und Herren, ich habe viel gewonnen, Ruhm, Ehre, Ansehen und Erfolg; aber mein Mitleid habe ich verloren.‹

Einen persönlichen Gedanken fügte er in seiner Abschiedsrede noch hinzu, er sagte: andere Menschen, die in Ruhestand gehen, lernen eine weitere Fremdsprache, sie beginnen zu malen, zu reisen oder studieren Archäologie. Ich werde mich auf die Suche machen, um hinter jedem Bild, dem ich begegne, den ganzen Menschen zu sehen. Ich will das Mitleid wieder lernen.«

Wir sind auf eine Welt hinter der naturwissenschaftlichen Welt verwiesen, wenn wir mit dem erkrankten Menschen danach fragen: Warum gerade diese Krankheit, warum gerade jetzt und hier, mit diesem Verlauf und diesem Ausgang, wie geht es dem Patienten, wer ist außer ihm in das Geschehen verwickelt; und wir müssen gleichzeitig »über Tage« arbeiten, wie man im Bergbau sagt.[59] Was auf diese Weise in der Erzählung, im Gespräch und im Licht von achtsamer Wahrnehmung und Mitgefühl erscheint, ist das Biografische, die gelebte Aufzeichnung eines Lebens. Nur so erscheint die Krankheit als einheitliches Ereignis, das strukturierten Zusammenhängen und tanzendem

Chaos entstammt und sich ganz und gar nicht als willkürlich oder unsinnig erweist. »Das Bild der gesichteten, konvergenten biografischen Pathogenese führt weg von der einzelnen Causa und hin zu der Einsicht, dass Heilung nicht durch einen Heilfaktor, sondern durch eine Gesamtrichtungsänderung erzielbar sei, die, wenn nötig, durch eine Gesamterschütterung hervorzubringen ist.«[60]

Nicht irgendein Eingriff, kein Medikament, kein Guru bringt in irgendeiner Lebenskrise die ersehnte Heilung, so hilfreich sie auf dem Weg dorthin sein mögen, sondern die Änderung der Gesamtrichtung, die wir selbst in unserem Leben ermöglichen, ist der Schlüssel, und den halten wir seit der Geburt in der Hand.

Körper, Geist und Seele sind biografische Erfinder und Instrumente des Lebens, seiner Krankheiten wie der Gesundheiten. Wenn es um das »Wohlbefinden« oder die »Befindlichkeitsstörungen« geht, sind sie dabei und spielen mit Möglichem und Unmöglichem. Sie arbeiten mit den Alltäglichkeiten des Lebens, den Nebensächlichkeiten und dem Wesentlichen im Menschen zusammen. Sie kümmern sich um die Tränen, um die Angst, um die Hoffnung, um das Gesagte und das Verschwiegene, aber auch um unbezahlte Rechnungen, um die kleinen Kinder, die beim Tod einer jungen Mutter zurückbleiben, und die wir plötzlich wahrnehmen. Wir können uns die Blindheit, von der der erfolgreiche Arzt sprach, nicht so lange leisten und haben die Schadensmeldungen überraschend schnell auf dem Tisch. Was Nietzsche für die Gesundheit sagt, gilt entsprechend gedacht auch für die Krankheit.

»Eine Gesundheit an sich gibt es nicht, und alle Versuche, ein Ding derart zu definieren, sind kläglich missraten. Es kommt auf dein Ziel, deinen Horizont, deine Kräfte, deine Antriebe, deine Irrtümer und namentlich auf die Phantasmen deiner Seele an, um zu bestimmen, was selbst für deinen Leib Gesundheit zu bedeuten habe. Somit gibt es unzählige Gesundheiten des Leibes; und je mehr man dem Einzelnen und Unvergleichlichen wieder erlaubt, sein Haupt zu erheben, je mehr man das Dogma von der ›Gleichheit des Menschen‹ verlernt, umso mehr muss auch der Begriff einer Normal-Gesundheit, nebst Normal-Diät, Normal-Verlauf der Erkrankung unseren Medizinern abhandenkommen …«[61]

Wem die Antriebskraft verloren geht, Fantasie und Humor abhandenkommen, wer dauerhaft im Irrtum Recht behalten will und nicht erkennt, dass sein Leben und das Leben anderer ihn brauchen und auf Adoption warten, tut sich schwer bei der Lebenswanderung auf brüchigem Boden und zu Horizonten, die selbst unterwegs sind. So kann man auf Dauer kein Land gewinnen. »Land unter« sagen deshalb viele Menschen, wenn Krisen sie überrollen, und sie nicht mehr weiterwissen. Unseren drei »Erfindern und Unternehmensberatern Körper, Geist und Seele« stehen bei der Entstehung und Gestaltung von Gesundheit und Krankheit Gene, Konstitution, Kräfte, Fantasie, Verzweiflung, Soziales und Kulturelles, Apathie und Investitionslust zur Seite und machen nicht nur das Leben, sondern auch jede Krankheit zum Original.

Unverwechselbar tritt der erkrankte Mensch, einzigartig wie er ist, auch in einer bestimmten Krankheit als »einmalige Ausgabe« auf, als Frau oder Mann, jung oder alt, mit unterschiedlicher sozialer und ethnischer Herkunft, in friedlichen Lebenszeiten oder mitten in einer anderen Krise, mit großer Hoffnung oder zum Sterben bereit. Deshalb sprach Weizsäcker vom erkrankten Menschen als einem »kasuistischen Original«, das es an dieser Stelle und zu dieser Zeit so kein zweites Mal gibt oder geben wird. Krankheit wie der Prozess ihrer Genesung sind als einmalige Lebensleistungen zu verstehen, Ausdruck des Rufs, der dem Geburtsschrei vorausgeht und dem Leben innewohnt; Werde, der Du bist und sein willst. »Ich glaube, dass wir so geboren sind, dass wir immer mehr aus unserem Leben machen wollen. Bei mir persönlich ist es die Hoffnung, dass ich in der Musik jeden Tag besser werden kann«, sagt die Pianistin Grimaud im Interview über die alles bedrohende Krankheit, durch die sie an ihre Grenze geführt wird. (a.a.O.)

Im Konzept der biografisch handelnden Medizin geht es nicht um Übermenschliches, auch nicht um etwas Besonderes, das man erst fachlich studieren müsste und das Ärzte, Pflegende, Kranke und wer auch immer jenseits ihrer unterschiedlichen Rollen leisten müssen. Was gefordert wird, ist vor allem eine andere Haltung, die hinter der professionellen Qualifikation und hinter dem Befund den Menschen aufblitzen lässt, der sich einem anderen Menschen zuwendet. Viele Menschen haben ja ursprünglich bewusst Berufe gewählt, bei dem sie es mit Menschen zu tun haben wollten, und leiden später in der Berufswirklichkeit darunter, dass ihnen dieser Aspekt immer mehr abhandenkommt. So schwierig Personalmangel und Finanzierungsprobleme im Gesundheitssystem auch sind, eine zureichende Begründung für den angesprochenen Mangel liefern sie nicht. Gefragt ist der besonnene Blick auf den ganzen Menschen in Krankheit und Gesundheit, auf seine Existenz-, Lebens- und Handlungsweise, die in jedem Augenblick auf irgendeine Weise präsent ist, auf seine Entscheidungen, Irrtümer, seine Visionskraft, die er in die Gespräche wie verstümmelt auch immer einbringt, auf sein Scheitern und Sterben. In einer körperlichen, geistigen, seelischen, spirituellen oder sozialen Krise an die Grenze zu geraten, heißt dem Unvorhersehbaren zu begegnen, ins Zentrum eines Lebens zu geraten, dessen Strukturen zusammenbrechen, wo Ordnungsverlust droht, Umbrüche notwendig und Übergänge sichtbar werden. Die

Grenze ist die mobile Heimat des Menschen, ein Horizont, der wandert.

Wenn die vorgeburtliche Ordnung zerbricht, ist unklar, wie es weitergeht. Das gilt auch für weitere Ordnungsverluste, die Menschen erfahren. Leben ist ständig im Übergang. Während die eine Seite brüchig wird und der Boden nicht mehr trägt, muss die andere Seite ihre Hand ausstrecken und neuen Boden aufzeigen. Wenn wir mit kleinen geballten Fäusten zur Welt kommen, Stecken und Stab suchen, den wir umklammern könnten, das erste Lächeln noch schüchtern bleibt, ist »Biografie« schon in Arbeit, und mit wachen wie geschlossenen Augen sind wir als kleine Menschen bereit, die große Herausforderung anzupacken, die ein eigenes Leben mit sich bringt. Die ersten medizinischen Überprüfungen und Qualitätskontrollen nach der Geburt machen in der Regel deutlich, dass alles »dran und da ist« und wie großartig der bisherige Prozess der schöpferischen Gestaltung eines neuen Lebens abgelaufen ist. Aber klar ist auch, dass nun Entwicklung, Ausgestaltung und Wachsen, also Arbeit, angesagt sind, damit werden kann, was möglich ist. Wir kommen nicht als arbeitsame, liebende, süchtige, nur kranke oder dauerhaft gesunde Wesen zur Welt, sondern werden es in der täglichen Auseinandersetzung mit unseren Lebensbedingungen und Möglichkeiten.

Manchmal steht die biografische Arbeit eines Menschen von Anfang an vor besonderen Herausforderungen und muss den konkreten Dialog mit Störung und Krankheit bereits mit dem ersten Atemzug aufnehmen. Das »Frühchen« braucht beim Auszug aus der Wohnung »Mutterleib« einen weiteren »Brutkasten«, um sich auf das eigenständige Leben ohne Nabelschnur vorzubereiten. Andere kleine Menschen bringen bei der Geburt ein Loch in der Herzwand mit, weinen als Schreibaby um ihr Leben, verweigern die Nahrung, finden manchmal nur wenig Bereitschaft, angenommen und berührt zu werden. Was aus einem solchen Befund, den Behandlungen wie den ersten Erfahrungen im Umgang mit Krankheit wird, ist ungewiss und muss abgewartet werden. Aber sicher ist, dass wir immer wieder irgendwann im Leben zu »Frühchen« werden, zu früh Karriere machen, zu früh unsere Arbeit verlieren, zu früh sterben müssen. Immer wieder haben wir nach Trennungen Löcher in unserem Herzen, weinen uns aus schlaflosen Nächten in die Tage, fühlen uns nicht angenommen und wissen nicht, was kommt.

Wissen und Wundern

Die Zukunft bleibt unbekannt und erwartet die Bereitschaft zu einer Art »Dschungeltour« auf der Geisterbahn des Lebens und mit seinen bekannten wie überraschenden Gefahren. Ob die menschliche Lebensreise zu einer Heldenreise, Pilgerfahrt und/oder zum »Gang nach Canossa« wird, bleibt dem biografischen Urteil der Lebensgeschichte überlassen. Das Erleben von Verletzlichkeit und Endlichkeit gehört auf jeden Fall zu den bedeutsamen Erfahrungen, die in keinem Reisebericht durch die menschlichen Lebenslandschaften fehlen werden. Eine der größten Herausforderungen sind dabei schwere Krankheiten, Gewalterfahrungen oder Verlust von Autonomie und Freiheit als eine Anmahnung jener grundsätzlichen Fragilität des Lebens und den mit ihr verbundenen seelischen und körperlichem Leiden.

Einzigartig ist die Biografie, die jeder Mensch gestaltet. Alltagsroutinen mit ihrem Beigeschmack von »Normalität« werden von Ereignissen wie Krankheit, Trennung, Abschieden und Verlusten unterbrochen, verlangen im Durchleben neue Orientierungen, können uns in Verzweiflung bringen oder in Erstaunen versetzen, wozu wir in der Lage sind. In jeder Krise erfahren wir, dass es nach ihr weitergeht, bis dass der Tod uns vom Leben scheidet. Warum kann nicht alles so bleiben, wie es war, fragen wir, wenn eine grundsätzlichere Veränderung verlangt ist. Was weiß ich darüber, wer ich bin? Wo stand ich, als die Krankheit ausbrach? Wo stehe ich heute mitten im Behandlungsprozess? Auf was richtet sich zukünftig mein Heilungswunsch? Wie konkret sich diese Frage schon für einen kleinen Menschen stellen kann, berichtet eine Musiktherapeutin aus ihrer Arbeit auf einer Krebsstation für Kinder in Bremen.

»Kevin ist 9 Jahre alt. Er ist an einem Wilmstumor erkrankt, und es ist die zweite längere Behandlung wegen eines Rezidivs. Er kommt aus einer sehr ungeordneten und sozial schwachen Familie. Die Mutter versucht mit aller Anstrengung, wenigstens das Nötigste zu organisieren. Emotionale Nähe ist zwischen ihnen kaum spürbar. Momentan geht es Kevin trotz Chemotherapie körperlich ganz gut.

Wir beide spielen und musizieren viel miteinander. Besonders liebt er es, wenn ich auf der Flöte: ›Weißt Du wie viel Sternlein stehen?‹ spiele. Immer wieder soll ich ihm das Lied singen oder spielen. Seine Mutter ist oft dabei und genießt offensichtlich die Atmosphäre. So etwas kennt sie nicht. Vielleicht hat sie sich selber manches Mal als Kind nach einem Lied gesehnt? Ist es vielleicht die einzige Möglichkeit, ihrem Sohn nah zu sein?

Eines Tages berichtet Kevin mir, dass er einen Bruder gehabt habe, der ein Engel geworden sei. Die Ärzte hätten ihn nicht richtig behandelt – damals als Baby –, da sei er dann gestorben. Wir halten mindestens über zwei Wochen musikalische Zwiesprache durchs Fenster mit diesem Bruder. Einmal lebt er auf einem Stern, ein anderes Mal reist er auf einer Wolke am Himmel herum. Immer wieder neue Musiken spielen wir, Sternenmusik, Wolkenmusik – die Flöte und das Sternenlied müssen immer dabei sein.

Ganz plötzlich verschlechterte sich der Gesundheitszustand von Kevin. Er verstarb sehr schnell. Kevin hatte überhaupt keinen Bruder. Beim Abschied von Kevin spielen die Mutter und ich sein Lied: sie das Glockenspiel, ich die Flöte: ›Weißt du, wie viel Sternlein stehen?‹«[62]

Schwerkranke Kinder spüren auf ihre Weise früh, wenn sie an ihre Grenze stoßen, und fühlen dann, dass sie nicht mehr gesund werden, die Gestaltungskraft abnimmt und die konkrete Lebenslust schwächer wird. In der Musiktherapie kann Kevin das Wissen um sein Sterben zum Ausdruck bringen. Es ist unwichtig, ob es den Bruder gab, der zum Engel wurde. Er jedenfalls reist seinem nahenden Tod schon mal voraus, schafft sich im musikalischen Spiel eine Verbindung, sucht nach Wahlverwandtschaften und trifft im besten Sinne des Wortes »Vorsorge«: er hat schon mal einen Bruder auf der anderen Seite. Es kommt auf deine Fantasie an, was für dich Gesundheit ist, heißt es bei Nietzsche. Auch für die Mutter steht gezwungenermaßen durch den Abschied von ihrem Kind ein tief greifender Bruch in ihrem Leben bevor. Ihr kleiner Sohn wird nicht mehr in ihrer Nähe sein, wenn er stirbt, sie nicht mehr herausfordern, wenn es ihm schlecht geht, nicht mehr beglücken, wenn es ihm besser geht. Für ihre eigene Krisenbewältigung nach dem Tod ihres Kindes wird es wichtig sein, ihrem Kind in der letzten Lebensphase mit Hilfe der Musik emotional nahe gewesen zu sein. Das Lied mit der Frage, wo die Sterne stehen, hat über den Tod hinaus Nähe und Gemeinsamkeit geschaffen, weil Musik zur Brücke werden kann, wenn Liebe nicht oder nicht mehr gezeigt werden kann, sagt die Musiktherapeutin. »Weißt du, wie viel Sternlein stehen?« ist eins der schönsten Trostlieder in den vielen dunklen Nächten einer Krankheit.

In der biografischen Anamnese geht es also um die verschiedenen »Berührungspunkte« von Krankheit und Krise mit dem Leben des betroffenen Menschen, seinen Beziehungen, seinem Körper, den Gefühlen und Gedanken, seinen Lebens- und Arbeitserfahrungen. Der Mediziner, der sich an der Erinnerungsarbeit für solche Berührungspunkte beteiligt, vertieft sein ärztliches Wissen und wird auch als »Klinikarzt« zu einem »Hausarzt«, der sich im Lebenshaus seiner Patienten auskennt und sich mit dessen innerem Arzt verbindet. Worum es dabei gehen kann, zeigen vor allem Beispiele aus der biografischen wie psychosomatisch orientierten Medizin.

»Sich selbst empfindet der Patient als korrekten Vorgesetzten, der darauf angewiesen sei, dass im Betrieb alles wie am Schnürchen laufe. Er könne auf nichts lange warten, sonst wäre er gleich aufgeregt, unmutig oder niedergeschlagen ... Vor eineinhalb Jahren sei er als Leiter in eine andere Abteilung versetzt worden, wo häufig kurzfristig angesetzte Termine eingehalten werden mussten. Seit dieser Zeit wären bei Aufregungen Druck auf der Brust und Magenbeschwerden aufgetreten. Außerdem hätte die Potenz seither nachgelassen ... Drei Tage vor dem Infarkt sei er einer außerordentlichen Terminhetze ausgesetzt gewesen. Ein großer Auftrag eines wichtigen Kunden hätte wegen der schlechten wirtschaftlichen Lage unbedingt in besonders kurzer Zeit von seiner Abteilung erledigt werden müssen. Das Gefühl habe ihn beherrscht, dass es nicht klappen werde, wenn er nicht hinter allem her sei.«[63]

»Ein 60-Jähriger litt seit seinem 20. Lebensjahr an Kopfschmerzen und war gewohnt, 10 bis 20 Tabletten täglich gegen diese Kopfschmerzen einzunehmen. Er stammte aus sehr einfachen Verhältnissen und hatte sich emporgearbeitet. Er war ein sehr hochstehender Funktionär in einer Gewerkschaft. Aber er lebte immer in der Furcht, versagen zu können. Sein Schlaf war gut, seine Kopfschmerzen hinderten den Schlaf nicht. Befragt, wann denn die Kopfschmerzen einsetzen, sagt er, dass er ohne Kopfschmerzen erwache, aber dann beim Rasieren kämen die Gedanken, was an dem Tage wieder alles auf ihn zukommt, und die Kopfschmerzen setzen ein.«[64]

»Aber er lebte immer in der Furcht, versagen zu können!« Was medizinisch genau zu den jahrelangen schweren Kopfschmerzen geführt hat, wissen wir nicht. Es geht nicht um die Suche nach dem kausalen Faktor, der die Krankheit ausgelöst hat, sondern um die Frage, warum vierzig Jahre lang jene Furcht, versagen zu können, im Dunkeln blieb und erfolglos mit Tabletten bekämpft wurde. Wissenschaft und Wissen, daran sei noch einmal erinnert, fangen mit dem Wundern darüber an, dass die Dinge so sind, wie sie sind, oder warum sie so geworden sind. Diese Art des Wunderns brauchen wir, um die Wirklichkeit und Wirksamkeit von Krise und Krankheit im Leben eines Menschen zu erfassen. Der professionelle Experte für die Krankheit im Allgemeinen und der erkrankte Mensch als »Experte seiner Krankheit« im Besonderen müssen in einen Dialog eintreten, Befund und Befinden in einen Austausch kommen, das Objektive muss das Subjektive respektieren. Wie sensibel dieser Vorgang ist und welche Wirkung dabei Worte haben können, zeigt das folgende Beispiel.

»Als Ellen … einmal ihren Mann Ray anrief, der mit Krebs im Krankenhaus lag, um zu erfahren, wie er sich fühle, sagte er: ›Gut‹. Eine Viertelstunde später kam sie ins Krankenhaus, um ihn zu besuchen, und er war tot. In der Zwischenzeit hatte Ray, der schon mehrere Male im Krankenhaus gelegen hatte, einen Arzt gefragt, wann er entlassen werden könne. Der Arzt erwiderte: ›Das weiß ich nicht. Ich glaube nicht, dass Sie es diesmal schaffen.‹ Nur wenige Minuten später starb Ray.«[65]

Es geht nicht darum, ob der Patient ohnehin gestorben wäre, sondern darum, dass es immer noch etwas zu tun, zu übersehen, richtig oder falsch zu machen gibt. Wenn Ärzte vor allem ungefragt »ihre« Prognose stellen, wie viel Zeit einem Patienten noch bleibt, begehen sie meistens einen Fehler. Die Zeit zählt anders, wenn es um die letzten Tage geht. Tage, Wochen und Monate bekommen eine andere Bedeutung. Sterbende Menschen warten oder beeilen sich im Gedanken an Besucher, die auf dem Weg zu ihnen sind. Menschen sterben nach Plan, als wollten sie ihren Ärzten helfen, Recht zu behalten. Sie sterben, weil sie nicht mehr von der Klinik nach Hause verlegt werden wollen, um den Angehörigen keinen »Umstand« zu machen. Andere stellen sich der Statistik entgegen. Sie hoffen, beten, setzen die Medikamente ab, machen eine letzte anstrengende Reise, um sich einen wichtigen Wunsch zu erfüllen. An dem Tag, an dem sie eigentlich schon hätte tot sein sollen, schickte eine Patientin ihrem Arzt zum Spaß eine Nachricht mit der Frage: »Wo soll ich denn den Sarg hinschicken?«

Viele Patienten fragen ihre Ärzte: »Wie lange noch?« oder »Was soll das alles«? und wünschen sich, dass jemand sie aus der Ungewissheit erlöst, den Sinn oder die Grenze des Lebens absteckt. Aber wie das geschehen kann und ob es gut ist, bleibt so lange ein Geheimnis, bis es gelassen oder gewagt wurde. Statistiken, die Berechenbarkeit vorgaukeln, allgemeine Prognosen, mit denen wir uns den konkreten Menschen vom Hals halten und generelle Aussagen, die Distanz erzeugen, behindern viele professionelle Berater und Helfer – Ärzte, Psychologen, Pädagogen, Sozialarbeiter und erst recht Politiker – in ihrem persönlichen Umgang mit Menschen in Not, in ihrem selbstkritischen Blick auf das eigene Tun oder in ihrer einfühlsamen Einschätzung der Situation. Begegnung ist ein wichtiges Wagnis und Risiko zugleich. Selbstverständlich sind Statistiken und generalisierende gutachterliche Stellungnahmen wichtig, wenn eine bestimmte Krankheit eingeschätzt und nach dem Angebot für eine gute Therapie gesucht werden soll. Aber wenn dieses

Wissen zusammengetragen wurde, dann kann es mit Blick auf den »gegenwärtigen« Patienten und seine Situation nur einen Rahmen abgeben, muss überprüft, angepasst oder auch fallen gelassen werden. Was für den einen Patienten richtig ist, kann sich für einen anderen als problematisch erweisen. Die Überzeugung, wir wüssten letztendlich, was gewirkt oder geholfen hat, gehört in den Bereich des Vermutungswissens. Die unterschiedlichen Krankheits- und Krisenverläufe, Spontanremissionen wie auch die unvermuteten »Wunderheilungen« sind nichts anderes als die Aufforderung, sich erneut dem Wissen und Wundern zuzuwenden.

Jede Berufsethik, mahnt der Philosoph und Erkenntnistheoretiker Karl Popper, muss die Fehlerhaftigkeit menschlichen Denkens und Wissens immer im Auge behalten und deshalb ihre Reflexion zur Grundlage wissenschaftlicher Ethik und beruflicher Haltung machen. Alles, was wir wissen, ist immer auch eine Vermutung!

»Unser objektives Vermutungswissen geht immer weiter über das hinaus, was ein Mensch meistern kann. Es gibt daher keine Autoritäten. Das gilt auch innerhalb von Spezialfächern. Es ist unmöglich, alle Fehler zu vermeiden, auch die an sich vermeidbaren Fehler. Fehler werden dauernd von allen Wissenschaftlern gemacht, und die alte Idee, dass man Fehler vermeiden kann, muss revidiert werden: sie selbst ist fehlerhaft ... Selbstkritik ist die beste Kritik, die Kritik durch andere eine Notwendigkeit.[66]

Das Konzept einer subjektorientierten biografischen Humanmedizin und die Forderung, den erkrankten Menschen in seiner biografischen Erscheinung in das Geschehen um seine Krankheit einzubeziehen, versteht sich nicht als besserwisserisches Gegenkonzept. Zu leugnen, dass der bisherige wissenschaftliche Weg der Medizin zu großen diagnostischen und therapeutischen Erfolgen geführt hat, für die Patienten wie Ärzte dankbar sind, wäre ideologische Bilderstürmerei. Dass aber die Medizin so wenig darüber weiß, welche wesentlichen Entscheidungen über Art, Verlauf und Ausgang einer Störung oder Krankheit möglicherweise schon gefallen sind, bevor ein Mensch anerkannter Patient wird, fordert zum Umdenken heraus. Auch das Unwissen darüber, was mit dem erkrankten Menschen im weiteren Prozess seiner Gesundung, der Chronifizierung seiner Krankheit oder seiner Unheilbarkeit im Prozess des Sterbens passiert, wenn er den akutmedizinischen und kurativen Ort der ärztlichen Behandlung verlassen hat, stellt eine Quelle der mannigfachen medizinischen Unsicherheiten, Behandlungsfehler und Fehldiagnosen dar, ganz zu schweigen vom problematischen Umgang mit den zur Verfügung stehenden Mitteln im Gesundheitssektor, dessen soziale Gerechtigkeit und Solidarität schon lange auf dem Spiel stehen.

Was also können wir vom erkrankten Menschen lernen, wenn wir diesseits und jenseits der Befunde suchen? Und was kann der erkrankte Mensch über sich selbst lernen, wenn er sich genauer mit seinem Leben auseinandersetzt, dem inneren Arzt in sich eine Stimme gibt und ihm vertrauen lernt? Und wie kann das geschehen? Ein erster und besonders wichtiger Schritt auf der Seite von Medizin, Pflege und den anderen beteiligten Professionen ist deshalb die Veränderung der wissenschaftlichen und professionellen Haltung gegenüber dem erkrankten Menschen. Wer das biografische Drama oder die biografische Lyrik des erkrankten Menschen verstehen und nach der Verborgenheit der Gesundheit in der Krankheit suchen, sich theoretisch und praktisch dem Unbestimmten, Überraschenden und Unplanbaren im menschlichen Leben zuwenden will, braucht eine Haltung der Unbefangenheit und Offenheit gegenüber dem Kranken und seinen Erscheinungen, seinen Erfahrungen und Wahrnehmungen.

Ein anderer, ebenso wichtiger Schritt muss möglichst vom erkrankten Menschen selbst ausgehen. Dass die Erlebnisse, Erfahrungen und die Geschichte des erkrankten Subjekts zum Wesen der Krankheit gehören und Anerkennung, Beachtung und biografische Arbeit benötigen, gehört bisher nicht zur grundsätzlichen Überzeugung und zum Selbstbild der Patienten. Bei aller Klage, dass sie nicht gehört werden und zum Objekt des Gesundheitssystems und seiner Reformen geworden sind, haben sich die Patienten als Mehrheit in diesem System weder einzeln noch gemeinsam auf den Weg gemacht, die eigene Krankheit wie ihre Gesundheit wirklich selbst in oder an die Hand zu nehmen. Um Lebendes zu erforschen, muss man sich am Leben beteiligen, heißt es im »Gestaltkreis« von Viktor v. Weizsäcker[67], und wir fangen mit den Fragen mitten im Leben, nämlich unserem eigenen Leben an. Das gilt auch für die Krankheit. Um diese zu verstehen, reicht es auch für den Kranken nicht aus, sie zu erleiden. Das Erleiden geschieht ohnehin. Leben aber wird erlitten und entschieden. Aber bei den Entscheidungen rund um Krankheit, Gesundheit und Krise ist vor allem der Betroffene selbst gefragt, wenn es um seine Spielräume und Möglichkeiten geht.

Kranksein ist eine Weise des Menschseins, Gesundsein eine andere. Beide sind qualitativ unterschiedene Arten, ein lebendiger Mensch zu sein, und verweisen auf die Fähigkeit des Menschen, sich als beseeltes und leibhaftig anwesendes Wesen seiner Geschichte bewusst zu werden, gestaltend in diese einzugreifen und Kompetenzen zu entwickeln, die wir umfassend als biografische Lebenskompetenz beschreiben. Krankheit ist sinnbildlich weniger eine pathologische Normabweichung, sondern ein Ordnungsverlust, den der Gesundungsprozess wieder beheben und in eine neue Ordnung verwandeln soll. »Wer das Leben verstehen will, muss sich am Leben beteiligen. Wir sagen aber auch, wer sich am Leben beteiligen will, muss es verstehen.«[68] Nicht blinder Aktivismus und Notfallmedizin sind im Wandlungsprozess der Genesung angesagt, sondern einfühlen, mitdenken, gemeinsam handeln, weil Einmaligkeit und Wandel allem Leben eigentümlich und das Subjekt als Wurzel und Motor einer überraschenden Fruchtbarkeit und Vielfalt anzusehen ist.

»Um Lebendes zu erforschen, muss man sich am Leben beteiligen. Man kann zwar den Versuch machen, Lebendes aus Nichtlebendem abzuleiten, aber dieses Unternehmen ist bisher misslungen. Man kann auch anstreben, das eigene Leben in der Wissenschaft zu verleugnen, aber dabei läuft eine Selbsttäuschung unter. Leben finden wir als Lebende vor; es entsteht nicht, sondern es ist schon da, es fängt nicht an, denn es hat schon angefangen. Am Anfang jeder Lebenswissenschaft steht nicht der Anfang des Lebens selbst; sondern die Wissenschaft hat mit dem Erwachen des Fragens mitten im Leben angefangen.«[69]

Im Nachdenken über den leisen Ton des Herzens, den der kranke wie der gesunde Mensch im lauten Trubel des Lebens finden muss, geht es um die Passion des Lebens, um den Arbeitsauftrag des Lebens zwischen Leidenschaft und Leiden, um das Müssen, Sollen, Wollen, Können, Dürfen. Die Erfindung der eigenen Biografie ist das Zentrum einer Leidenschaft, die eben auch Leiden schafft. Nicht für die »Schule«, sondern für das Leben lernen wir, stand früher einmal über Schultüren. Um diese biografische Lernarbeit für unser Leben geht es im nächsten Kapitel.

III Biografische Arbeit mit der Fackel der Leidenschaft: Was wir müssen, sollen, wollen, können und dürfen

Geh neu auf dich zu und verlasse dein Land: eine Geschichte

Zwischen Leidenschaft und Entscheidungen findet unsere biografische Arbeit im Lebensalltag statt. Sie spiegelt uns, wer wir sind und wohin wir uns aufmachen. Jeder Mensch hat ein Gesicht. Augen, die in die Welt blicken, Ohren, die sich ins Leben einhören, eine Sprache, die irgendjemand versteht. Deshalb hat auch jeder Mensch eine Geschichte, die er aufschreiben, aber vor allem erzählen kann. An vielen Orten entstehen in den letzten Jahren Schreibwerkstätten, Erzählworkshops oder Erzählcafés, weil es zunehmend eine Ahnung davon gibt, wie groß der Schatz von Wissen und Lebenserfahrung ist, der in den Menschen ruht und geborgen werden will. Wer seine Geschichte erzählt, seinen Gefühlen und Erfahrungen schreibend Ausdruck verleiht, macht Leser und Hörer wissend und sehend. Erzählend und schreibend nehmen Menschen Beziehung auf, setzen Zeichen, schaffen Verbindung. Auch die ersten Felszeichnungen waren Erzählungen. Wer erzählt, vergewissert sich seiner selbst, übt Zuwendung, geht über sich selbst hinaus, interessiert sich, weckt Interesse, gibt dem Leben Sinn und Bedeutung, zeigt seine Fähigkeit zum Dialog mit sich selbst, mit anderen und mit der Welt. Stunden, Tage, Monate, Jahre, ganze

Lebenszeiten werden festgehalten. Rose Ausländer hat das sehr schön in Worte gefasst:

>TAGEBUCH: *Der Tag ist mein Buch. Hier trage ich Leben ein, an dem ich mich erfreue, das ich erleide.*«

Miriam hat Trisomie 21, das Down-Syndrom. Sie war ein Wunschkind, aber niemand hatte sie mit dieser Krankheit oder Behinderung im Leben erwartet. Sie war eines Tages da und überraschte alle mit ihrer Besonderheit, berichtet ihr Großvater. Ein Herzfehler beherrschte zunächst die Sorge um sie. Hinter Apparaten und Schläuchen auf der Intensivstation war sie nicht zu umarmen, der Liebe zu ihr fehlten die Schmusestunde und die Angst um ihre Zukunft begann früh. Ihr Großvater, pensionierter Lehrer und Predigthelfer seiner Kirche, der viel mit Bibelexegese zu tun hat, erlebt eines Tages einen umwerfenden Neuanfang im Verstehen eines Bibeltextes, und die kleine Miriam ist der Anstoß dazu. In dem Bibelvers, um den es geht, bekommt Abraham die Botschaft:»Geh los! Weg aus deinem Land, aus deiner Verwandtschaft, aus deinem Elternhaus, in das Land, das ich dich sehen lasse.« (Genesis, 12,1) Der Großvater Friedhelm Wilke schreibt:

»Nun, an jenem Tag, der außen gar nicht besonders war, lag Miriam in meinem Schoß und blickte mich mit ihren besonderen Augen auf eine mir unbekannte, wunderbare Weise an. Es war, als würde dieser bald wechselseitige Blick eine Zeit lang wie ein Lichtphänomen am Himmel stehen und dann als Sternschnuppe in eine Blumenwiese fallen und leuchten. Aus diesem inneren Gelände einer gefühlten Seligkeit schien eine Stimme zu sprechen: >Geh aus deinem Vaterland in ein Land, das ich dir zeigen werde!< Es waren eindeutig Miriams Augen, die da sprachen. Sie nahm jenen biblischen Satz an Abraham und trug ihn zu ihrem Großvater: >Geh aus deinem Vaterland, du alter Mann, der du, deiner selbst sicher, so viele Schüler belehrt hast! Geh aus deinen Sicherheiten, deinen Gewohnheiten, deinen Lebenserfahrungen, deinen schnellen Urteilen und Vorurteilen, deinem herkömmlichen Selbstbewusstsein! Werde wieder geboren, geh neu auf dich zu, werde frei! Anders wirst du nie zu mir kommen können, anders nie! Wir werden uns einer im andern anders nie finden: Eine große leere graue Fläche wird zwischen uns liegen, wenn du nicht gehst – also geh!‹«[70] Miriam sprach mit ihren Augen eine Einladung aus: Geh in ein Land, das *ich* dir zeigen werde. Und wer kommt, für den wird sie ein Führer auf neuem Weg, den macht sie wie ihren Großvater zum lebendigen Schatzsucher, zum freudigen Entdecker oder altmodisch mit Angelus Silesius: zum »Cherubinischen Wandersmann«, der davon berichtet, dass Gott sich in jedem Menschen geboren findet.

Miriam hatte ein Geschenk bei sich, als sie geboren wurde, eine Botschaft, die sie in ihren Augen trug. Jenseits der Welt, die clean und cool an die totale Perfektion, die absolute Machbarkeit und an den Spruch »Hauptsache gesund« glaubt, verwies die kleine Miriam in der Begegnung mit ihr nicht nur ihren Großvater auf ein anderes, »*das neue Land einer anderen Menschwerdung*«. Die Krankheit »Trisomie 21« erscheint Miriams Großvater wie ein biografischer Leitfaden, der generationsübergreifend auch die Trennung zwischen Gesunden und Kranken aufhebt, weil die Menschwerdung auf das Gemeinsame zielt und gleichzeitig verschiedene Wege in der biografischen Erfindung des einzelnen Lebens gehen muss. Mit Blick auf Miriam fragt er:

»Hat sie sich auf diese, ihr ganz eigene Weise einen Schutzengel gesucht, den alle sehen müssen, die sie anblicken? Hat sie mehr als die anderen Menschen eine Ahnung von dem tiefen Geheimnis, das jedes Leben darstellt und das in ihr in besonderer Weise wohnt? Bei allen bleibenden – und durch sie gewachsenen – Anstrengungen des Alltags, bei Anfeindungen, bei schlechten antrainierten Gewohnheiten ist Miriam das leibhaftige, sanft wirkende Korrektiv. ›Löse dich, geh aus deinem Vaterland!‹ Bei Hektik zeigt sie auf den gleichmäßigen Gang der Zeit, bei ungesunder Unruhe ist ihr Körper ein Warnzeichen. Wer eine Aufgabe schnell loswerden will, wird von ihr festgehalten und zugleich gehalten: Sie bringt die Dinge wieder ins richtige Lot. Musik ist wirklich Musik und nicht nur ein Geräusch. Ein Licht ist eine große offene Tür ins Freie und nicht nur eine Beleuchtung. Bewegung ist Tanz. Ein ihr zugewandtes Gesicht erlebt sich selbst wieder als unendlich wertvoll, so tief ist im gleichen Moment ihr Blick in die Augen. Wir lernen von ihr, jeden Tag neu. Wir lernen mehr, als wir je ohne sie hätten lernen können. Wie gut, Miriam, dass es dich gibt.«[71]

Dass Menschen leben wollen, ist nicht so selbstverständlich, wie wir glauben. Die meisten wollen zwar nicht früh sterben, aber anders als Kindern geht vielen Erwachsenen auf dem Weg durchs Leben manchmal verständlicherweise die Luft aus, und nicht wenige Menschen verlässt die Leidenschaft zu leben. »Man muss ja« ist ein beliebter Satz, und seine Begeisterungsfähigkeit hält sich in Grenzen. Immer mehr Menschen fühlen sich vom Leben überfordert, werden zu müden Alltagskriegern, nehmen sich immer zu viel vor und hoffen irgendwie, dass das Leben auf geheimnisvolle Weise jenseits der Routineaufgaben doch noch lustvolle Überraschungen im Gepäck hat. So richtig klar ist den Menschen nicht, wie Leben lebt und wie stark es darauf angewiesen ist, dass wir es immer wieder mit Interesse annehmen, gestalten, verändern und darüber nachdenken, was geschehen ist, geschieht und geschehen soll. In jedem Augenblick schleust Leben die Vergangenheit durch die Gegenwart in die Zukunft, und wir sind die Betreiber dieses Unternehmens, das unseren Namen trägt.

Jeder Tag ist ein Eintrag im Buch vom Leben, sozusagen die Fackel der Biografie, die mit der Geburt und dem Erwachen der

Fragen an das unbekannte Leben entzündet wird. Jedes Kind hat wie Miriam die Frage in den Augen: »Wozu bin ich auf der Welt?« Solange wir leben, suchen wir nach Antworten, verwerfen sie, stellen neue Frage und schreiben an dem realen Tagebuch weiter. Die Erfindung des Lebens und der Lebensbericht als Ergebnis sind Anlass und Motiv biografischer Arbeit. In Miriams Augen leuchtet also eine Botschaft, die als Überschrift jeden von uns dazu auffordert, mit Liebe, Arbeit und Wissen Land zu gewinnen, es zu beackern und zu bestellen, Nutzgärten und Wunschgärten anzulegen, das Leben auch auf brüchigem und steinigem Boden auszuhalten, Hürden zu überwinden und vor allem dann neu auf sich zuzugehen, wenn die alten Wege nichts mehr voranbringen. Ohne Miriam und ohne jeden von uns gäbe es keine Menschheitsgeschichte und auch nicht die vielen Erzählungen, die von den Taten und Werken, Erfindungen und Entdeckungen, Freuden und Leiden der Bewohner des Planeten Erde berichten und Generation für Generation Menschen wieder anstecken, weiterzumachen. Auf dem Weg durch die Fremde des Lebens ist jede Begegnung mit anderen Menschen, mit dem Unbekannten der Zukunft, mit Problemen, Konflikten und offenen Fragen ein Abenteuer mit offenem Ausgang und ein biografischer Auftrag.

Die schwierige wie verheißungsvolle Aufforderung an Abraham oder hier an Miriams Großvater, welche dieser in großen Kinderaugen liest: »Geh in ein Land, das ich dir zeigen werde« und »komm mit« in mein Land, ist für den alten Mann eine Herausforderung, die verstanden und gelernt werden will. Sie braucht Vorbereitung, kommt still, unverhofft und unpassend in kritischen Situationen daher, bricht manchmal wie ein Erdbeben in den routinierten Ablauf des Lebens ein und führt zu kleinen und großen Brüchen im Boden, die zunächst mit Verlusten einhergehen, bevor erneut Land zu gewinnen ist. Wissen und wundern, fliegen und landen, leben und lernen sind Gangarten einer Lebensreise zwischen Leidenschaft, Leiden und Entscheiden.

Leidenschaft als Fackel und Zündstoff

Neugier und Liebe zum Leben, Vertrauen, Begeisterung und Zuversicht, aber auch Not und Verzweiflung sind Proviant und Ausstattung, wenn man auf unsicherem Boden zur Landgewinnung im Leben unterwegs ist. Sie können uns ermutigen, der Einladung Miriams zu folgen, und uns bei der Suche nach einem Leben in eigener Verantwortung an die Hand nehmen. Im Hintergrund von Lust und Mut, ein freies Leben zu wagen, bringt sich die Lebensangst als wichtige Wächterin ins Spiel. Sie warnt, zögert und verhindert, wenn nötig, einem Aufruf zu folgen, vertraute Heimat zu verlassen und fremdes Terrain zu betreten. Menschen können ihre Kräfte überschätzen, Gefahren übersehen, haben soziale Netze, die sie für ihr Neuland brauchen könnten, austrocknen lassen oder übersehen oft bei der aktiven Verfolgung ihrer Interessen die Rechte und Bedürfnisse anderer Menschen. Wenn wir Boden verlieren, Land gewinnen und uns im Leben einrichten, machen wir immer wieder die wichtige Erfahrung, dass alles Leben geteiltes Leben ist, dass immer schon jemand da war, da ist oder dort sein wird, wo auch wir sein wollen, und Spuren im Innen oder Außen hinterlassen hat. Biografie heißt Koexistenz üben.

»Um Lebendes zu erforschen, muss man sich am Leben beteiligen«, hatte Viktor v. Weizsäcker der Wissenschaft ins Tagebuch geschrieben und zum Umdenken aufgefordert, wenn sie sich mit dem schwierigen Verhältnis von Gesundheit, Krankheit und Biografie auseinandersetzt. Eine ähnliche Aufforderung geht an uns. Neugier auf Leben und die Liebe zu ihm sind sensible, leicht verletzbare Kräfte und Werkzeuge, die wir für unsere Lebensarbeit brauchen. Sie müssen bis zum Lebensende und dessen letzten Worten, Gefühlen und Hoffnungen halten, immer wieder erneuert werden. Sie bewirken nichts, wenn wir sie nicht entwickeln und einsetzen! »Der Mensch kann mehr als er kann«, ermutigt Hugo Kükelhaus und verweist darauf, dass wir »an keiner Stelle mit eins beginnen« können. Als Lebende finden wir Leben bereits vor. Das beruhigt und verlangt Demut.

Wir können es sehen, hören, schmecken, vor unserer Nase riechen, denn Leben ist schon da, hat schon mit der Zeugung angefangen, uns seine Bedürfnisse gezeigt und die Lebensbewegung anspringen lassen. Für das Erwachen unserer Fragen und die biografische Arbeit sind die Pakete geschnürt, wenngleich die Inhalte noch unbekannt sind und die Zeitangaben fehlen. Welche Botschaften, Nachrichten und Anweisungen der »Postkasten des Lebens« morgen enthält, ist heute noch ungewiss.

»Das Leben des Menschen hat eine ganz unbeschreibliche Zusammengesetztheit. Man beachte nur eine Minute lang, was durch Auge, Ohr, Hautsinne andringt; was an Bewegungen Kopf, Rumpf und Gliedmaßen tun; was an Gedanken, Gefühlen, Regungen durchs Gemüt fließt, und man wird den Eindruck behalten, dass dies ein Aggregat von zusammenhangslosen Etwassen war, das etwa dem Haufen von Büchsen, Geschirrstücken, Speiseresten, Schutt und Staub im Mülleimer unserer Küche, auf der Abraumhalde vor unserer Stadt eher gleicht als irgendeinem Wohnraum, Straße oder Garten.«[72]

Nimmt man die Geschichtlichkeit des Menschen als offenen Auftrag und notvollen Zwang zur ständigen Gestaltung ernst und beugt man sich der Einsicht, dass Leben »irreversibel« ist, also in keinem Augenblick zurückgedreht werden kann, dann wird deutlich, wie sehr Leben zwischen Leidenschaft und Leiden pendeln muss, weil es grundsätzlich keiner logischen, kausalen, berechenbaren, sondern einer antilogischen, dynamischen, auf ständigen Wandel angelegten Struktur folgt. Was wir müssen, wollen wir vielleicht nicht. Was wir nicht können, sollten wir eigentlich können. Was wir dürfen, steht im Widerspruch zu dem, was wir wollen. Ratschläge, wie unser Leben sein sollte und was ein angeblich »richtiges Leben« ist, prasseln von allen Seiten auf den Menschen nieder und verwirren ihn bei dem Versuch herauszufinden, was er in seinem Leben selbst bestimmen und selbst verantworten will, kann und muss. Auf welche Fehlentscheidungen unsere biografische Gegenwart in ihrer Vergangenheit stößt oder ob die Vergangenheit eine uns selbst überraschende Zukunftslösung schon vorbereitet hatte, bleibt oft genug ein biografisches Geheimnis, wenngleich wir die Erfinder unserer Biografie sind. Leben ist verwirrend und verlangt einen ungewöhnlichen Erfindergeist.

»Ich habe keine besondere Begabung, sondern bin nur leidenschaftlich neugierig«, sagte Albert Einstein über sich, und Oscar Wilde ergänzte: »Sich selbst zu lieben, ist der Anfang einer lebenslangen Leidenschaft.« Beide hätten wahrscheinlich dem unbekannten Autor zugestimmt, für den Leidenschaft das einzige Leiden ist, von dem man nicht geheilt werden möchte, denn wer nicht bereit ist, ein neugierig fragender und liebender Mensch zu werden, wird nicht erfahren, warum er eigentlich lebt. Die Leidenschaft, die uns leben lässt, uns herausfordert, neugierig, hungrig und durstig macht, die uns erglühen lässt und verbrennen kann, ist die Flamme, die im Augenblick unserer Zeugung entzündet wird, uns lebenslang als Energie körperlich, geistig, seelisch oder sozial antreibt und erst mit dem letzten Atemzug zu erlöschen scheint. Wenn Menschen diese Flamme nicht mehr spüren, »Lebenswille« wie »Lebensenergie« sich dem Gefrierpunkt nähern und das Existenzminimum unterschreiten, sich durch nichts mehr »entzünden« und aufrütteln lassen, dann können wir erleben, wie Leere und Sinnlosigkeit um sich greifen. Begleitet von Rückzug, Passivität, Resignation, Hoffnungslosigkeit und dem ganzen Formenkreis der seelischen und körperlichen Erkrankungen wie Depression, Burn-out, Suizid, Sucht, schmerzender Langeweile und einer Vielfalt von Erschöpfungszuständen wird das Ende der berühmten Fahnenstange erreicht, an der sich der Mensch zwischen Himmel und Erde immer wieder aufrichten muss.

Der Zweifel ist ein Dorn im Auge des Lebens und seiner Leidenschaft. Er richtet die kritische Aufmerksamkeit nicht nur auf die eigene biografische Arbeits- und Durchsetzungskraft, sondern in gleicher Weise auf die gelungene oder fehlende Akzeptanz, auf die Art des Angenommenseins und die Bedingungen des Scheiterns im Leben. Hingabe, Achtsamkeit, Wertschätzung, Liebe und Demut sind mit einer erlebten Erfahrung von »Koexistenz« verbunden, die jeder Mensch grundsätzlich, wenngleich durchaus unterschiedlich als vorgeburtliche wie als Geburtserfahrung mitbringt. Kleine Menschen fühlen von Anfang an, ob sie geliebt, beachtet und versorgt werden. In diesem Sinne werden wir als überaus verletzbare »soziale Wesen« geboren, die einem anderen Lebewesen das erste Dach über dem Kopf, Essen und Trinken, Schutz und neun Monate bedingungsloses Asyl verdanken. Der erste Schrei, die ersten eigenen Worte und Schritte basieren als Ausdruck von Freiheit und Autonomie auf dieser Erfahrung und dem Erleben von Schutz durch Eingebundenheit wie auch Abhängigkeit. Genau diese Erfahrungen stacheln uns zur biografischen Weiterarbeit an, denn spätestens mit dem Abtrennen der Nabelschnur wird symbolisch klar, dass der Mensch von nun an um das »verhandeln« muss, was bisher selbstverständlich war.

Körper, Geist und Seele sind keine »Fahrgestelle« für unsere biografische Arbeit, mit denen wir effektiv, nach geregelten Fahr- und Zeitplänen, mit Führerschein und krankenversichert,

TÜV-überprüft und auf Autobahnen, Bundesstraßen, Haupt-
und Nebenstraßen, Sackgassen und Feldwegen durchs Leben
gurken. Sie übernehmen nicht abstrakt oder virtuell irgend-
welche Aufgaben für eine weit entfernt liegende Zukunft,
sondern lernen sich selbst und ihre Aufgaben durch Funktionen und Funktionieren kennen, die sie im biografischen
Arbeitsalltag zur Verkörperung des Lebens übernehmen. »Leben erscheint, wo etwas sich bewegt«, schreibt Viktor v. Weizsäcker und spricht von einer »Leidenschaft der Bewegung«[73].
Der Körper, Werkstatt und Wohnhaus der biografischen Arbeit,
ist »selbstbewegter Leib«, mitarbeitende Führungskraft im
Team von Körper, Geist und Seele, führt ein Eigenleben und
muss vor allem seinen Fortbestand gewährleisten, damit Leben
einen Ort hat. Auch der Geist fragt nicht ständig nach, ob und
wie er denken darf, und die Seele klärt nicht vorher mit dem
Verstand ab, ob sie sich jetzt freuen darf, depressiv leiden oder
gleich beides zusammen tun soll, weil das Leben nun mal zum
Weinen und zum Lachen ist.

Körper, Geist und Seele sind keine Reflexmaschinen. Sie tun
ihre Arbeit in leidenschaftlicher Bewegtheit, müssen mit allen
Widersprüchen und Zweideutigkeiten umgehen, sich ergänzen
und gegenseitig vertreten, aber auch zusammen erleiden und
hinnehmen, was ihnen zustößt. Wenn Sie sich in Ihrer biografischen Erzählung einmal besonders auf die Geschichte Ihres
Körpers, Ihrer seelischen Entwicklung oder Ihres Denkens konzentrieren würden, könnten Sie nicht nur die jeweiligen Beiträge zu Ihrem Leben und seiner Leistung erkennen, sondern
auch erfahren, auf was und wen Sie in Ihrer biografischen Arbeit mehr oder vielleicht eben weniger geachtet haben, wer Ihnen mehr Widerstand entgegengebracht hat. Ob Körper, Geist
oder Seele eher zum Streik bereit waren oder wem Sie mit Ihrer Sympathie und Leidenschaft größere Entwicklungsmöglichkeiten eingeräumt haben. Noch ehe wir in einer Situation

an Angst gedacht haben, hat diese den Leib schon mit einem Schweißausbruch unter Druck gesetzt, ihm das Adrenalin um die Ohren gehauen und damit schon etwas gegen die Bedrohung unternommen. Wenn wir uns verlieben, reagiert der Körper vielleicht als Erster mit Schmetterlingen im Bauch, ohne aber zu wissen, was ihm die Gefühlswelt danach noch an Chaos zumuten wird. Was macht die Angst, die wir seelisch nicht anerkennen? Was der Gedanke, den wir verleugnen oder der keine Worte findet? Was macht der Körper, wenn er unsere Gefühlsabenteuer, den bedingungslosen Ehrgeiz nicht aushalten oder den Mut und die Kraft nicht aufbringen kann, wenn Zivilcourage mit körperlichem Einsatz verlangt wird?

Natürlich liegt dem funktionierenden Organismus, dem Herz, der Leber, dem Gehirn eine »gesetzmäßige« Ordnung zugrunde, aber sie funktionieren »antilogisch«, wie Weizsäcker schreibt, stellen sich mit jedem Atemzug, mit jedem Herzschlag, mit jedem Gedanken, jedem Gefühl leidenschaftlich oder bedächtig verhandelnd auf die biografische Arbeit der subjektiven Lebensgestaltung ein. »Das Leben scheint die Logik nicht zu lieben, und im Überschwang kann es sie verachten, überrennen oder hassen.«[74] Das aber heißt nicht, dass das Leben Unverstand ist, dass es nicht auch der inneren Logik seiner biologischen Ordnung folgt. Wir müssen nur wissen, dass wir selbst und das konkrete Leben immer auch »wählen«, dass wir an Ordnung und Chaos im Leben beteiligt sind. Wir entscheiden, nicht grundlos, aber oft unbegründet, bewusst und unbewusst, plädieren auf geheimnisvolle Weise für Entwicklung oder eben auch für Stillstand, für Anpassung oder Widerstand.

Leben ist dem Menschen zur Entscheidung aufgegeben, ein Arbeitsauftrag zwischen Leiden und Leidenschaft. Wenn Körper und Seele streiken, ruft das Leben mit Symptomen um Hilfe, weil das Wohlbefinden gestört ist: Schmerzen irritieren, eine Arbeit kann nicht getan werden, oder die Bauchschmerzen eines Kindes signalisieren, dass der bevorstehende Schultag Angst macht. Jede Wortmeldung des Leibes ist eine Mitteilung an den gesamten Menschen, an seine Gefühle, sein Bewusstsein oder sein soziales Eingebundensein und muss auf die eine oder andere Weise erörtert werden. Auch Zufriedenheit, Glück, Freude oder Stolz melden sich als Tendenzen oder Ergebnisse biografischer Arbeit zu Wort, zeigen Reaktionen, gravieren ihr Einmaleins leibhaftig ein, drängen auf Ausdruck, wollen anerkannt oder wiederholt werden.

Dass wir bis auf die Ebene unserer Gene beeindruckbar und formbar sind, macht uns lebens- und lernfähig, denn wir können nur überleben, wenn wir für die Welt um uns herum offen und zugänglich sind. In der grundsätzlichen Beeindruckbarkeit, Formbarkeit und Plastizität des Lebens steckt gleichzeitig seine Gefährdung. Wenn nämlich die Welt mit ihren Ansprüchen, Erwartungen und Vorgaben den einzelnen Menschen dauerhaft überfordert, seine biografische Arbeit instrumentalisiert, ihn sozusagen beschlagnahmt, indem sie seine freie Beweglichkeit, Wahlfreiheit und Selbstbestimmung einschränkt oder gar unmöglich macht, dann kehrt sich der Prozess um und beeinträchtigt die subjektive Lebensfähigkeit des Menschen. Wir fühlen uns dann nicht respektiert, über den Tisch gezogen, ausgebeutet, entfremdet, als Rädchen in der großen Maschine, die manche Leben nennen.

»Die Leidenschaft der Unendlichkeit ist das Entscheidende« (Sören Kierkegaard), und wie eine Fackel begleitet sie unser Leben durch Höhen und Tiefen, brennt lichterloh und auf kleiner Flamme, nährt sich aus unterschiedlichen Energien, bleibt vor allem in schweren Lebenskrisen oft ein Rätsel, erscheint wie eine Art beglückende Ausstattung des Menschen. Hermann Hesse erinnert aber auch daran, dass diese aufstrebende Flamme der Leidenschaft oft gerade die schönsten Kinder und herrlichsten Menschen nicht schont, weil diese gerade das leidenschaftlich lieben müssen, was sie zugrunde richtet. Viele Menschen machen die Erfahrung, dass die persönliche gesundheitliche Gefährdung, die von einem Arbeitsplatz, der Arbeitsintensität oder dem Arbeitseinsatz ausgeht, umso schwieriger zu erkennen ist, je größer die persönliche Lust, Leidenschaft und das Gefühl einer biografischen Berufung ist, mit der man die Arbeit tut. Friedrich Nietzsche und Robert Schumann schrieben und komponierten sich leidenschaftlich durch schwere Krankheit. Erich Fried schrieb seine schönsten Liebesgedichte im Spiegel der Leiden, die seine Lieben im Gepäck hatten. Der Maler Jörg Immendorff avancierte in seinen letzten Lebensjahren, gezeichnet von der Nervenkrankheit ALS, zu einem gefeierten Künstler, der sich durch die unheimliche Krankheit die Leidenschaft zu seiner Malerei im wahrsten Sinne des Wortes nicht aus der Hand nehmen ließ und sich eine kleine Maschine an den kranken Arm montieren ließ, um den Pinsel zu halten.

Aber nicht nur Dichter, Denker und Künstler werden von Leidenschaft oder einem »eisernen Willen« bei ihrer Arbeit getragen. Jeder Mensch trägt potenziell diese Fackel der Leidenschaft in seinen Händen, die Leiden schafft und gleichzeitig Mittel ist, dem Leiden zu begegnen. Was Menschen in Zeiten der Not, im Umbruch durch Krisen oder im Einbruch von Krankheit zu leisten in der Lage sind, tritt nicht nur bei Paralympischen Spielen zutage. Der leidenschaftliche, eiserne, trotzige, gewaltbereite und auch stille, zärtlich sanfte Lebenswille trägt viele Menschen durch ihren Alltag. Manche Biografie, die nicht das Licht der Öffentlichkeit erblickt, könnte, was Leidenschaft und Durchhaltevermögen in Lebenskrisen und Schicksalsschlägen angeht, ohne Weiteres für das Guinness Buch der Rekorde oder den »Friedensnobelpreis« nominiert werden. Leidenschaft aber ist nicht vorrangig aus der Not geboren. Ihr Geburtsort ist primär die Lust auf Leben, mit der wir auf die Welt kommen, und die uns als Lebenswille und Sehnsucht nach dem großen Meer eines gewollt erfüllten Lebens auch erhalten bleibt.

Biografisch sind Leidenschaften Fahrstühle zwischen Himmel und Hölle. Sie sind nicht auszurotten und lassen Menschen ihre Texte und Noten statt mit Tinte mit Herzblut schreiben.

Oscar Wilde glaubt, dass die einzige Möglichkeit, eine leidenschaftliche Versuchung zu überwinden, die Hingabe an sie ist, und mahnt: »Nur wer nicht mit dem Feuer zu spielen versteht, verbrennt sich daran!« Antoine de Saint-Exupéry gibt jeder individuellen wie politischen Lebenskunst den Rat: »Pflanze die Liebe zum Segelschiff ins Herz deines Volkes, und es wird dir alle Inbrunst aus seiner Erde saugen, um sie in Segel zu verwandeln.« Mit Leidenschaft können wir andere Menschen entzünden, berührende Botschaften weitertragen, Licht und Wärme in die Schattenseiten des Lebens bringen, aber auch zu etwas verführen, das Dunkelheit und Unfreiheit im Leben erzeugt. Manchmal wirkt Leidenschaft wie eine Stichflamme und erzeugt Aufruhr in Körper, Geist und Seele. Dann müssen Menschen darauf achten, dass nicht alles, was sie zum Funkeln bringen wollten, in Flammen aufgeht. In der Vernunft ruhen und sich in der Leidenschaft regen, heißt der weise Rat zur Balance, denn wer Menschen bei ihren Leidenschaften packt, kann sie mitnehmen, wohin er will. »Tugend ist, was man mit Leidenschaft tut. Laster ist, was man aus Leidenschaft nicht lassen kann«, schrieb schon Aurelius Augustinus (354-430).

Als immer wieder zu entzündende Antriebskraft des Lebens trägt die Leidenschaft das Leiden im Gepäck. Sie erzeugt den brennenden Schmerz, wenn wir in einer Lebenskrise an die Grenze des Erträglichen geraten und unsere Wahrheit zu verlieren drohen. Wenn wir in Scham und Schuld versinken, weil wir uns leidenschaftlich geirrt haben oder verraten wurden. Sie schmerzt, wenn wir mitten in einer leidenschaftlichen Liebe von einem geliebten Menschen Abschied nehmen müssen oder älter werdend die Lebensintensität verlieren, über uns hinauszuwachsen. Der unüberprüfte Satz »Dafür bin ich zu alt« ist dem Leben ebenso abträglich wie der andere, dass man für das Leben noch zu jung sei! Als Leitspruch für die biografische Arbeit eignet sich eher der Satz von Hugo Kükelhaus »Der Baum ›Zu spät‹ sitzt voller Knospen.« Seine vorwärtstreibende Botschaft steckt in der Tatsache, dass der Mensch qua Geburt grundsätzlich einen großen, wenngleich unbekannten Reichtum an knospenden Entwicklungsmöglichkeiten mitbringt, die in den konkreten biografischen Gartenanlagen eines Lebens mit entsprechender Bewässerung und Pflege zum Blühen gebracht werden müssen.

Was existenziell und real auf unsere Lebensarbeit angewiesen ist, verweist gleichzeitig auf die universelle Herkunft des Menschen: Und immer wieder finden wir Hinweise, wie sehr diese Herkunft fasziniert. »Universen sind wie das Leben von uns Menschen faszinierend, bunt und unterschiedlich, ständig im Fluss, ständig in Veränderung – aber in viel größeren Zeiträumen«, schreibt Hans Rath, Leiter des Zentrums für angewandte Raumfahrttechnologie und Mikrogravitation an der Universität Bremen. Ähnlich hat die Theologin Dorothee Sölle diese Faszination als Bitte um die nie versiegende transformierende Leidenschaft zum Leben in vielen Texten, Gedichten und Gebeten immer wieder zum Ausdruck gebracht:

Ich dein Baum

Du hast mich geträumt Gott
wie ich den aufrechten Gang übe
und niederknien lerne
schöner als ich jetzt bin
glücklicher als ich mich traue
freier als bei uns erlaubt.

Hör nicht auf mich zu träumen Gott
ich will nicht aufhören mich zu erinnern
dass ich dein Baum bin
gepflanzt an den Wasserbächen des Lebens

Gepflanzt an den Wasserbächen des Lebens, aus denen die Leidenschaft zum Leben ihre Nahrung nur dann ziehen kann, wenn sie sich auch den Steinen und Stromschnellen, den stillen Untiefen, dem wilden Lauf in Zeiten der Schneeschmelze und den Begradigungsversuchen der Menschen stellt, ist der Mensch mit seinen unendlichen Potenzialen zu kreativer und einzigartiger Selbstgestaltung herausgefordert. »Liebe, Arbeit, Wissen sind die Quellen des Lebens und sollten es auch beherrschen«, heißt es bei dem Arzt und Psychotherapeuten Wilhelm Reich in seinem letzten Buch *Christusmord*. Unsere Leidenschaften sind wahre Phönixe. »Wie der alte verbrennt, steigt der neue sogleich wieder aus der Asche hervor«, tröstet Goethe in den Wahlverwandtschaften. Lieben und arbeiten sind Grundpfeiler oder Grundleidenschaften des Menschen, über die sich der Mensch mit der Schöpfung in Beziehung setzt, schreibt Dorothee Sölle in ihrer *Theologie der Schöpfung*. Ob Schöpfung oder »Urknall«: Die menschliche Existenz lebt von Anteilnahme, Teilnahme und vom Teilen. Sie beruht auf Partizipation und Kooperation und dies auch mitten durch den Zweifel hindurch, ob die Ordnung der Schöpfung gerecht sei oder Leben Sinn stiften muss. Auf dem Weg zu seiner wesentlichen Bestimmung oder zu einer Antwort auf die Frage, warum der Mensch als einziges Lebewesen mit Geist und Bewusstsein ausgestattet ist, wird der denkende, fühlende und handelnde Mensch immer wieder zum Fragezeichen hinter verkündeten Gewissheiten. Dorothee Sölle hat für sich eine Art »Glaubensbekenntnis« formuliert, das die Widersprüche zu ertragen versucht und meinem eigenen Denken sehr nahe ist.

Ich glaube an Gott
der die Welt
nicht fertig geschaffen hat
wie ein Ding
das immer so bleiben muss
der nicht
nach ewigen Gesetzen regiert
die unabänderlich gelten
nicht nach natürlichen Ordnungen
von Armen und Reichen
Sachverständigen und Uninformierten
Herrschenden und Ausgelieferten
ich glaube an Gott
der den Widerspruch
des Lebendigen will

Jeder Mensch steht in seiner biografischen Arbeit vor vielen Fragen: Wer bin ich? Wo komme ich her? Wohin gehe ich? Warum wurde ich in die Welt gesetzt? Wie bin ich geworden, was ich bin? Worin besteht meine geschichtliche, meine biografische Aufgabe als Frau oder Mann in meiner Familie, meiner Generation, in meinem Land? Es gibt keine Schultasche, in der diese Fragen zusammen mit der Geburtsurkunde stecken. Sie entstehen im Verlauf des Lebens, verändern sich, werden verdrängt, nicht zugelassen oder wiederholt. Als lebendige Wesen, die in eine bestimmte Zeit, an einen bestimmten Ort und zu bestimmten Menschen geboren werden, sind wir ein Denk- und Gestaltungsauftrag, an dem wir jeden Tag weiterarbeiten und dessen Ergebnis wir in unserer Biografie vorlegen. Aus unterschiedlichen Fäden, Mustern und Farben weben wir den bunten, einzigartigen Stoff, der zu niemand anderem passt als nur zu uns. Der Mensch ist sozusagen immer in Arbeit, damit beschäftigt, seine Lebensrealität und durch diese auch seine Identität zu konstruieren.

Identität aber ist alles andere als eine zu einem bestimmten Zeitpunkt des Lebens für immer festgelegte Einheit, sondern eine Identität im Werden, mit deren Konstruktion der Mensch lebenslang immer wieder neu um Perspektiven ringt. Mit Identitätskonstruktionen stellt er mitten in den ihn umgebenden Verhältnissen durch Stoffwechsel- und Wandlungsprozesse hindurch gleichzeitig die dynamische Kontinuität seines Lebens her. Wie das Leben, so ist auch unsere Identität das Ergebnis einer ständigen Aushandlung mit der Welt. Wenn diese Welt nicht bereit ist, unser persönliches Identitätsspiel mitzutragen, dann geraten wir in Identitätskonflikte und Brüche, bleiben mit Interessen und Wünschen auf der Strecke, erfahren möglicherweise Ausgrenzung und verlieren unser Selbstvertrauen. Weil es um eine einzigartige Biografie geht, die die persönliche Identität entwickelt und trägt, sind Selbstreflexion, Selbstdialog und eine kontinuierliche Auseinandersetzung mit sich selbst von großer Bedeutung. Ich weiß, wer ich bin, weil ich weiß, wer ich war. Und weil ich weiß, woher ich gekommen bin, habe ich auch die Möglichkeit, mich selbst in die Zukunft zu denken und wichtige Veränderungen einzuleiten, wenn sie nötig werden.

Wie Alltagserfahrungen und biografische Forschung zeigen, reflektieren Menschen ihre Biografie am liebsten durch Erzählung oder durch Aufschreiben. Gefragt und ungefragt erzählen sie von ihrem Erleben, ihrem Selbstverständnis und auch davon, wie sie ihr Leben und sich selbst bewerten. Der wissenschaftliche Begriff der »narrativen Identität« verweist auf den engen Zusammenhang zwischen Identität und Erzählen. Im Erzählen schlägt der Mensch Brücken zwischen Vergangenheit, Gegenwart und Zukunft, kann in der Fantasie und Erinnerung gelebtes und ungelebtes Leben miteinander verbinden, kann Färbungen eingeben und über Stimmungen und Tonlagen ausdrücken, was mit Worten nicht einholbar ist. Im Erzählen wird der lineare oder amorphe Zeitfluss angehalten. Wir bewegen uns zwischen den Zeiten, können diese begrenzen, Höhepunkte und Pausen nach eigenem Gutdünken schaffen. Indem wir erzählen, schaffen wir eine Wirklichkeit, versuchen nachträglich Kausalitäten zu erkennen oder zu erfinden. Die Verknüpfung findet durch eine bestimmte Bedeutung statt, die wir den erzählten Ausschnitten des Lebens verleihen, eine Art Moral der Geschichte entsteht, eine Botschaft wird deutlich, die die erzählte Geschichte transportieren soll. In der Vielfalt des Erlebten sortieren wir, ordnen und entscheiden, was wir erzählen, weglassen und welche Perspektive das Erzählte hat. Der Mensch kann sich auf diese Weise seiner Geschichte vergewissern und erkennen, dass er Akteur in der Lebensgeschichte ist, dass sich Leben nicht über unsere Köpfe hinweg ereignet. Wir tauchen in unserem Leben auf! All das Erzählte zeugt von kleinen und großen biografischen Identitätsarbeiten, die der Mensch in seinen Interaktionen bewerkstelligt, und die in die Erfahrungsgeschichte eingehen. Aber wer dieses Ich nun ist, das da vor sich hinrackert, bleibt ein wahres Kreuzworträtsel mit mehr als drei Buchstaben, eine höchst vielfältige Welt, wie Hermann Hesse beschreibt.[75]

In Wirklichkeit ist aber kein Ich,
auch nicht das naivste,
eine Einheit,
sondern eine höchst vielfältige Welt,
ein kleiner Sternenhimmel,
ein Chaos von Formen,
von Stufen und Zuständen,
von Erbschaften und Möglichkeiten.

Biografische Alltagsarbeit heißt Sorge tragen, »Nahrung« aller Art beschaffen. Im Leben wird gegessen, was auf den Tisch kommt, auch das, was man nicht bestellt hat. Nicht immer ist es frisch. Manches im Leben ist abgestanden, hat den falschen Geschmack, ist nicht wirklich gar oder kommt als Beziehungskonflikt zum wiederholten Mal auf den Tisch, wird aufgewärmt. Die Zutaten für das, was in unserem Leben eine bekömmliche Mahlzeit wäre, wechseln. Die Abfolge der Speisen auch. Manches, was wir für einen Appetithappen in der Biografie hielten, hat sich als schwer verdauliches Hauptgericht erwiesen. Bescheidene Nachtische aus der Reihe »Hausmannskost« für Spätentwickler wurden zum Schlüssel für globale Erfolge und ließen uns Karriere machen, obwohl der ordnungsgemäße Schulabschluss lange auf sich warten ließ oder Schulnoten zum Abwinken waren. Am Text von Hermann Hesse kann man sich mit den Wirklichkeiten des eigenen Ich auseinandersetzen. Gab und gibt es Sternenhimmel? Auf welcher Stufe steht man gerade, wie fühlt sich der Zustand an, welche Übergänge scheinen gelungen? Wie vielfältig oder eher uniform erscheint die eigene Welt? Welche Erbschaften beschweren die Lebensreise und welche Möglichkeiten lassen sich gerade blicken? Wie steht es um das Verhältnis von Chaos und Ordnung im eigenen Leben?

Im Prozess der biografischen Arbeit entstehen Denk-, Gefühls- und Beziehungslandschaften und entsprechende Handlungsfelder, in denen sich Körper, Geist und Seele in ständiger Teamarbeit vernetzen. Die Lust auf Leben wie die Angst vor den zu lösenden Lebensaufgaben hat viele biografische Gesichter. Was den einen Menschen an den Rand seiner Möglichkeiten bringt, ist für den anderen die kleine Erdnuss, die er mit Leichtigkeit knackt. Wir werden als bedürftige Wesen geboren und bleiben es bis zum letzten Atemzug. Bedürfnisbefriedigung und Erfüllung der Lebenswünsche, futtern und gefüttert werden, ist die Antwort darauf. Nahrung im weitesten Sinne des Wortes ist Voraussetzung und Material biografischer Arbeit. Wir brauchen physische Nahrung für die körperliche Entwicklung und den Erhalt unserer Lebenskraft, aber auch Lebensmittel für Geist und Seele, um uns zu entfalten und zu entdecken, was in uns steckt. Bezugssysteme und nährende Beziehungen sind tragende Säulen der persönlichen Entwicklung und zentrale Orte biografischer Betätigung. Hier lernen wir arbeiten, lieben und vieles mehr. Spirituelle Nahrung ist notwendig, damit die Hoffnung auf Zukunft und das Gefühl universaler Verbundenheit in der Suche nach Sinn befriedigt wird. Der Psychoanalytiker C.G. Jung hat von einem »religiösen Urtrieb« der Seele gesprochen, die nach Sinn sucht und nicht hungernd durch die Welt irren will.

In meinen Seminaren »Mit den Sinnen leben lernen. Gefühlslandschaften, Lebenskunst und Biografie« versuche ich zusammen mit den Teilnehmenden auf dem Hintergrund allgemeiner wissenschaftlicher Erkenntnisse und lebensgeschichtlicher Erfahrungen biografische Diagnosen und Anamnesen zu entwickeln, die als persönliche Bestandsaufnahme und analytischer Rahmen dem individuellen Selbstverständnis und der eigenen Standortbestimmung dienen, die Fähigkeit zu Selbsterkenntnis und Selbstkritik unterstützen und den Mut zum Umdenken und zu Veränderung stärken können. Um was es dabei in der biografischen Arbeit geht, möchte ich beispielhaft an der lebenswichtigen Aufgabe der Nahrungsaufnahme, dem großen biografischen Muss, veranschaulichen, an dem kein Mensch vorbeikommt. Essen müssen wir alle, aber die Fragen, was wir essen, wie wir es tun, mit wem wir essen, welche Bedeutung es hat, ob wir mehr als genug haben, hungern oder teilen, in einen Hungerstreik eintreten oder zwangsernährt werden müssen, zeigen, wie umfassend die biografische Arbeit sein muss, um diese Lebensaufgabe lebenslang immer wieder neu in Angriff zu nehmen. Vielleicht öffnet sich beim Lesen für Sie die eigene Geschichte des Essens, seine Bedeutung, Probleme und Fragen rund um das Thema, wie Sie Ihre Mitarbeiter in der biografischen Arbeit, Körper, Geist und Seele, ernähren, versorgen und pflegen.

Der Biografie liebstes Kind: Vom Futtern, Füttern und der Liebe, die durch den Magen geht

Der Zwang zu essen wie die Bedeutung des Essens gehören zu den zentralen Weichenstellungen jeder Biografie. Niemand, der leben will, kommt um die Nahrungsaufnahme für Körper, Geist und Seele herum, und ein wesentlicher Teil der Lebenszeit und der biografischen Arbeit ist dieser lustvollen, aber auch konflikt- und problemreichen Aufgabe gewidmet. Im Stoffwechsel mit allem, was den Menschen umgibt, muss dieser seine engen leiblichen Grenzen in jedem Augenblick überschreiten, um an der Welt teilzuhaben und sich von außen zu holen, was er zum Leben und Überleben braucht: die Luft zum Atmen, das Wasser zum Trinken, das Brot zum Essen, ein Gegenüber, das mit ihm spricht, und vieles mehr.

Die Geschichte und die Gegenwart des eigenen Essens zeigen auf beeindruckende Weise, wie sich in der Biografie das Subjekt und Individuum mit Gemeinschaft und Gesellschaft verbindet. Nicht der Mund isst, nicht der Magen verdaut, sondern der ganze Mensch isst und verdaut. Unsere Biografie dokumentiert und erzählt, was im Angebot oder frisch auf den Tisch des Lebens kam, was daraus geworden ist und auch davon, was im Leben unter den Tisch gefallen ist. Sie erzählt faktisch und gleichnishaft auch darüber, ob wir uns die Butter vom Brot haben nehmen lassen, wie viele Extrawürste wir gebraten bekamen, ob wir uns überfüttert haben, wen wir zum Fressen gern hatten und auf welchen Gebieten wir gehungert haben.

»Erst kommt das Fressen, dann die Moral«, ist der berühmte
Satz aus der Dreigroschenoper, mit dem Bertolt Brecht in der
»Ballade über die Frage: Wovon lebt der Mensch?« das biogra-
fische Muss auf den Punkt bringt:

>*Ihr Herrn, die ihr uns lehrt, wie man brav leben*
Und Sünd und Missetat vermeiden kann
Zuerst müsst ihr uns schon zu fressen geben
Dann könnt ihr reden: damit fängt es an.
Ihr, die ihr euren Wanst und unsere Bravheit liebt
Das Eine wisset ein für allemal:
Wie ihr es immer dreht und immer schiebt
Erst kommt das Fressen, dann die Moral.«

Brecht hat den Gesättigten etwas über die Reihenfolge von
Essen und Moral ins Tagebuch geschrieben, aber im großen
biografischen Muss geht es um mehr. Futtern, füttern und gefüttert werden gehören zu den wichtigsten biografischen Erfahrungen des Menschen. Mit der Pipeline der Nabelschnur
fängt es an und endet vielleicht an der Pipeline der Flüssigkeits-
zufuhr im Prozess des Sterbens. Zwischendurch essen und trinken wir und versuchen Leib und Seele auf unsere je spezifische
Weise zusammenzuhalten. Wir nuckeln, lutschen und ver-
schlingen, beißen zu und verdrücken, schlecken und schmatzen, schnabulieren und würgen, mampfen und mümmeln, ver-
putzen und vertilgen, knabbern und nagen, wir speisen, nehmen
etwas zu uns und dinieren, wenn die richtige Einladung kommt.
Hinter den Worten, mit denen wir die Art des Essens beschreiben, stecken Geräusche, Stimmungen und Arten des Hungers.
Situationen springen auf, das gute und das schlechte Beneh-
men, andere Kulturen, in denen Schmatzen und Schlürfen erlaubt sind, spezielle Sitten und Gebräuche, bei denen man im
besten Lokal den frischen Spargel mit der Hand in den Mund

schiebt und schlürfend genießt. Als ich diese Spargelzeremonie das erste Mal bei einem guten Freund sah, der sich im Gegensatz zu mir auskannte, bin ich vor Scham fast vom Stuhl gefallen, weil ich fest davon überzeugt war, dass wir im nächsten Augenblick unauffällig vor die Tür des feinen Restaurants gebeten werden. Das Abnagen von Knochen bei Tisch, das Essen mit Stäbchen oder aus einer gemeinsamen Schüssel sind andere Beispiele, an die sich im Laufe unseres Lebens interessante biografische Erfahrungen knüpfen.

Wer ein Stück Brot isst, beginnt mit einem Biss, und die Lippen verbergen meistens, ob dies herzhaft oder ohne besondere Beachtung, aggressiv mit der Gier des großen Hungers oder zärtlich tastend mit der Lust des kleinen Appetits geschieht. Der Biss ins Brot ist die Zufuhr von »Lebenskraft« oder profaner das Nachfüllen von Nährstoffen, das verbrauchte Energien zurückbringt und den Körper aufbaut und regeneriert. Das Wort Nahrung stammt von den alten Worten »nara« und »nar« ab, die »Heil, Rettung, Nahrung, Unterhalt« bedeuten. Nähren heißt ursprünglich »genesen« machen, also »retten, am Leben erhalten«.[76] Die Leibhaftigkeit und Abhängigkeit menschlicher Existenz wird nirgendwo so offensichtlich wie im »Zwang« zur Ernährung. Der umfassende Stoffwechsel mit der Welt ist biografische Notwendigkeit und gleichzeitig Grenze der Freiheit. Wir müssen um unser tägliches Brot bitten und kämpfen, und jeder hat dazu seine Erfahrungen. Im Hungerstreik und der Nahrungsverweigerung greift der Mensch im Kampf um seine Freiheit oft zu diesem letzten Mittel, um sich gegen Gewalt, Folter und Erniedrigung zu wehren.

Wir können niemand anderen für uns essen lassen, wenn wir überleben wollen, wie wir auch niemand anderen für uns lieben lassen können, wenn wir emotional zu verhungern drohen. Die Ideen und Gedanken, die uns nähren, müssen wir uns selbst machen, und die Bewegungen, die unsere Muskeln üben, um uns in Schwung zu halten, müssen wir ebenfalls selbst ausführen. Essen ist biografisch an den einzelnen Menschen gebunden und radikal subjektiv, gleichzeitig aber gesellschaftlich in die soziale Reproduktion eingebunden und damit Teil der »objektiven Verhältnisse«. Im Essen nimmt das Individuum Kontakt zur Umwelt auf. Arbeits- und Organisationsformen bei der Produktion und Verteilung von Nahrungsmitteln, Ökonomie und Ökologie, Klima und Kultur, Armut und Reichtum sind anwesend, wenn wir frühstücken, zu Mittag oder zu Abend essen, uns zu kalorienreich, vegetarisch oder mangelhaft ernähren. Was wir genießen, haben wir gelernt zu genießen, wovor wir uns ekeln, haben wir ebenfalls gelernt.

Die Sicherung der Ernährung ist die existenzielle Frage schlechthin, und die Antworten, die Menschen bei der Bewältigung dieses Problems fanden, haben sich in Kulturen und Gesellschaften, in Krieg und Frieden wie in Erfindungen niedergeschlagen. »Fehlt das Brot im Haus, zieht der Friede aus!« Mythen, Riten, Sitten, Bräuche, Religionen, Wissenschaften, Künste und Architektur, Literatur und Musik haben Essen und Ernährung zum Thema gemacht. Was stünde zu diesem Thema in unserem eigenen Tagebuch? Was könnten wir über unsere eigene familiäre und soziale Biografie des Essens, über unsere Ernährung und Essrituale heute oder in unserer Kindheit, vor der Heirat oder im Singledasein erfahren? Welche Bedeutung hat Essen in unserem Leben? Gab es je Hunger? Welche Esskultur herrscht zum Frühstück, Mittag- oder Abendessen vor? Wie essen wir im Urlaub? Zu welchen Festen wurde was aufgetischt? Welche Diäten haben wir hinter uns? Haben wir fasten gelernt? Welches Lieblingsrestaurant finden wir gut, und was trägt zum Wohlbefinden bei? Was überzeugt uns am Essverhalten unserer Kinder und Enkelkinder? Und finden wir gemeinsame Mahlzeiten in Kantinen an Arbeitsplätzen sozial förderlich?

Wer sich den Hunger in der Welt, die modernen Ernährungskrankheiten oder die ideologische Welt der Diäten anschaut, die religiösen Bräuche und Rituale im Umgang mit Nahrungsmitteln oder die gegenwärtigen Esskulturen in den Restaurants der eigenen Stadt studiert, bekommt einen Eindruck davon, in welcher Weise auch die eigene biografische Arbeit von kulturellen, sozialen und gesellschaftlichen Einflüssen abhängig und durchsetzt ist. Sprichwörter fangen viel von den Alltagsweisheiten der Menschen ein: »Wessen Brot ich ess', dessen Lied ich sing'« verweist auf die Verfügungsgewalt, »Was der Bauer nicht kennt, frisst er nicht«! auf die Begegnung mit dem Fremden und »Was man sich eingebrockt hat, muss man auslöffeln« auf die Verantwortung für das eigene Leben. Dass die Made ihren eigenen Käse für die Welt hält, macht darauf aufmerksam, wie klein die Welt werden kann, wenn man nicht über den eigenen Tellerrand hinausschaut.

Angefangen beim Stillen erlernen wir biografisch bereits in der Kindheit mit dem Essen das für uns später relevante Modell für Befriedigung, Lust, Fülle, Liebe und Sexualität. Wir lernen und erfahren auch, was es heißt, nicht befriedigt zu werden, Mangel zu erleiden, in Angst um die nächste Mahlzeit zu leben. Was Freud das »orale Schicksal« nannte, ist mehr als eine psychoanalytische Beschreibung. Nahrung und Körpernähe, Lust und Abhängigkeit sind am Anfang unseres Lebens auf wunderbare wie bedrohliche Weise miteinander verknüpft und prägen mit Nachdruck unsere Lust auf Leben lebenslang. Während die Erfahrung von Mangel und das Gefühl, zu kurz zu kommen, im kindlichen Erleben mit Ohnmacht verbunden sind, ist die Erfahrung der Befriedigung und der Fülle gleichzeitig auch eine Form der Machterfahrung und des Erlebens von Potenz. »Was man hat, das hat man« und »Wer hat, der hat« sind Formulierungen, die das Bedürfnis nach Sicherheit zum Ausdruck bringen.

Etwas haben können und wollen, sich etwas einverleiben, genug bekommen und auch behalten können, stabilisiert die Identität des Kindes und gibt ihm über die Erfahrung der Versorgung das Vertrauen, dass man jedes Bedürfnis grundsätzlich befriedigen kann und nicht das eine über das andere, also die Liebe über das Essen kompensieren muss. Die Theorien zur kindlichen Identitätsentwicklung heben die Bedeutung des Essens für das Entstehen des Urvertrauens in eine »versorgende und schützende« Welt besonders hervor. Die Erfahrung, dass Eltern und vor allem die Mutter ihr hilfloses und abhängiges Kind regelmäßig und mit Zuwendung füttern, also teilen, was sie haben, gehört zu den wichtigsten biografischen Ermutigungen für ein Leben in Koexistenz. Wer dieses Vertrauen während seiner Kindheit in Familie, Kindergarten, Schule und Freundeskreis nicht üben kann und auf seinen existenziellen Grundbedürfnissen unversorgt sitzen bleibt, kann später leicht mit Rückzug, Misstrauen, ausgeprägter Versorgungsangst oder ständiger Kampfbereitschaft, sich etwas besorgen zu müssen, reagieren. Hunger treibt die Menschen um die Welt. Der Hunger nach Brot, nach Arbeit, ein Dach über dem Kopf zu haben und der Hunger auf Freiheit und ein Leben in Würde lässt Menschen ihr Leben wagen.

Biografische Arbeit geschieht immer vor Ort, am Lebensort, kommt frisch auf den Tisch des Lebens, wie es in der Werbung heißt. Sebastian ist zehn Jahre alt. Er ist groß und dick, aber nicht plump, sagt seine Lehrerin in der Klinikschule einer Kinder- und Jugendpsychiatrie, die er seit einiger Zeit besucht. Sebastians Mutter ist grenzenlos enttäuscht von ihrem kleinen Sohn. Hochintelligent sei er, aber die Lehrer in der Schule fordern ihn nicht richtig, meint sie. Zwei Versuche, eine normale Schule zu besuchen, sind gescheitert. Er soll nur Einsen nach Hause bringen und endlich die mütterlichen Erwartungen erfüllen. Ein Mathegenie, das Schach spielt, war der Klinikschule angekündigt. Der Bruder studiert Japanisch, die Schwester besucht das Gymnasium, die Mutter, orientalischer Abstammung, ist Akademikerin, der Vater, ein hohes Tier in der Armee, lebt getrennt von der Familie. Sebastians wesentliche Bewegungsart sind Wutausbrüche. Wenn er eine Arbeit verhauen hat, wird er von der besorgten Mutter mit dem Riemen bestraft und mit Essen gefüttert. Jeden Morgen wird er mit dem Auto zur Schule gebracht, und die Lehrerin sieht Sebastian den Weg zur Schule hochstampfen.»Noch im Gehen packt er das erste seiner beiden großen, mit Käse, Salat und Mayonnaise gefüllten Stangenbrote aus. Bevor er in den Unterricht kommt, hat er schon die Hälfte weggeputzt. Umständlich schält er sich aus seiner Jacke und öffnet gleichzeitig eine Getränkedose.«[77] Meistens ist »Rülps« die Begrüßung, gefolgt von »Entschuldigung«, denn Sebastian weiß, was sich gehört. In dieser Schule bietet freies Schreiben den Kindern eine Möglichkeit, zum Ausdruck zu bringen, was sie bewegt, sozusagen Leben und Verhalten zu kommentieren. Ein kleiner Text von Sebastian lautet:

Ich habe keine Lust

Ich habe heute keine
Lust zu arbeiten, weil
ich einen Mordshunger
habe.
Ich will was zu essen
haben:
Hamburger, Döner,
Doppelwhopper, Pizza,
chinesisches Essen,
Melone und Eis.[78]

Die Nahrungsaufnahme ist von Anfang an das Feld menschlicher Kooperation und Kommunikation und macht die soziale wie emotionale Dimension des Essens deutlich. Essend erleben wir Einsamkeit oder Ausdrucksformen von Gemeinschaftsgefühl. Wir lernen uns zu nehmen, in uns hineinzufressen und auch zu teilen. Wenn wir das Verhältnis von Nehmen und Geben biografisch nicht lernen, nicht wissen, uns zu bescheiden, weil geteilt werden muss, dann fehlen wichtige Maßstäbe für die biografische Arbeit und Menschen verlieren das Gespür für übermäßiges, kompensatorisches oder zu bescheidenes Essen. Die Gier des Raffens und Verschlingens, aber auch das Innehalten, Genießen und die Muße des Gemütlichen bekommen beim Essen ihre Gelegenheit. Mahlzeiten vermitteln zwischen privater und öffentlicher Existenz, und wenn wir »Mahlzeit« sagen, deuten wir eigentlich darauf hin, dass ein wirkliches »Mahl« auch Zeit braucht.

Der geistige, emotionale und kulturelle Bedeutungsgehalt des Essens liegt auf der Hand. Formen des Essverhaltens hängen von der jeweiligen Kultur ab, in der sie entwickelt werden, und wirken umgekehrt auf Kultur und Zivilisation zurück. Die Zeremonie des Essens und sein Symbol- und Metapherngehalt sind unserer Kultur vielfach verloren gegangen. Oft erinnern wir uns oder bewundern Kulturen, in denen das Gastmahl, das Hochzeitsessen, das Osterfrühstück, der Beerdigungsschmaus, das Geburtstagsessen noch jene tiefere Bedeutung haben, die man bei einem Arbeitsessen nicht mehr finden kann. Außer Spesen nichts gewesen, heißt die Speisekarte. Unsere Schlemmerpassagen in den Einkaufszonen, die Fast-Food-Ketten unserer Bahnhöfe sind in vielerlei Hinsicht zweckmäßig, aber sie lassen vergessen, was Nahrung und Essen mit menschlicher Kommunikation zu tun haben könnten.

Schnelles, beliebiges Essen zwischen Tür und Angel lässt vermissen, was Stil, Schönheit, Ästhetik und Geschmack an

Werten biografisch beinhalten und bedeuten kann. Das Sonntagsgeschirr der Eltern hat in der Erbmasse immer noch einen hohen Stellenwert. Es erläutert uns nachträglich, dass der Sonntag und das gemeinsame Essen auch ein ästhetisches Erlebnis war. Mit der Herstellung von Lebensmitteln, der Zubereitung, ihrer Auftischung, den Essritualen und dem Essen selbst lernen wir Menschen zu werden, die für sich und andere sorgen, miteinander teilen, feiern und genießen können.

Die Störung des Essens ist eine tiefe Lebensstörung und hat biografisch viel mit dem Zuviel oder Zuwenig, mit Verfügungsgewalt, Abhängigkeiten und dem Recht auf Selbstbestimmung zu tun. Sätze wie »Es wird gegessen, was auf den Tisch kommt« und »Solange du die Füße unter meinen Tisch streckst ...« sind noch die harmloseren Gewaltandrohungen. Zwangsernährung findet nicht nur in der Psychiatrie, im Krankenhaus, im Altenheim oder im Gefängnis mit unterschiedlichen Begründungen statt, sondern hat auch in der öffentlichen wie familiären Erziehung eine lange Tradition. Mahlzeiten auf der Kellertreppe, Essensentzug, das große Stück Fleisch für den Vater, das Stück Torte zur Belohnung, die Henkersmahlzeit, das Lieblingsessen auf Bestellung sind sozialbiografische Beispiele für die strafende oder belohnende Rolle, die das Essen im Alltag des Zusammenlebens einnehmen kann.

Eine Freundin hatte die wunderbare Idee, anlässlich des Todestages der Mutter ihre Geschwister zu einem Abendessen der Erinnerung einzuladen. Es gibt nur die Spezialgerichte der Mutter aus Kindertagen: Himmel und Erde mit gebratenen Leberstückchen, Bandnudeln mit gerösteten Semmelbröseln und zum Nachtisch geröstete Haferflocken mit Milch. Nicht gekocht wird die weiße Bohnensuppe, die der Vater immer wieder gegen den verzweifelten Widerstand der Kinder von der Mutter kochen ließ und die Familie zwang, sie zu essen, weil nur er sie mochte, wie damals bei seiner Mutter.

Leben besteht in der schwierigen Aufgabe herauszufinden, was gut für einen Menschen ist, wie viel er braucht, um zu überleben, wie mit Fülle und Mangel, mit Distanz und Nähe umzugehen ist. Egal, ob wir uns im Normalgewicht, im Unter- oder Übergewicht oder in einer der vielen anderen Essstörungen bewegen: was uns antreibt, bewegt, ängstigt, freut oder quält, was wir denken und fühlen, entscheidet biografisch mit, was aus unserem Essen wird und welche Folgen auf Dauer die Mahlzeiten haben, die wir uns einverleiben. Zu diesem biografischen Wissen müssen wir vordringen, um eine persönliche Antwort auf die Frage zu finden, welche Bedeutung Essen und Trinken für uns haben, welche Bedingungen zu unserer Genussfähigkeit oder zu einem Problemverhalten im Essen beigetragen haben oder dies noch tun. Die weltweite Zunahme an Krankheiten und Störungen, die mit Ernährung, Essverhalten und der Art und Weise des Essens zu tun haben, zeigt die Bedeutung, die dem Essen und Trinken, dem Füttern und Gefüttertwerden, dem Übermaß und dem Darben, dem gemeinschaftlichen Essen und dem Essen allein in unserem Leben zukommen.

Valérie Valère (geb. 1961) ist im Alter von dreizehn Jahren wegen Pubertätsmagersucht in eine psychiatrische Klinik in Paris eingewiesen worden. Weil sie immer so traurig war, weil sie nicht mehr essen wollte, weil sie sich der Welt der Erwachsenen und deren »Normalität« verweigerte und eigentlich sterben wollte, sperrte man sie weg, heißt es in dem Buch, das sie zwei Jahre später über ihren Versuch schreibt, mit Hilfe von Nahrungsverweigerung ihrer Trauer und Wut über die Lügenwelt der Erwachsenen Ausdruck zu verleihen. Im Protest gegen den mütterlichen Terror, gegen Psychiatrisierung und die damalige stationäre Behandlungsform von Widerstandsverhalten wollte sie das Recht der »Kinder« auf Autonomie und Freiheit einklagen und darum kämpfen. Der Alltagsdialog in der Auseinandersetzung zwischen Mutter und Tochter liest sich so:

»Die Mahlzeiten waren besonders unerträglich. Jene Frau mit dem glanzlosen Teint, meine Mutter, weinte manchmal, schrie immerzu und machte mich wütend. Sie ertrug diese Herausforderung nicht, das war der Beweis dafür, dass ich sie gut gewählt hatte. Warum sollte ich bei diesen Leuten bleiben, die nichts verstanden? ›Dir ist es schnuppe, dass du mir Kummer machst, du denkst nur an dich, dir ist es wohl egal, dass ich nachts deswegen nicht schlafen kann? Antworte wenigstens! Hörst du? Antworte.‹ – ›Wie, du magst nicht mehr? Ich werde es dir mit Gewalt hinunterwürgen, ich habe deine Launen satt! Wo gehst du denn hin? Nein, du stehst nicht auf, bevor du nicht gegessen hast. Hörst du, bleib hier!‹ – ›Ah, ich kann Ihnen sagen, da sieht man, wohin es führt, Kinder zu haben, man sorgt sich und bekommt nicht mal eine Antwort!‹«⁷⁹

Wer muss in diesem Konflikt was und warum? Darf Valerie ihrem Lebensgefühl auf diese Weise Ausdruck verleihen und wer sollte und kann eingreifen? Was wollen Therapien im Umgang mit Krankheit erreichen und wie steht es um den Willen der Patienten? Welche biografische Arbeit steht für Mutter, Tochter, Freunde und Ärzte im vorliegenden Beispiel an?

Biografische Arbeit zwischen Erleiden und Entscheiden, Pathos und Pathologie

In der biografischen Arbeit geht es immer um die Beantwortung von Lebensfragen, um Wünsche und Bedürfnisse, um die Korrektur getroffener Entscheidungen und neu anstehende Entscheidungen, um Konstruktionen für die Zukunft, um die Erledigung von Anforderungen, die der Alltag des Lebens von uns verlangt. »Ich will später nicht heiraten, ich will lieber Witwe werden«, schreibt eine Drittklässlerin, und eine andere sagt über ihre Heiratspläne:»Heiraten sollte man erst, wenn man alt und Rentner ist. Dann muss man nämlich nicht mehr arbeiten und kann den ganzen Tag zusammen sein.« (Kindermund bei Subito) Florian Walsemann ist 12 Jahre und hat auch Pläne für sein Leben gemacht.»Ich wünsche mir für mein Leben einen guten Schulabschluss, würde dann gerne Jura studieren und einen Buchladen für Kinder- und Jugendromane aufmachen. Ich möchte gerne ein schönes Haus auf dem Land haben, nicht in der Großstadt, einen großen Garten haben, viele Freunde treffen, Tiere haben. Familie brauche ich nicht unbedingt. Ich möchte frei sein.« (vgl. Weber WDR) Die beiden Mädchen und Florian haben ihre Lebenswünsche und Vorstellungen in das virtuelle Tagebuch von Rose Ausländer eingetragen. Irgendwann später werden sie sehen und nachlesen können, was daraus geworden ist, ob sie sich an ihren Plänen und Taten freuen konnten, sehr viel gelitten oder ohnehin alles verworfen haben. Sie werden sich fragen, was oder wer die Pläne durchkreuzt hat, in welche Sackgassen sie geraten sind, welche Erfolge zählen oder wie sie im Lauf der Zeit Erwachsene mit anderen Wünschen geworden sind.

Das Leben, das wir leben, spielt und arbeitet mit unseren Bedürfnissen, Wünschen und Ideen. In der biografischen Arbeit übersetzen wir diese in kleine und große Pläne für einen Tag, eine Woche, einen Monat, ein Jahr, für die Zeit vor der Familiengründung oder nach dem Ende der Erwerbsarbeit. Heirats- und Umzugspläne, Kinder- oder Ferienpläne, Planung eines Eigenheims oder Auswanderungspläne, Ausbildungs- und Arbeitspläne, Erziehungspläne für schwierige und pflegeleichte Kinder, Therapie- und Genesungspläne sind Versuche, dem Leben eine Struktur und Zielbestimmung zu geben und im Weg durch die Fremde Wegweiser aufzustellen, die Richtung und Orientierung für die unbekannte Zukunft geben. Pläne können sich als richtig und machbar erweisen, aber auch als falsch, undurchführbar und veränderungsbedürftig. Der berühmte Plan B enthält die Alternativen für Vorsichtige, den Kompromiss für den Skeptiker oder dient als Hinweisschild für Einbahnstraßen, in die man leicht geraten kann. Tausend Pläne haben manchmal die, die Angst vor dem nächsten kleinen Plan haben, den sie realisieren müssten. Lebenspläne, die in bestimmten Lebensphasen entstehen, können zur Belastung werden, wenn sie den Menschen vor sich hertreiben, sich als Leistungsterror erweisen oder blind gegenüber der eigenen Veränderung oder den begrenzten Ressourcen bleiben. Die veränderten Planungs- und Finanzierungspläne großer öffentlicher Bauvorhaben akzeptieren wir in der Regel leichter als die unserer Biografie.

Leben ist eine Gratwanderung und verlangt für den Augenblick, da der Boden von persönlichen Planungen und Entscheidungen brüchig wird, die akzeptierende Bereitschaft, sich selbst, Pläne und Voraussetzungen zu überprüfen. Ist dieser Plan auch gegenwärtig noch mein Plan, dieses Leben noch mein Leben? Muss ich jetzt, was ich damals wollte? Will ich das, was ich eigentlich nicht kann? Darf ich jetzt endlich, was ich eigentlich schon länger sollte?

Die eigene biografische Arbeit hat es ähnlich der wissenschaftlichen Arbeit immer wieder mit dem Wundern darüber zu tun, dass die Dinge und wir selbst so sind, wie wir sind. Jeder wissenschaftliche Fortschritt erklärt sich zu einem wesentlichen Teil daraus, dass die einmal gefundenen Erklärungs- und Interpretationsmodelle durch neue Erfahrungen, Fragen, Erkenntnisse und speziellere Methoden einer Überprüfung unterzogen werden müssen. Für den Fall, dass sie sich dabei möglicherweise als unzulänglich, falsch, nutzlos oder ergänzungsbedürftig erweisen, müssen sie durch neue Modelle oder einen anderen Erklärungsrahmen ersetzt werden. Die Gefahr, vor der nicht nur physikalische, biologische, psychologische oder kulturwissenschaftliche Modelle vom Leben stehen, ist die Versuchung, die

Modelle vom Leben für das Leben selbst zu halten. Aber worin liegt der Unterschied, wenn es um die persönlichen Modelle vom Leben geht? Wie können wir zwischen unseren Erwartungen, Hoffnungen und Träumen vom Leben und der Wirklichkeit unseres Lebens einen biografischen Dialog erzeugen, der uns einzuschätzen hilft und lehrt, wo wir stehen? Und welche Erfahrung, überraschende Einsicht, Begegnung oder Krise drängt uns zu einem Prozess der Überprüfung?

Machen wir einen kleinen Versuch. Wie würde der Filmtitel über dem bisherigen Drehbruch Ihres Lebens lauten, und welches Lied, welche Musik könnte die Tatortmelodie übernehmen? Welche Szene steht jetzt gerade zum Drehen an? Was würde in einem Dreizeiler über ihrem Lebensfilm stehen, und welche Frage könnte die Neugier derer wecken, die Sie persönlich nicht kennen, aber vielleicht zu Ihnen ins Kino gehen? Gehört Ihr Film eher zu den klassischen Dramen, den sachlichen Dokumentationen, zu den Liebesfilmen, Kriminalkomödien, Abenteuerfilmen oder welche Mischung liegt vor? Fühlen Sie sich eher als Haupt- und Charakterdarsteller, als Nebenrolle oder als Statist in Ihrem Leben? Verstehen Sie sich selbst eher als Oper, Operette, vielleicht als Symphonie, Evergreen, Musical oder als Hit am gesellschaftlichen Schlagerhimmel? Wie heißt das Stück? Auch wenn wir unsere Modelle und Lebensmuster selten als beschreibende Bilder klar vor Augen haben, so erfinden und bearbeiten wir diese vom ersten bis zum letzten Atemzug unseres Lebens mit großer Phantasie und oft undurchschaubaren Einfällen. In der biografischen Arbeit bringen wir unsere Gefühle, Gedanken, körperlichen Empfindungen und Gelüste zum Ausdruck und beziehen unsere Umwelt in die Inszenierung ein. Die Außenwelt greift über Staat, Gesellschaft, Familie und ihre Institutionen in unsere biografische Dramaturgie ein und prägt die Rollen, die wir als Eltern, Schüler, Lehrer, Patienten, Ärzte, Kaufleute oder Politiker übernehmen. Leitbilder für unauffällige Normalität und Durchschnitts-existenz werden mitgeliefert, sodass für die Umsetzung klar ist, was es zu denken, zu fühlen und im Verhalten und Handeln zu beachten gilt, um nicht zu sehr aus dem Rahmen zu fallen, unnötige Risiken zu vermeiden und dennoch jene Krisen zu meistern, die den »normalen« Lebensablauf ohnehin unterbrechen. Frauenbilder, Schlankheitsideale und der Wunsch nach Autonomie bringen die einen auf den Weg in die Magersucht. Parolen wie »Geiz ist geil« machen andere zu Schnäppchenjägern, und manche haben ihren Olympiasieger schon auf dem Plan, bevor die erste Sportstunde gelaufen ist. Auch anderswo wird bis ins hohe Alter getestet, wo wir stehen. Der neurologische Normalitätstest bei Verdacht auf beginnende Demenz fängt mit den Fragen an, wie wir heißen, wann wir geboren sind und wo wir wohnen. Die Frage: »Wie geht es Ihnen?« würde einen anderen biografischen Zugang zum desorientierten Menschen verschaffen und etwas anderes zum Vorschein bringen, wenn jemand antwortet: »Mir geht es nicht gut. Ich habe Angst vor den Bomben, die jede Nacht fallen, und wollte gerne hier in der Praxis übernachten.« Kriegsvergangenheit meldet sich in der Gegenwart und braucht anderen Trost als einen Test.

In jedem Augenblick, mit jedem Atemzug, mit Kopf, Bauch und Po stehen wir auf der Bühne des Lebens, sind die Regisseure und Schauspieler, sitzen in ersten, zweiten und dritten Rängen, auf Küchenstühlen, Lehnstühlen und Armesünder-bänkchen, und manchmal haben wir plötzlich ohne eigenes Zutun jede Sitzgelegenheit verloren, ergreifen die Flucht und irren um die Welt, um erneut einen Platz zu suchen. In brüchigen Fischerbooten versuchen wir einen anderen Kontinent zu erreichen und landen in den Tourismusburgen der Länder, die noch Platz für die Ankömmlinge hätten. Wir gehen, rennen, springen und tanzen durchs Leben, wir schleichen, trödeln, gehen auf Zehenspitzen und manchmal kriechen wir auf allen vieren durch eine Lebenskrise, wissen nicht mehr, wo oben und unten, hinten und vorne ist. Zusammen mit dem Leben sind wir eine GmbH, eine Gesellschaft mit berechtigter oder begrenzter Hoffnung auf eine biografische Zukunft.

Drama ist laut Duden ein Schauspiel, ein erregendes oder trauriges Geschehen, und wenn es im Leben dramatischer wird, dann ist die Arbeit mit ihm auch spannender. Entsprechend spielt sich der Mensch mehr ein und auf. Spiel dich nicht auf, sagen wir Kindern, die endlich und meistens nur für einen Augenblick die Gelegenheit gefunden haben, die familiäre Bühne zu erobern. Wann hatten wir unseren letzten dramatischen Auftritt? Worum ging es? Welches Gefühl war im Spiel und wer oder was sollte auf diese Weise dramatisch »angespielt« oder »ausgespielt« werden? Ist das Publikum geblieben oder haben die »angespielten« Partner, Kinder oder Kollegen fluchtartig den gemeinsamen Lebensraum verlassen? Fanden wir uns gut oder sind wir enttäuscht schnell von der Bühne abgetreten, weil die Regie nicht geklappt hat und der Moment für den richtigen Einsatz verpatzt wurde? Tragödien und Komödien sind andere Arten der Inszenierung, die wir für den Grundtenor unseres Lebens wählen können. Bei ersterer geht es meistens um eine Heldendarstellung, um eine Art Trauerspiel des unglücklichen Helden. Die Komödie wählt das Lustspiel und zeigt wie im wirklichen Leben, um welche Irrungen es in der menschlichen Komödie geht. Viele Menschen kommen entsprechend dem Zeitgeist mit der Vorstellung eines »tragischen« Lebens besser klar. Es ist dann leichter ausmachbar, wer zu beschuldigen ist, wer uns Steine in den Weg legt oder uns zum Opfer gemacht hat. Für viele Menschen stehen »Lebensfreude«, »Genuss« und »Zufriedenheit« gewollt und ungewollt im Schatten harter Arbeit, müssen erst einmal verdient werden, und oft fehlen dann auch noch Raum und Zeit, in denen sich die Gefühle eines guten Lebens ausbreiten können.

Selbst-Gespräche im Dialog mit dem Leben: zur Anamnese von Gefühls-, Denk- und Beziehungslandschaften

Vielleicht erinnern Sie sich an Ihr Poesiealbum, jenes kleine Buch, das von den Menschen erzählt, mit denen wir unseren Lebensweg oder Abschnitte davon geteilt haben. Die Blütezeit hatte das Poesiealbum im 19. Jahrhundert, aber der Brauch, guten Freunden Reime, Zitate und Sinnsprüche mit auf den Weg zu geben, hat sich bis heute erhalten. Unter Kindern galt es als Vertrauens- und Freundschaftsbeweis, sich eintragen zu dürfen. Die poetischen Verse oder Freundschaftsbekundungen wurden durch Weitergabe des Albums an Großeltern, Eltern und Lieblingsverwandte, an Mitschüler, Lehrer, Freunde und Bekannte gesammelt. Eine Seite im Album stand dem Eintrag zur Verfügung, die andere, meistens linke Seite, diente der künstlerischen Gestaltung mit Fotos, Glitzerbildern, Scherenschnitten oder auch Stickern. »Edel sei der Mensch, hilfreich und gut«, war früher einer der am häufigsten eingetragenen Verse, Bibelverse erinnern an Taufe, Konfirmation und Kommunion, für die Erinnerung an die Jugendweihe standen andere Weisheiten zur Verfügung. Vielleicht haben Sie regelmäßig oder zu spezifischen Anlässen Tagebuch geschrieben, ein Album mit Aussprüchen Ihrer Kinder, vom Hausbau oder einer wichtigen Reise angelegt oder nach dem Tod Ihrer Eltern auf dem Boden eine Kiste mit Feldpostbriefen gefunden, die mehr über die Kriegserlebnisse aussagen, als Ihnen je zu Ohren gekommen ist.

Alben sind in. Man findet sie überall. Aus China, Indien, mit und ohne Dekor. Ein Schulheft oder lose Blätter reichen auch für das »Tagebuch einer biografischen Reise«, das ich vorschlagen will. Es geht um die Erinnerung an Tage in Ihrem Buch vom Leben, um Menschen, die mit Ihnen unterwegs waren und sind, um Erlebnisse, die Sie geprägt haben, um Erfahrungen, die Sie nie wieder machen wollen, um Gedanken, die Sie verloren haben, um Ideen, die auf Zukunft hoffen, um Krisen, die Sie gemeistert oder eben nicht überwunden haben, um das Leiden, das Sie akzeptieren und ertragen mussten, vielleicht um Belanglosigkeiten, denen Sie keinen Wert beigemessen haben. Es geht um Sie, um Lebensorte, Situationen und Begegnungen, die Sie geformt haben, um ein biografisches Selbst-Gespräch. Halten Sie in Notizen, kleinen Geschichten, mit Fotos und Bildern, vielleicht in Briefen an Ihre Eltern, Geschwister, Partner, Freunde und andere Menschen fest, was an Erinnerungen und Gedanken auftaucht. Nehmen Sie sich ein wenig Zeit, um in Ihren Gefühls- und Gedankenwelten zu verweilen und ehrlich mit sich selbst ins Gespräch zu kommen.

Wenn Worte und Bilder den inneren Kern berühren, wird das Aufschreiben zur Sinnerfahrung und das Erzählen wahrhaftiger.»Erzählen ist eine persönliche ›Befreiungstheologie‹, schreibt Doris Weber,»eine tiefe Auseinandersetzung mit dem Vergessen und dem Schweigen, das uns auf der Seele liegt.«[80] Und jeder Mensch zählt! Es geht um die tiefe Sehnsucht der Menschenseele nach Liebe, Toleranz und Solidarität, um Anerkennung und Wirkung und um all die bewussten und unbewussten Verletzungen dieser Gefühle auf dem Weg durchs Leben. In Ihrer biografischen Erinnerungsarbeit werden Sie auf Menschen und Situationen stoßen, die Sie auf Ihrem bisherigen Lebensweg vorangebracht, gefördert oder behindert haben, die zu Brücken wurden, als der Boden in der Krise schwankte.

Aufbruch: Wegweiser für die Wanderung durch das eigene Leben

Also machen Sie sich auf! Es gibt im Folgenden keine festgelegte Reihenfolge, die Sie einhalten müssten. Die Fragen sind kleine Wegweiser, um den Aufbruch zu beginnen, sollen den Fluss der Erinnerungen, Gedanken, Gefühle, Erlebnisse und Geschichten anstoßen.

1. Lebensorte

Leben findet immer an Orten statt. Geburt und Tod haben einen Ort. Kindheit und Jugend, die erste und die letzte Liebe, Krankheiten und Krisen, alle Lebensphasen und Lebensaufgaben finden irgendwo an bestimmten Orten statt.

Denken Sie für einen Augenblick an Ihre Kindheit, Jugend, an die eigene Familiengründung, an Ihre Arbeitsplätze, die kleinen Ausflüge oder großen Reisen und lassen Sie Bilder aufsteigen. Gab es Lieblingsplätze, Gärten, vielleicht ein Baum- oder Ferienhaus, eine Höhle oder Werkstatt, einen geheimen Ort, an den Sie sich konkret erinnern? Gibt es einen Ort der Sehnsucht, an den Sie zurückkehren möchten? Welchen Ort möchten Sie vielleicht auf immer meiden? Beschreiben, erinnern und verbinden Sie sich innerlich mit diesen Orten, seinen Besonderheiten, seinen Menschen, Ihren Erlebnissen. Suchen Sie nach einem typischen Foto, gibt es einen alten Bau- oder Lageplan? Gibt es Geschichten zu oder spezifische Begegnungen an diesen Orten, die für Sie oder andere sehr wichtig waren? Wer lebte da und wie? Erinnern Sie Gerüche, Einrichtung, einzelne Zimmer, Stimmungen, besondere Blickwinkel und Aussichten? Welchen der Orte suchen Sie bei Gelegenheit noch auf? An welchem Ort möchten Sie beerdigt werden?

2. Menschen und Begegnungen

Leben ist seit unserer Zeugung existenziell auf die Begegnung mit anderen Menschen angewiesen. Leben ist Beziehung, weil wir grundsätzlich in der Anwesenheit anderer leben. Vater, Mutter, Oma, Opa, Verwandte, Partnerschaften, Lehrer und Mitschüler, Nachbarn, Kollegen, Freunde, fremde Menschen. Welche Person hat Sie wie, warum und womit zur Zeit Ihrer Kindheit, Jugend oder später tief beeindruckt? Von wem haben Sie am meisten gelernt und profitiert? Vor welcher Person hatten Sie Angst? Gab es Außenseiter oder ein »schwarzes Schaf« in der Familie? Wer ist bis heute in lebendiger Erinnerung und warum? Erinnern Sie Redewendungen, Kleidung, Aussehen, besondere Auftritte dieser Personen? Wer hat wie auf Sie gewirkt? Für wen waren Sie selbst besonders wichtig? Beschreiben oder erzählen Sie kleine Erlebnisse. Gibt es ein Foto, das die Erinnerung besonders gut ausdrückt? An welche Person aus dieser Vergangenheit wollen Sie sich nur ungern erinnern? Wer steht auf der »Negativliste« und warum? Welcher Mensch ist für Sie gegenwärtig biografisch besonders wichtig? Mit welchem anderen Menschen hadern Sie, weil etwas zwischen ihnen steht? Vielleicht haben Sie den Wunsch, sich diesem Menschen gegenüber zu erklären?

3. Lebenskrisen und Bewährungsproben

Wir wissen: Leben ist zum Weinen und zum Lachen, ein Unglück kommt selten allein, jeder Schritt wagt den Fall, und der Boden unter unseren Füßen wird immer wieder brüchig. Wenn Sie an Ihr bisheriges Leben denken, was waren die drei schwierigsten Bewährungsproben, Prüfungen oder zu überwindenden Hindernisse? Welche Erfahrungen sind damit verbunden? Worum genau ging es bei der Bewährung äußerlich, und was war für Sie persönlich besonders schwierig? Welche größere Lebenskrise hat Sie bisher am meisten Kraft gekostet? Versuchen Sie sich noch einmal konkret in die Krise zurückzuversetzen. Wie war Ihre Lebenssituation damals, wie Ihre Gefühlslage? Welche Menschen waren direkt oder indirekt an der Krise beteiligt, wer hat sich gedrückt? Hatten Sie eher eine aktive, passive, beschuldigende oder verteidigende Rolle? Um welches Lebensproblem, welche Fragen ging es? Gab es Auslöser, ein klares Pro und Contra, was stand zur Entscheidung? Welche Folgen hatten die Krisen, was haben Sie gelernt? Kennen Sie Ihre Stärken und Schwächen, wenn es um die Bewältigung von Krisen geht? Wenn Sie an eine eigene oder die Krankheit eines nahen Menschen denken, was ist für Sie die spezifische Herausforderung einer Krankheit? Worin besteht die Bedrohung? Welches Verhältnis haben Sie zu Schmerz? Welche Erfahrung und welches Verhältnis haben Sie zu Sterben und Tod? Kennen Sie so etwas wie Lebensschmerz? Gibt es etwas, das Sie im Augenblick schmerzt: im eigenen Leben, im Leben anderer, vielleicht spüren Sie einen »Weltschmerz« und können dazu ein Beispiel finden und beschreiben, was diese Art von Schmerz zum Ausdruck bringt?

4. Gefühlslandschaften und Eigenschaften

Die Entwicklung des menschlichen Gehirns und der emotionalen Lebensorte des Menschen ist eine Erfolgsgeschichte. Wahrnehmen und Fühlen, emotionales Erleben und Denken, innere Haltungen und soziales Verhalten fallen nicht vom Himmel und sind nicht einfach angeboren. Sie werden gelernt, biografisch erarbeitet, angepasst und verändert. Ohne das facettenreiche ABC der Gefühle wäre Leben nicht möglich, aber wie gut wir uns in unseren Gefühlen auskennen und sie verstehen, gilt es in der biografischen Erinnerungsarbeit herauszufinden.

Gefühle regulieren Beziehungen, helfen uns mit Bewertungen, stoßen zu Entscheidungen an, beeinflussen und lenken Lebensprozesse. Leben ist jeden Tag Geburt und Tod. Etwas will geboren werden, etwas anderes will und muss sterben, und deshalb brauchen wir ein gutes Gefühl für uns selbst. Wie könnte ich mein körperliches Wohlbefinden ändern, wovon könnte ich mich verabschieden? Welchem Grübeln müsste ich wirklich auf den Grund gehen, welches könnte ich lassen? Welche Beziehung will aufgelöst werden, welche andere gewagt werden? Was gibt meinem Leben Sinn und was hat sich als sinnlos erwiesen? Welche drei Eigenschaften machen Ihnen das eigene Leben und das Zusammenleben mit anderen Menschen leicht? Welche anderen drei stören Sie selbst und manchmal auch andere Menschen im Umgang mit Ihnen? Sind Sie großzügig, spendabel, geizig oder sparsam? Sind Sie eher umgänglich, kontrollierend, dominant oder zurückhaltend, ordentlich oder eher chaotisch, pünktlich oder nicht? Mit welchen Gefühlen fühlen Sie sich wohl oder unwohl? Welche sind Ihnen bewusst, welche eher verdrängt, welche üben Sie? Mit welchen verbinden Sie Erfolgsgeschichten, welche begleiten Ihre Niederlagen? Was wissen Sie aus eigener Erfahrung über Ihre Gefühlslandschaften und was könnten Sie beispielhaft erzählen über:

▶ Angst, Furcht, Panik, Schreck, Verlust, Abschied, Trennung, Schmerz
▶ Liebe (zu sich selbst, zu anderen Menschen, zu Arbeit, Natur und Welt), Lust, Empathie, Mitgefühl, Zärtlichkeit, Leidenschaft
▶ Neid, Eifersucht, Geiz, Habgier, Sparsamkeit
▶ Scham, Schuld, Verrat, Kränkung
▶ Sorge, Kontrolle, Zweifel, Verzweiflung, Hilflosigkeit, Ohnmacht
▶ Wut, Zorn, Groll, Empörung, Reizbarkeit, Ärger, Verbitterung, Hass

- Hoffnung, Zuversicht, Zufriedenheit, Zugehörigkeit, Begeisterung
- Glück, Freude, Würde, Vertrauen, Gerechtigkeit,
- Verdrossenheit, Langeweile, Resignation

Nehmen Sie die Angst mit ihren vielen Gesichtern. Welche Befürchtungen und Alltagsängste kennen Sie? Etwas vergessen, etwas fallen lassen, etwas falsch machen, zu spät kommen? Angst vor Tieren, vor Reisen? Erinnern Sie eine Angst, die Sie als Kind hatten? Eine andere aus der Pubertät? Konnten Sie die erzählen? Welche Ängste sind stärker geworden, welche verschwanden? Gab es Befürchtungen, als Sie heirateten, die Kinder kamen, als Sie das letzte Mal umgezogen sind? Welcher Mensch in Ihrer Umgebung, in Ihrer Familie, im Betrieb, im gesellschaftlichen Zusammenleben macht Ihnen Angst? Kennen Sie eine Angst Ihres Partners, Ihrer Partnerin, Ihrer Eltern, Ihrer Kinder? Wie gehen Sie mit dem Gefühl der Angst konkret um? Was tun Sie, was hilft am besten? Tauchen Sie für eine Zeit in diese Frage ein und schreiben Sie stichwortartig auf, was Ihnen an Beispielen, Erlebnissen und Geschichten dazu einfällt.

Welches Gefühl haben Sie lange schon nicht mehr gehabt? Welches macht Sie fast krank? Wann waren Sie das letzte Mal wirklich mutig? Was kann Ihren Seelenfrieden sehr schnell stören, was baut Sie leicht auf? Welchen Groll hegen Sie gegen was oder wen? Wo in Ihrem Körper spüren Sie Angst am schnellsten? Worauf sind Sie neidisch und warum? Gehen Sie auf Entdeckungsreise. Spüren Sie auf, mit welchen Gefühlen Sie auf Kriegsfuß stehen, auf welchen Ihre Beziehungen, Bewertungen, Urteile und Ihre Hoffnungen beruhen, wie diese entstanden sind, sich verändern oder an welchen Gefühlen Sie festhalten, obwohl der Zweifel Sie plagt.

5. Beziehungen und Bezugssysteme

Jeder ist und bleibt irgendjemandes Kind, ist von zwei Menschen gezeugt worden, hat im Leib einer Frau für eine gewisse Zeit Asyl gefunden, ist eingebunden in die Geschichte seiner Vorfahren. Der kleine Clan, die Familie, und der große Clan, die menschliche Gemeinschaft und ihre Untergliederungen sind machtvolle und prägende Beziehungsgeflechte, ohne die Leben undenkbar wäre. Leben ist auferlegte und gewählte Koexistenz und neben der Familie eingebunden in die verschiedensten Formen von Lebensgemeinschaften. Reisen Sie in Ihrer Erinnerung einmal zu der Familie, aus der Sie stammen, zur Schwiegerfamilie oder zur eigenen! Gibt es Fotos, die für diese Familien und ihren Charakter typisch sind? Welches Kinder- oder Jugendfoto von Ihnen selbst mögen Sie, welches war das Lieblingsfoto Ihrer Eltern? Welche Gefühle kommen beim Betrachten verschiedener Bilder hoch? Geben Sie der Familienchronik, die Sie schreiben würden, einen Titel! Welche Unterkapitel müsste es auf jeden Fall geben? Gäbe es eine Hauptfigur, ein schwarzes Schaf, eine merkwürdige Verwandte? Wie sahen und sehen heute Familienfeiern aus? Wie die Häuser oder Wohnungen? Wie hießen die Haustiere und welche Bedeutung hatten sie für wen? Wie steht es mit folgenden Fragen zu den inneren Beziehungen?

» Wie glücklich waren Ihre Eltern über Ihre Geburt? War die Freude bei Vater und Mutter gleich? Waren Sie ein Wunschkind? Gab es vielleicht auch erst später besondere Erwartungen an Sie? Wie war die finanzielle Situation Ihrer Eltern zu jener Zeit? Gab es Geschwister? Stellen Sie sich ähnliche Fragen in Bezug auf Ihre eigenen Kinder! Haben sich die jeweiligen Eltern-Kind-Beziehungen im Laufe der Jahre verändert und wenn ja, wie? Könnten Sie einen vielleicht auch kritischen Dankesbrief an Ihre Eltern schreiben?

» Wenn Sie aus Ihrem heutigen Blickwinkel auf die emotionale Beziehung Ihrer Eltern schauen: was hat diese beiden

Menschen miteinander verbunden? Was hat sie getrennt, worin stimmten sie wenig oder gar nicht überein, und wie hat sich das ausgewirkt? Haben Sie Ihre Eltern als Liebespaar erlebt und wurden sie zu einer Art Vorbild für Sie? Oder agierten sie eher als funktionierende Arbeits- und Zweckgemeinschaft oder vertraute Freundschaft? Wie sah die Beziehung zu den Geschwistern früher aus, wie ist es jetzt? Gibt es prägende Erfahrungen miteinander? Wie sehen Sie Ihre eigene Partnerschaft? Erleben Sie Veränderungen im Miteinander oder wünschen Sie sich solche? Wenn Sie heute auf Partnersuche gingen, wie würde die Anzeige lauten? Wie würden Sie sich beschreiben, wie den Menschen, den Sie suchen?

▶ Welche Rolle spielten Leistung, Erfolg und Konkurrenz in den jeweiligen Familien? Was bedeuten Fehler und Niederlagen? Wer war oder ist Ihrer Meinung nach das leistungsstärkste Familienmitglied, wer besonders erfolgreich, wer wurde oder wird beneidet? Wie schätzen Sie sich selbst ein? Welche Rolle spielen Lob, Anerkennung, Belohnungen allgemein in Ihrer Familie und speziell für Sie?

▶ Wer aus der größeren Familiengemeinschaft – Eltern, Großeltern, Tanten, Onkel, Cousinen, Schwiegereltern, Schwager/Schwägerin – war und ist für Sie eine Art Leitfigur, ein Vorbild? Wer war und ist Ihnen besonders wichtig? Mit wem sind Sie nie richtig warm geworden? Wer war Ihr härtester Kritiker? Gab und gibt es besondere Streitpunkte in der Familie, vielleicht eine spezifische Art zu streiten?

▶ Wie ist Ihre Familie mit Krankheit und Schmerz umgegangen, und welche Auswirkungen hatte das besonders für Ihre Einstellung zu beiden? Haben Sie Krisen wie Trennung, Scheidung, besondere Lebensängste, Arbeitslosigkeit oder Armut erlebt? Werden Krisen in Ihren Familien angesprochen, verschwiegen, verdrängt? Wie sieht Ihr konkreter Umgang mit Krisen aus? Wie der anderer Familienmitglieder? Hilft man sich untereinander? Holt man sich Hilfe bei anderen Freunden, Fachleuten oder Beratungsstellen oder ist das eher tabu?

❯ Gibt es ein »schwarzes Schaf« in der Familie? Einen Außenseiter? Ein Problemkind? Einen Provokateur? Einen Alles- und Besserwisser? Einen »Richter«, der ständig urteilt? Einen Lehrertyp, der immer einen Rat weiß, wo es langgeht? Worüber spricht man nicht in Ihrer Familie? Gibt es ein Lieblingssprichwort von Vater, Großmutter oder wem auch immer?

❯ Welche Rolle spielt Geld in der Familie? Wer verdient es? Wer teilt es ein? Wer ist eher sparsam? Wer eher geizig? Wer gibt es am leichtesten aus? Wofür gibt die Familie gemessen am Gesamteinkommen am meisten aus? Wie steht es mit dem Erbe? Würden Sie im Alter Ihre Wohnsituation ändern, auch wenn es mehr Geld kosten würde als bisher? Wie nahe möchten Sie Ihrer Familie sein? Würden Sie sich einen familiären, intergenerativen Wohnzusammenhang wünschen?

❯ Was vermissen Sie in Ihrer Herkunftsfamilie, Ihrer Schwiegerfamilie, was in Ihrer eigenen? Fühlen Sie sich gesehen? Wen übersehen Sie leicht?

Schreiben Sie aus Ihren Notizen vielleicht ein kleines Märchen über Ihre Herkunftsfamilie oder über die eigene. Oder laden Sie andere Familienmitglieder oder Freunde einmal zu einer Art Familienkonferenz am runden Tisch bei Kaffee und Kuchen ein und erzählen Sie sich gegenseitig zu einzelnen Fragen, was Sie erinnert haben. Interviewen Sie Ihre Großmutter, Ihren Vater, Ihre Tochter, Ihren Patenonkel zu Fragen, die Sie interessieren. Stellen Sie sich vor, dass Sie zur Beerdigung Ihrer Eltern, zum Hochzeitstag Ihrer Kinder oder zu irgendeinem anderen Anlass eine persönliche Rede über Ihre spezifische Beziehung zu den jeweiligen Personen halten wollen, und entwerfen Sie diese!

6. Gesellschaft und Kultur

Die Tatsache, dass wir zu einem bestimmten Zeitpunkt an einem bestimmten Ort von bestimmten Eltern ungefragt gezeugt und geboren werden, macht uns zu Zeitzeugen einer historischen Epoche, eines Landes, einer Sprache, einer Kultur, einer ethnischen Gruppe. Auf der großen Farbskala zwischen Schwarz und Weiß ist unsere Haut in hellen und dunklen Brauntönen eingefärbt, sind unsere Haare eher schwarz oder blond, gekräuselt oder glatt, sind wir eher an Wüsten, Berge, Meere, Regenwälder und andere spezifische Landschaften gewöhnt, können Hitze, Feuchtigkeit oder Kälte besser aushalten. Bei all diesen Unterschieden sind wir als Menschen von Anfang an aufgerufen, gemeinsam den aufrechten Gang zwischen Himmel und Erde zu üben und in der jeweiligen historischen Umwelt mit ihren gesellschaftlichen, politischen und kulturellen Strukturen unser Leben zu meistern. In diesen Lebens- und Arbeitswelten lernen wir auf spezifische Art und Weise zu essen, sprechen, singen, tanzen, arbeiten, genießen, kämpfen, sorgen, pflegen, erziehen, fühlen, denken, handeln, mitbestimmen, uns anzupassen, gehorchen, frei sein, Widerstand leisten und all das, was der Mensch für das eigene Leben und das Zusammenleben mit anderen Menschen braucht.

An unseren Großeltern und Eltern, an unseren Kindern, Enkelkindern und an uns selbst können wir den Einfluss von zeitgeschichtlichen Veränderungen studieren. Wie und wo haben Sie die Teilung Deutschlands nach dem Zweiten Weltkrieg erlebt? Hatte die Wiedervereinigung eine biografische Bedeutung? Gab es in Ihrer Familie, mit Eltern und Verwandten eine konkrete Erfahrung oder persönliche Auseinandersetzung mit dem Nationalsozialismus, dem Zweiten Weltkrieg, Flucht und Vertreibung, der Nachkriegszeit, dem Vergleich zwischen DDR und BRD? Wie sah das Leben in Deutschland zum Zeitpunkt Ihrer Geburt, Ihrer eigenen Pubertät oder Ihrer Berufsausbildung im Vergleich zu dem Ihrer Eltern aus? Wie erleben Sie die Unterschiede der Anforderungen zwischen Ihrer Schulzeit und der Ihrer Kinder oder Enkelkinder? Welche Bedeutung haben die Medien für Sie, Ihr Familienleben, das Älterwerden?

Mit welcher anderen Religion, Sprache, Kultur, mit welchem anderen Land haben Sie sich auseinandergesetzt? Welche Musik favorisieren Sie, welche Ihre Kinder, welche Ihre Eltern? Haben Sie schon einmal einen gemeinsamen Musikabend gemacht und sich gegenseitig informiert? Welches Lied würden Sie auf Anraten eines Arztes Ihrer Mutter vorspielen, wenn diese an Demenz leiden würde, welches Ihrem Partner, wenn er ins Koma fiele und eine Erinnerungsstütze bräuchte? Worunter leiden Sie in der heutigen Gesellschaft und ihrer politischen Kultur? Können Sie drei Aspekte oder Beispiele nennen, die Sie als krank machend empfinden, und diese ehrlich aus Ihrem ganz persönlichen Blickwinkel beschreiben? Was bedeutet Arbeit oder Arbeitslosigkeit für Sie? Nennen Sie drei Gründe, warum Ihre konkrete Arbeit Ihnen gut tut und was Ihnen beim Verlust dieser Arbeit fehlen würde. Und nennen Sie zwei Gründe, was Sie an Ihrem gegenwärtigen Arbeitsfeld oder an der konkreten Arbeit stört. Welche öffentliche Person aus Kultur, Politik und Gesellschaft hat für Sie Vorbildcharakter? Für wen könnten Sie schwärmen, wenn Sie sich das erlauben würden?

Welche Art Landschaft mit ihrer spezifischen Stimmung bevorzugen Sie für Spaziergänge oder Erholungsurlaube? Würden Sie gerne einen Ortswechsel vornehmen und woanders leben? Hat sich Ihr Wohlbefinden an irgendeinem Platz im Laufe der Jahre verändert, und was ist der Hintergrund? Wohin würden Sie reisen, wenn Sie Zeit für eine Besinnung in einer Lebenskrise und Alleinsein brauchen? Wo würden Sie gerne sterben, und haben Sie eine Vorstellung von Ihrer Trauerfeier?

Haben Sie sich im Laufe Ihres Lebens einmal in einer sozialen, politischen oder kulturellen Initiative engagiert? Welche Bedeutung hatte das? Wofür könnten Sie sich im Alter aktiv interessieren? In welcher Weise wurden Sie in Ihrer Familie, Ihrer Kultur, Ihrer Gesellschaft mit Religion in Berührung gebracht? Bedeutet Ihnen die Zugehörigkeit zu einer Religionsgemeinschaft etwas? Ist die Dimension des Spirituellen für Ihr Leben wichtig? Wie setzen Sie sich damit auseinander?

Die Geschichte der Menschheit besteht aus den Geschichten der Menschen, die sie zu ihren Lebzeiten geschrieben und erzählt haben. Gattungsgeschichte, Sozialgeschichte und Individualgeschichte fließen in der Biografie eines Menschen zusammen. Wer seine Geschichte erzählt und aufschreibt, tritt ans Licht und ins Gegenlicht, wird zum Gegenüber, bekommt ein menschliches Antlitz. In den Biografien kommen die existenziellen Ängste der Menschen zum Vorschein. Sie erzählen von der Furcht, sich zu verfehlen, die Aufgabe nicht bewältigen zu können, wenn der Boden brüchig wird, als nutzlos zu gelten. Aber die erzählten und aufgeschriebenen Biografien erzählen auch, wie neues Land gewonnen werden konnte, verdorrter Boden neu bewässert wurde, die zarte Saat aufging und das Leben neue Lösungen anbot. Sich zeigen tut not, denn die Geschichten, die wir von uns erzählen, werden gebraucht. Ich schenke dir meine Geschichte und du mir die deine!»Erzählen ist etwas Heiliges, es stiftet Gemeinschaft unter den Menschen und macht sie zu Liebenden, wenn die Worte in die Seele fallen. Würden wir aufhören zu erzählen, dann würde die Welt verstummen.«[81]

Vom Müssen, Sollen, Wollen, Können, Dürfen

Unsere biologische Existenz ist mehr als ein »Fakt«, nicht nur etwas, das da ist, sondern ein Dasein und Mitsein, das immer im Werden begriffen ist. Dieser Werdeprozess des Lebens ist uns einerseits als Arbeitsauftrag zur Entscheidung aufgegeben und erwartet andererseits, dass wir Vorgegebenes akzeptieren. Viktor v. Weizsäcker spricht deshalb von der menschlichen Existenz als einer »pathischen Existenz«, in der Erleiden und Entscheiden Hand in Hand gehen. Der Mensch gestaltet sein Leben über das Müssen, Sollen, Wollen, Können und Dürfen, und jede dieser fünf Dimensionen steht im Diskurs mit den anderen. Selbstreflexion, Abwägen und Entscheiden sind verlangt. Was ich muss, will ich und kann ich vielleicht nicht. Was ich kann, soll und darf ich nicht. Was ich darf, muss und sollte ich möglicherweise nicht. Was in uns steckt, uns vorantreibt oder behindert, ist vor allem uns selbst unbekannt und mehr, als wir im Voraus wissen. Das individuelle Potenzial muss entdeckt, entwickelt und auch dann ausprobiert werden, wenn ein Mensch unsicher ist. Bei aller notwendigen Vorsicht bleibt Leben ein Experiment und ein lebenslanges Abenteuer, das mit jedem Sonnenaufgang neu beginnt.

Zwischen Erleiden und Entscheiden bestimmen wir also einen Teil unseres Lebens selbst. Wir legen fest, ob wir morgen oder übermorgen ins Kino gehen, zur Menschenkette nach Hamburg oder Tokio fahren, ein Haus bauen, heiraten, anonym beerdigt werden wollen oder nach unserem Ableben eine Wohngemeinschaft in einem Friedwald gründen, einem Bettler etwas geben, ein fremdes Kind durch die Schulzeit begleiten, dies oder das tun oder es unterlassen. Über diesen Teil stehen wir in der freien Entscheidung, wir gestalten aktiv und können tun, was wir wollen. Die pathischen Kategorien des »Wollen« und »Müssen« treiben den Menschen voran. Das Sollen vertritt den Aspekt der Zukunft des Lebens und macht auf die freie Wahl der Entscheidung im Spektrum zwischen Freiheit und Notwendigkeit aufmerksam.

Ein anderer Teil unseres Lebens wurde bestimmt, bevor wir Einspruch erheben oder Mitsprache üben konnten, gehört in ein Grundverhältnis, das sich dem überprüfbaren Beweis entzieht. Dieser Teil unserer Lebensbedingungen wie Eltern, Zeitpunkt und Ort der Geburt, liegt mit dem Geschenk der nackten Geburt sozusagen als Zugabe auf dem Tisch. Manche nennen es Schicksal, wer immer es abgeschickt hat. Was aber unterliegt nach der Geburt jenseits des Faktischen, das wir nicht ändern können, unserem Müssen, Wollen, Sollen, Können oder Dürfen und wie? Im ständigen Lebenskampf zwischen Freiheit und Notwendigkeit, Wollen und Müssen, mischen sich »Können« und »Dürfen« ein! Manchmal blüht im Müssen ein Dürfen auf. Was bedeuten die uns auferlegten Zeitpunkte und Orte unserer Geburt für unser weiteres Leben? Was wollen und können wir daraus machen? Was sollen die Eltern, an die wir geraten, oder zu denen wir gehören dürfen? Was bekommen wir mit dem Heimatland zu tun, in das wir hineingeboren werden, wie wird es unser Leben einfärben? Was müssen wir fürchten, wenn wir nach Krieg, Folter und Flucht in das alte Heimatland ausgewiesen werden? Weizsäcker spricht vom »Karfreitag« des Müssens, der Krönung des Leids.

In jeder Krise, jedem Lebensabschnitt, jeder freiwilligen oder erzwungenen Veränderung wird im Angesicht der Spannungsbeziehung zwischen Erleiden und Entscheiden das innere Vermögen herausgefordert, vermehrt, auf die Probe gestellt, gestört oder massiv behindert. Die Folgen und Auswirkungen unserer Lebensentscheidungen, Handlungen und unseres Verhaltens »erleben« wir hautnah und leibhaftig, indem wir ihre Angemessenheit oder Unangemessenheit zu spüren bekommen. Man muss die Folgen tragen, sagten uns schon früh Eltern und Lehrer. Wer sich den als notwendig erkannten körperlichen, seelischen, geistigen oder sozialen Veränderungen widersetzt, muss die Folgen der Blockade seiner eigenen Lebendigkeit und Potenziale in Kauf nehmen, auch wenn sie zunächst unsichtbar bleiben und unerkannt über Symptome verschiedener Art zum Ausdruck bringen, was dem Leben geschehen ist. Wenn Körper und Seele streiken, ausbrennen oder verhungern, ruft das Leben mit Symptomen um Hilfe. Jede Wortmeldung des Leibes ist eine Mitteilung an den ganzen Menschen, an seine Gefühle, sein Bewusstsein, seine soziale Eingebundenheit und je nach Inhalt der Mitteilung auch ein Appell an seine politischen, religiösen oder ethischen Anschauungen wie seine Haltung zur Welt.

Ist unsere Liebe mehr ein Müssen, Wollen, Sollen, Können oder Dürfen, oder in welcher Art und Weise lieben wir unsere Partner, Kinder, Eltern oder die Natur? Wie erleben wir unsere Arbeit? Will ich arbeiten? Oder muss ich? Darf ich arbeiten? Soll ich? Kann ich arbeiten? Jedes Mal ist es das gleiche Tun: ich arbeite. Jedes Mal ist es ein anderes Tun, ich arbeite anders. Vor welcher neuen Konstellation des Wollens, Müssens oder Könnens stehen wir, wenn wir die fristlose Kündigung am Arbeitsplatz in Händen halten? Wo bleibt unser Wollen und Können in der Freundschaft, wenn diese mit Kränkung, Intrige oder Verrat aufgekündigt wird? Muss, soll, kann, will oder darf ich mich auf meine eigene schwere Krankheit oder die eines anderen Menschen einlassen oder verweigern? Wo ein Wille ist, ist auch ein Weg! Aber darf und kann ich den Weg gehen, den das Wollen anbietet? Das »Yes we can« aus Amerika hat ein Stück politische und zivilgesellschaftliche Wiederbelebung erzeugt, die sich aber als erlebte Hoffnung vom Erfolg unabhängig machen muss, um zu zeigen, dass man hoffen kann und darf. Wie erleben wir das »Ja zum Können« in der Jahrhundertkrise, die wir in Japan erleben? Wie erleben wir die sozialen Freiheitsbewegungen im benachbarten Afrika? Wer muss und soll, wer will und kann, wer darf hier etwas tun und eingreifen?

Allen pathischen Kategorien ist gemein, dass sie nicht Tat sind, keine objektivierbare Größe enthalten, sondern Spielarten und Ausdruck für die Gestaltungskraft des Subjekts. »Sie sind ein Spazierstock, nicht die Wanderschaft selbst.«[82] Sie helfen uns auf unserem Weg, färben die Realität ein, machen sie erträglicher oder zeigen uns an, wann und warum wir mit dem Rücken zur Wand stehen, das Licht am Ende des Tunnels sehen, den Höhepunkt der Krise hinter uns haben und auf dem Weg der Besserung sind. Viele Menschen formulieren das so: »Ich kann jetzt wieder nach vorne schauen«, »Ich muss und will wieder hoffen«, »Ich darf Hilfe in Anspruch nehmen«, »Ich sollte mich von meinem Partner trennen, um mir selbst noch in die Augen sehen zu können.« Die pathischen Kategorien verweisen auf die Dynamik des Lebendigen, wenden sich gegen statisch-statistische Befunde und verweisen auf Entscheidungsspielräume in einer Realität, die als solche unbeirrbar erscheint. Wir werden nicht als liebende, arbeitsame, mutige oder feige, tatkräftige oder passive Wesen geboren, sondern müssen, sollen, können, wollen und dürfen es werden. Wir sind nicht krank, sondern wir werden es. Auch Gesundheit ist ein ständiges Werden und kann jeden Augenblick verloren gehen. Vergangenes und Zukünftiges gehen in der Krise des Wandels und der Transformation Hand in Hand. Die Gegenwart hat so etwas wie eine Brückenfunktion. Das in die Krise geratene Sein wendet sich an das »Potenzial« in uns und hofft, dass sich das Blatt wieder wendet.

Wenn der Boden brüchig wird, erleben wir in besonderer Weise die drängende Kraft des »ungelebten Lebens«, die das bisher Unmögliche verwirklichen will. Den nächsten Atemzug zum Beispiel, wenn uns die Luft ausgeht, einen neuen Gedanken, der uns bisher unangenehm war, eine Arbeit nach längerer Arbeitslosigkeit, eine neue Liebe, die nach dem Tod des Partners undenkbar schien. Der Philosoph Ernst Bloch spricht von einem »Prinzip Hoffnung«, das alles Leben durchdringt, ins Gelingen verliebt ist und kein Hundeleben ertragen will. Diese drängende Lebenskraft erleben wir mit Hilfe spezifischer Modi, jenen »pathischen Kategorien«, die die unterschiedlichen Ausdrucksformen umschreiben, Lebenswillen und aktive Lebenslust zu bekunden. Mit Sätzen wie: »Ich bestehe nur noch aus Müssen«, »Ich will ja, aber ich kann nicht«, »Ich darf nicht zur Ruhe kommen, sonst drehe ich ab«, drücken viele Menschen aus, woran sie leiden, und wie nahe sich leidenschaftliches Pathos und das Pathologische, das Krankmachende sind. Die »pathischen Kategorien« verleihen unserem Leben und Erleben, unserer Hoffnung und unserem Handeln eine spezifische Qualität, und jeder Mensch spürt den Unterschied, der im Müssen, Wollen, Sollen, Können und Dürfen steckt. In der Melodie der fünf pathischen Kategorien wird die Bestimmung und Gestimmtheit der menschlichen Existenz »hörbar«, sie färben die persönliche Lebensmelodie des Subjekts ein, sind von ihm abhängig, können wahrgenommen, aber müssen auch bewusst entschlüsselt und mit Bedeutung und Sinn versehen werden, um als Instrumente der Lebenskunst dienen zu können. Müssen, Wollen, Sollen, Können und Dürfen sind Erlebensmöglichkeiten unserer Subjektivität, bringen uns in Beziehung zu uns selbst, zu unserer Gestimmtheit wie zu jener Bestimmung, die uns als Individuum überschreitet.

In den pathischen Kategorien geht es also um die »Modi des Erlebens« eines Lebens, das man nicht einfach an sich vorüberziehen lässt, nicht nur aussitzt, durchsteht, sondern das man auch leben will, kann und darf. »Wir sind Leben, das leben will, inmitten von Leben, das leben will!«, heißt es bei Albert Schweitzer. Es geht um die Leidenschaft und um das »Erleiden«

von Freude und Schmerz, Liebe und Hass, Hingabe und Abgrenzung. Dazu bedarf es der Kraft entschlossener Menschen. »Man entdeckt keine neuen Weltteile, ohne den Mut zu haben, alle Küsten aus den Augen zu verlieren«, dieser Satz von André Gide gilt auch für die Entdeckungsreisen im Leben. »Das MÜSSEN ist der Karfreitag des menschlichen Daseins«[83], es ist die Krönung des Leids, in seiner reinen Form unbedingt und zwingend. Aber das Müssen bleibt auch das Müssen des Menschen, zwingt ihn in die Auseinandersetzung mit sich selbst. Wenn ein Mensch immer Recht und das letzte Wort haben muss, morgens seinen Kaffee und abends seine Tagesthemen, wenn ein Mensch in der Vielfalt seines Müssens nicht mehr unterscheiden kann, was er lebensnotwendig muss und hinter welchem Müssen er sein Können und Dürfen verborgen hat, dann sehen wir die Dynamik des Subjekthaften, auf das uns das Pathische aufmerksam macht.

Im WOLLEN zeigt sich mehr als in den anderen Kategorien das »Ich«, das auf Durchsetzung dringt. Hier kann sich das Subjekt zum Tun bekennen: »Ich will, und wenn es sein muss, mit dem Kopf durch die Wand.« Das Wollen ist der Aktivist gegen das Passive im Pathischen, das wir erleiden müssen. Mit dem Wollen stellt sich der Mensch dem Gegebenen entgegen. »Ich will Erfolg haben« setzt Ziele und den brennenden Wunsch voraus, sie zu erreichen. »Ich muss Erfolg haben«, zeigt, wie sich die begonnene Aktivität und leidenschaftliche Bewegung in Getriebensein verwandelt, und die Freiheit des Wollens in die Abhängigkeit des Müssens geht.

Das SOLLEN enthält einen Imperativ. »Du sollst« ist der Beginn aller zehn Gebote. Das Sollen ist grundsätzlich kein Müssen, basiert auf der freien Entscheidung, eine Option, die dem Menschen als dem mit Bewusstsein ausgestatteten Wesen vorbehalten und aufgegeben ist. Die Würde des Menschen soll unantastbar sein, der Mensch eine Arbeit haben, Schutz erfahren.

Die Menschenrechte sind das große Sollen, Imperative, die das friedliche Zusammenleben der Menschen garantieren sollen, und es macht sie nicht hinfällig, nur weil sie dies in der Realität nicht garantieren können. Im alltäglichen Umgang mit dem Sollen, im »Du solltest« ist schon die Drohung des Müssens enthalten. In der Aufforderung, gesund zu werden, ist das Sollen in ambivalenter Weise aufgetragen: für wen oder was soll ich gesund werden? Muss ich es, um der kleinen Kinder willen, fragt sich die junge an Brustkrebs erkrankte Mutter? Es ist an uns zu erleben oder zu erleiden, ob das Sollen es gut oder schlecht mit uns meint.

Das KÖNNEN ist eine der wichtigsten Sozialisationsanforderungen. Vieles im Leben entscheidet sich am »Können«, und das Vertrauen in mich, in die anderen Menschen und in die Welt, in der wir leben, wächst mit dem Erleben: Ich kann etwas! Als emotionale und soziale Kompetenz erlebt das Kind das in der Anerkennung seiner Leistung, im Lob. Zu erfahren und zu erleben, was man kann, aber eben auch nicht kann, und beides zu akzeptieren, gehört zur wichtigen Begegnung mit den Potenzialen, die in uns stecken. Das Können ist Potenz, der Mensch ahnt, dass im Können Zukunft liegt, dass etwas möglich wird, was noch nicht Gegenwart ist. »Das Mögliche übertrifft das Erlaubte, das Gemusste, das Gewollte und das Gesollte bei weitem und versetzt uns jetzt sozusagen in einen Teich, in dem der Fisch nach allen Richtungen schwimmen kann.«[84]

Das DÜRFEN ist für Weizsäcker der »Ostermorgen« des menschlichen Daseins, der dem Karfreitag des Müssens folgt. Morgenröte, Geburt, Wiedergeburt, Transformation sind angesagt. Im Dürfen wird ein Wegweiser sichtbar. Endlich darf ich zur Ruhe kommen, zur Schule gehen, auf eigenen Füßen stehen, vielleicht auch sterben, weil ich Erlösung erfahren darf. »Ich darf!« hinaus in die Welt, wie »Hänschen klein«, der allein in die Welt ging, mit Stock und Hut, und beides stand ihm gut.

Leider Gottes weint oft wer, wenn wir aufbrechen, dann muss das Dürfen sich noch einmal umsehen. »Du darfst!« ist die befreiende Erlaubnis für das Kind, einer eigenen leidenschaftlichen Bewegung zu folgen und nach den »Zuckertöpfen« des Lebens zu greifen. Der Kranke, der nach wochenlangem Liegen endlich aufstehen darf, spiegelt die befreiende Freude des Dürfens im Gesicht. Das Dürfen kennt seinen Schatten, das Unerlaubte, die Grenzen, die Verbote! Aber das Recht, leben zu dürfen und gegen alle Widerstände ein freier Mensch werden zu wollen und zu dürfen, ist im Prinzip eine grenzenlose Aufforderung. Wenn sich das Dürfen mit dem Wollen und Können verbündet und auch noch das ist, was wir müssen und sollten, dann ist das Leben kaum auszuhalten.

Ende gut, alles gut?
Der nächste Anfang wartet, und die Horizonte wandern mit

Das Buch ist zu Ende. Aber es hört nicht auf! Vielleicht haben Sie Lust, aufzuschreiben oder jemandem zu erzählen, was Sie bewegt. Sie müssen nicht, aber Sie können, wenn Sie wollen, und dürfen ist allemal besser, als wenn Sie sollen sollten. Gibt es Begebenheiten und alte Nachrichten aus Ihrem Leben, die sich neu anhören, und anderes, was Sie selbst noch nie an sich und Ihrer Umwelt wahrgenommen haben? Unser Leben können wir nicht »googeln«, aber wir können einiges davon aufschreiben, erzählen, und vor allem können wir zwischen unseren eigenen Zeilen lesen. Von was reden wir, wenn wir gefragt werden? Von was, wenn wir unaufgefordert sprechen? Was schlucken wir in der Regel herunter, und was bleibt im Geheimfach der Erinnerung?

»MenschenOrte« heißt ein Projekt der Schreibwerkstatt im international bekannten Bremer Kunstprojekt »Blaumeier-Atelier«, in dem die Normal-Verrückten und die Verrückt-Normalen beim Malen, Musizieren, Theaterspielen und eben auch beim Schreiben sich selbst und ihr Lebensgefühl auf den Punkt bringen.

Selbstportraits

Mein Basecap verdreht
die Brille
ihr seht:
Das bin ich
(Carl F.)

Wer mich kennt, kennt auch
meine Mütze, ist sie weg
erkennt mich niemand
(Simone)

Grüne Augen, gelbes Haar
Sonja
(Sonja Puppe)[85]

Das Leben ist nur eine Idee, eine Art biografische Utopie, jeden Tag eine hoffende, stagnierende oder verhinderte Geste für die unbekannte Zukunft, die uns noch möglich wird. Wer wie ich 1939 geboren und irgendwann siebzig Jahre alt wurde, hat dann 840 Monate, über 25 000 Tage, fast 614 000 Stunden und über 2 Milliarden Sekunden gelebt. Doch trotz des gezählten Reichtums an Zeit blieb das Leben selbst unberechenbar. Seine Schaltjahre kamen und gingen, biografische Jahreszeiten und Wechseljahre hatten einen eigenen Rhythmus, Lebensrechnungen gingen auf, andere blieben liegen, und manche warten auf das Testament, um öffentlich zu werden. Lebensbilanzen bleiben bis zum letzten Atemzug offen, gehören als Wert der Jahre zum biografischen Geheimnis jedes Menschen und sind ein verborgener Schatz, an dem auch nachfolgende Generationen teilhaben. Für das eigene geplante Leben, das erträumte Glück, war alles irgendwie immer zu viel oder zu wenig, zu früh oder zu spät, passend oder unpassend, gerecht oder ungerecht, die große, kleine oder gar keine Liebe. Es gibt für das gelebte wie das ungelebte Leben letztlich kein Maß. Nur selten ist der Mensch bei der Verfolgung seiner biografischen Ziele zum richtigen Zeitpunkt am richtigen Ort und in der richtigen Stimmung für Sieg oder Niederlage. Die geforderte Balance zwischen Glück und Unglück, Gesundheit und Krankheit, Erfolg und Misserfolg ist nur schwer zu finden, wenn man im konkreten Leben mit seinen unterschiedlichen Aufgaben, Möglichkeiten und Hindernissen unterwegs ist.

Aber wie fest oder brüchig sich der Boden unter unseren Füßen auch erweist, das Leben schreibt mit den biografischen Fragen und Antworten jedes einzelnen Menschen Menschheitsgeschichte, ergreift im Rahmen der individuellen Lebensgeschichte das Wort und bezieht Stellung über die Lage und Bedeutung des Menschen in der jeweiligen Sozial- und Kulturgeschichte, in die jeder historisch eingebettet ist. Was das Leben auf diese Weise zusammenträgt, sind lebendige Geschichten aus Tausendundeiner Nacht und Tausendundeinem Tag, die Menschen erfunden und durchlebt haben. Einige dieser Geschichten wurden in Märchen, in der großen Literatur und als Autobiografien aufgeschrieben, viele wurden erzählt, aber ebenso viele blieben verborgen und warten als unsere eigene Geschichte auf Entdeckung und Wertschätzung.»Was hab ich schon zu erzählen? Was hab ich schon zu sagen? Was sollte ich aufschreiben? Wen könnte mein Leben interessieren?« Viele Menschen lernen von Kindesbeinen an und oft, je älter sie werden, von sich abzusehen, sich nicht für wichtig zu halten. Sie wissen und ahnen nicht, was an ihnen und ihren Erfahrungen von Wert ist, was sie jenseits der sichtbaren Erfolge geleistet haben, welche Lebenskrisen sie trotz widriger Umstände gemeistert haben, worin sie sich in ihrer Einzigartigkeit und Bedeutung von anderen Menschen unterscheiden. Und wir bedenken oft zu wenig, dass das, was wir als Individuen denken, fühlen oder tun, Auswirkungen sowohl auf unser Lebensgefühl wie auf das gesellschaftliche Ganze hat.

Selbstportrait

Ich habe ein hohes, eckiges Gesicht.
Mein Mund ist klein, meine Haare sind dünn,
meine Augen graubraungrün – mein Bruder
hat so ähnliche Augen.
Ein Gesicht zu malen und zu beschreiben ist schwierig,
vor allem, wenn es um das eigene Gesicht geht.
Am liebsten schaue ich in einen Spiegel, wenn es mir
gutgeht.

(Helmut Mahlstedt)[86]

»Erzählen ist etwas Heiliges, es stiftet Gemeinschaft unter den
Menschen und macht sie zu Liebenden«, schreibt Doris Weber.
Immer geht es um Begegnungen mit dem eigenen wie dem
fremden Leben. Seit es Menschen gibt, haben sie sich gegenseitig ihre Geschichten erzählt, haben im Kreis um das Feuer ge-
sessen, über den Gartenzaun mit dem Nachbarn geplaudert, am
Küchentisch mit Familie, Angehörigen oder Freunden disku-
tiert, um sich zu fragen, wohin die Lebensreise geht, bei der die
Horizonte mitreisen. Sie haben sich versammelt, um zu reden
und zu weinen, zu lachen und zu loben, zu zweifeln und zu
glauben und auf diese Weise im Puzzlespiel des Lebens einen
Sinn zu entdecken. Im Erzählen und Aufschreiben, in Briefen
oder Tagebüchern, mit Gedichten und Romanen stiften Menschen sich gegenseitig zu sich selbst als den Akteuren menschlichen Lebens an, um Land zu gewinnen. Die Welt ist voller
Menschen, die unter schwierigsten Umständen auch dann um
das eigene Leben kämpfen, wenn der Boden brüchig wird, Aussichten verloren gehen und die Kräfte zu schwinden drohen.
Dieses umkämpfte Leben ist das Leben unseres Körpers und
seiner Leiden, unserer Seele und ihrer gelebten wie verdräng-
ten Gefühle, unseres Geistes und seiner ausgesprochenen wie

verschütteten Gedanken, das Leben unserer Begegnungen und Beziehungen in friedlichen wie in kriegerischen Zeiten, unserer mutigen, offenen und feigen Handlungen und unserer Spiritualität, der ethischen und mitfühlenden Haltung, aus der heraus wir leben.

Es genügt nicht, an die Zukunft zu denken. Man sagt Zukunft nicht voraus, man muss sie anpacken – das ist der springende Punkt. An die Zukunft zu denken und Zukunft machen und haben zu wollen, sind ebenso notwendige Elemente unseres Lebens wie die Erinnerung an Vergangenes und dessen reflektierte Verarbeitung. An den Bruchstellen des Lebens erfahren wir den Übergang zwischen beiden in besonderer Weise. Es sind vor allen die schwierigen Zeiten mit ihren Widersprüchen, Brüchen und Zusammenbrüchen, die uns helfen, zu wachsen und zu reifen. So sehr aber die Natur des Lebens durch Unvorhersagbarkeit, Transformation und Wandel bestimmt ist, so groß ist der Widerstand des Menschen gegen Veränderung und seine Fixierung auf Sicherheit vor allem dann, wenn in existenziellen Krisen plötzlich jede Sicherheit verloren geht und bedingungslose und radikale Wandlungen im Leben eines Menschen verlangt werden. Wie der ungläubige Thomas stehen viele Menschen nach der erfolgreichen Bewältigung einer Krise vor der Einsicht, dass da, wo zunächst der Untergang zu drohen schien, der Wendepunkt deutlich wurde und mitten in der Wüste der Verlorenheit neues Leben zum Vorschein kam.

Neue Gegenwart ist nicht einfach da, sondern entsteht. Sie enthält Vergangenheit, die in uns noch nicht erkaltet ist, und sie enthält Zukunft, die wir als Teil unseres heutigen Daseins erleben und gewissermaßen als Möglichkeit schon in uns tragen. Aber widersprüchlich und zögerlich, wie wir sind, wollen wir manchmal das Vorhersehbare nicht sehen und das Machbare nicht machen. Zugleich aber drängt es uns, das Unvorhersehbare zu lüften und mit unserem visionären Wollen auf die

Zukunft da einzuwirken, wo sie sich unserer Macht noch entzieht. Eine Gesellschaft, deren Verteidiger nichts anderes im Sinn haben, als ihre Haut zu retten, ist dem intellektuellen und dem moralischen Verfall geweiht. Das gilt auch für einen Menschen, der nur noch mit der Glättung aller Bruchstellen, Ungereimtheiten oder Widersprüche seines Lebens beschäftigt ist und kein entschiedenes Wollen mehr in sich spürt.

Die Entscheidung, die zum Willen hin zu Veränderung und zur Tat führt, wird nie die Folge von Festreden sein. Nichts ödet die Lebenden so sehr an wie der festliche Wortschatz für das zeitlose wie müde Versprechen. »Es wird schon werden«, jene Vertröstung auf eine allzu ferne Zukunft, an die niemand wirklich glauben kann, oder wie die Fixierung auf die unausweichliche nächste Gemeinheit des Lebens, der niemand entrinnen kann. Der Tätigkeitssinn für den notwendigen Wandel im Leben kann ebenso wenig aus faulen Kompromissen entstehen, weil diese immer nur zu einem kurzfristigen Waffenstillstand führen und zu kitten versuchen, was nicht zu kitten ist. Die wirkliche Veränderung kann nur die Folge der platonischen Leidenschaft und ihrer Entscheidungsfreude sein: So soll es nicht weitergehen! Das kann nicht alles gewesen sein! Wie das Ja, so brauchen wir manchmal auch das leidenschaftliche wie reinigende Nein zu der Welt, in der wir gerade leben. Eine schwere Krankheit, eine ungewollte Trennung, der Tod eines lieben Menschen, erlittene Verfolgung, der Verlust der eigenen Würde und wichtiger Lebenswerte legen uns dieses vorwärtstreibende Nein im Prozess der Selbstbesinnung besonders dann nahe, wenn es nichts mehr zu verlieren gilt. Aber anstatt die aufbrechenden Fragen anzunehmen, nach veränderten biografischen Antworten zu suchen und sich mit oder ohne Hilfe an die Umsetzung zu machen, bleiben viele Menschen einfach auf ihren bisherigen Stühlen sitzen, fürchten die Veränderungsarbeit und lassen lieber ein paar Phrasen tanzen, um den fortgeschrittenen Stillstand der Gedanken, den Verlust eines guten Lebensgefühls und die zunehmende Mut- und Hilflosigkeit zu verbergen. Das Erbauliche in einem Leben ist nicht nur das, was in ihm erreicht wurde, sondern auch das, was versucht wurde. Viel Land geht im Leben der Menschen nicht deshalb verloren, weil wir etwas nicht erreicht haben, sondern weil wir es gar nicht erst versucht haben. Dass wir das schwierige, aber einzigartige Geschenk unseres Lebens als Möglichkeit annehmen, das menschliche Maß zwischen Freiheit und Notwendigkeit erkennen, für Selbstbestimmung und die Liebe zu allem, was lebt, kämpfen, dabei neugierig und schöpferisch bleiben und alles versuchen, um daraus unser Leben zu machen, dazu wollte das Buch beitragen.

Anmerkungen

1 Meister Dogen (1200-1253, Japan) in: Föllmi 2007, 7. Januar

2 O'Donohue 2010, S. 15

3 Rademacher 2006, o.S.

4 Rademacher 2006, o.S.

5 v. Weizsäcker 1967, S. 45f.

6 vgl. Bucay 2007, S. 7-8

7 Weserkurier, Bremer Tageszeitung, Todesanzeige 5.10.2010

8 Rademacher 2006, o.S.

9 vgl. Schäfer/Schuck 2007, S. 143-146

10 vgl. Schäfer/Schuck 2007, S. 65-71

11 vgl. Hesse/Wellershoff 1996, S. 154-156

12 Hesse/Wellershoff 1996, S. 80 ff.

13 Lippe 2010, S. 11

14 vgl. Schäfer/Schuck 2007, S. 157-159

15 vgl. Schäfer/Schuck 2007, S. 99-103

16 vgl. Schäfer/Schuck 2007, S. 201-204

17 vgl. Moersch 1980, S. 547

18 Hesse/Wellershoff 1996, S. 78

19 v. Weizsäcker 1973, S. 227

20 Reinarz 2004, 28. Mai 1995

21 vgl. Hesse/Wellershoff 1996, S. 147

22 Hesse/Wellershoff 1996, S. 76

23 Metzger 1989, Erlebnisbericht

24 vgl. Keil 2005, Bericht einer Patientin

25 Zorn 1977, S. 86

26 Reinarz 2004, 31. März 1977

27 Jores 1973, S. 101

28 vgl. Stierlin 1983

28a Hesse/Wellershoff 1996, S. 44

29 Barloschky 2007, S. 83

30 Hesse/Wellershoff 1996, S. 96

31 Keil 2006

32 Illich 1996, S. 11

33 Zeh 2009, S. 186 f.
34 vgl. Schäfer/Schuck 2007, S. 125-128
35 zit. nach Schipperges 1981, S. 349
36 zit. nach Schipperges 1981, S. 350
37 vgl. Sommer 2009
38 vgl. Nietzsche, in Schipperges 1981, S. 436-469
39 Reinarz 2004, 31. März 1998
40 v. Weizsäcker 1986, GS Band 6, S. 336
41 v. Weizsäcker 1986, GS Band 6, S. 518
42 v. Weizsäcker 1986, GS Band 6, S. 247/248
43 vgl. v. Weizsäcker 1986, GS Band 6, S. 239-251
44 v. Weizsäcker 1986, GS Band 6, S. 382
45 vgl. Jonas 1973, S. 107-143
46 v. Weizsäcker 1986, GS Band 6, S. 248
47 vgl. dazu: Brand eins, 7/2009
48 Bremer Krebsgesellschaft, interne Mitgliederzeitung
49 vgl. Keil 2005
50 Reinarz 2004, 27. April 1997
51 Keil, o.J., Fragebogenauswertung
52 Brüggemann 2010, S. 20
53 Reinarz 2004, 30. November 1997
54 Jerns 1980, S. 12-14
55 Patientin, zit. in Keil 2005, S. 25
56 vgl. Balint 1984, bes. S. 321-337
57 Jerns 1980, S. 11
58 Weber 2011a, S. 1 und S. 12
59 v. Weizsäcker, GS, Band 6, S. 378
60 v. Weizsäcker, GS, Band 6, S. 383
61 zit. in Schipperges 1998, S. 427
62 Zimmer, o.J.
63 Uexküll 1986, S. 650
64 Jores 1973, S. 102
65 Siegel 1988, S. 63
66 Popper, in: No Future, 2010, S. 53 und S. 55
67 v. Weizsäcker 1940
68 v. Weizsäcker 1940, S. 175

246

69 v. Weizsäcker 1940
70 Wilke 2010, S. 86
71 Wilke 2010, S. 87
72 v. Weizsäcker 1967, S. 36
73 v. Weizsäcker 1947
74 v. Weizsäcker 1967, S. 45
75 Hesse 1987, S. 242
76 Duden 1989, S. 479
77 Hesse/Wellershoff 1996, S. 138
78 Hesse/Wellershoff 1996, S. 58
79 Valere 1980, S. 37
80 Weber, 2010, Sendemanuskript
81 Weber 2011, S. 64
82 v. Weizsäcker 1967, S. 67
83 v. Weizsäcker 1967, S. 68
84 v. Weizsäcker 1967, S. 83
85 Blaumeier 2010, S. 11, 84, 53, 60
86 vgl. Blaumeier 2010

Literatur

Alheit, Peter u.a., Hrsg.: *Biografie und Leib*. Gießen, edition psychosozial 1999

Baer, Udo: *Innenwelten der Demenz: Das SMEI-Konzept*. Neukirchen-Vluyn, Affenkönig 2007

Baer, Udo/Frick-Baer, Gabriele: *Das ABC der Gefühle*. Weinheim, Beltz 2010

Balint, Michael: *Der Arzt, sein Patient und die Krankheit*. Stuttgart, Klett Cotta 1984

Barloschky, Katja (Hrsg.): *Lust auf Arbeit. Vom Wert der Jahre*. Bremen, Bremer Arbeit GmbH 2007

Blaffer Hrdy, Sarah: *Mütter und Andere: Wie die Evolution uns zu sozialen Wesen gemacht hat*. Berlin. BV Verlag 2010

Blaumeier Atelier: *MenschenOrte. Blaumeier schreibt*. Bremen Hachmannedition 2010

Brand eins, Wirtschaftsmagazin, 2009. Schwerpunkt Stabilität, Heft 7, 2009, Hamburg

Brüggemann, Axel: *Ich möchte am Klavier sterben, Gespräch mit Hélène Grimaud*. Weserkurier, Bremer Tageszeitung, 12.1.2010, S. 20

Bucay, Jorge: *Komm, ich erzähl dir eine Geschichte*. Frankfurt, Fischer Taschenbuch 2008

Dass, Ram: *Die Reise geht weiter*. München, Goldmann 2001

Dobrick, Barbara: *Vom Lieben und Sterben*. Freiburg, Kreuz 2010

Föllmi, Danielle/Föllmi, Oliver: *Die Weisheit Asiens Tag für Tag*. München, Knesebeck 2007

Gadamer, Hans Georg: *Über die Verborgenheit der Gesundheit: Aufsätze und Vorträge*. Frankfurt, Suhrkamp 2010

Geiger, Arno: *Der alte König in seinem Exil*. München, Hanser 2011

Hartlieb, Gabriele: *Inspirationsbuch 2009. Kraft schöpfen, Leben genießen*. Freiburg, Herder 2008

Hesse, Hermann: *Der Steppenwolf*, GW Bd 7. Frankfurt, Suhrkamp Verlage 1987

Hesse, Ina/Wellershoff, Heide (Hrsg.): *Es ist ein Vogel. Er kann fliegen im Text. Kinder schreiben sich ihre Geschichten von der Seele.* Bremen, Attempto 1997

Hüther, Gerald: *Bedienungsanleitung für ein menschliches Gehirn.* Göttingen, Vandenhoeck & Ruprecht 2010

Hüther, Gerald: *Was wir sind und was wir sein könnten: Ein neurobiologischer Mutmacher.* Frankfurt, Fischer 2011

Illich, Ivan: *Klarstellungen. Pamphlete und Polemiken.* München, C.H. Beck 1996

Jacob, Wolfgang: *Von der Medizin zur Pathosophie.* Heidelberg, Verlag für Medizin 1991

Jerns, Gert Udo: *Die größeren Kopfschmerzen.* Göttingen, Davids Drucke 1980

Jonas, Hans: *Organismus und* Freiheit. Ansätze zu einer philosophischen Biologie. Göttingen, Vandenhoeck & Ruprecht 1973

Jores, Arthur: *Der Kranke mit psychovegetativen Störungen. Ursache, klinisches Bild, Behandlung.* Göttingen, Vandenhoeck & Ruprecht 1994

Keil, Annelie: *Gezeiten. Leben zwischen Gesundheit und Krankheit.* Kassel, Prolog Verlag (vergriffen) 1995

Keil, Annelie/Haak, Klaus: *Partnerschaft leben lernen.* Niedernhausen, Falken Verlag 1995

Keil, Annelie: Zur Leibhaftigkeit menschlicher Existenz, in: Alheit u.a. Hrsg.: *Biografie und Leib.* Gießen, edition psychosozial 1999

Keil, Annelie: *Wenn Körper und Seele streiken. Die Psychosomatik des Alltagslebens.* München, Hugendubel/Ariston 2004

Keil, Annelie: *Die Krankheit Brustkrebs. Frauen auf der Suche nach der verborgenen Gesundheit – eine Wegbegleitung.* Bremen, Hrsg. Bremer Krebsgesellschaft, Edition Temmen 2005

Keil, Annelie (o.J.) unver. Man. Forschungsprojekt Herz-Kreislauf-Klinik Lauterbacher Mühle (Seeshaupt), Patientenbefragung 2004-2005

Keil, Annelie: *Dem Leben begegnen. Vom biologischen Überraschungsei zur eigenen Biografie.* München, Hugendubel/Ariston 2006

Keil, Annelie: Das Glück weich und warm wie Wolle, in: *Story 1,* 2006

Keil, Annelie: Zum Rhythmus von Chaos, Ordnung und Sinn. In: *Musiktherapeutische Umschau 3*, 2010, S. 212-219

Keil, Annelie: *Gezeiten. Leben zwischen Gesundheit und Krankheit.* Kassel, Prolog Verlag (vergriffen) 1995

Kükelhaus, Hugo: *Du kannst an keiner Stelle mit eins beginnen. Notizen aus dem 2. Weltkrieg.* Zürich, Die Arche 1981

Lesser, Elizabeth: *Broken Open. How difficult times can help us grow.* New York, Villard 2005

Lippe, Rudolf zur: *Das Denken zum Tanzen bringen. Philosophie des Wandels und der Bewegung.* Freiburg, Verlag Karl Alber 2010

Markowitsch, Hans J. Welzer, Harald: *Das autobiographische Gedächtnis. Hirnorganische Grundlagen und biosoziale Entwicklung.* Stuttgart, Klett-Cotta 2006

Metzger, Lothar: Der Bombenangriff auf Dresden. Ein Erlebnisbericht. www. Zeitzeugenarbeit.de/metzger.htm 1989

Moersch, Emma u.a.: Zur Psychopathologie von Herzinfarktpatienten. In: *Psyche 34.* Hrsg., 6, Stuttgart 1980

O'Donohue, John: *Anam Cara. Das Buch der keltischen Weisheit.* München, Deutscher Taschenbuch Verlag 2010

Pachl-Eberhart, Barbara: *Vier minus drei. Wie ich nach dem Verlust meiner Familie zu einem neuen Leben fand.* München, Integral Verlag 2010

Rademacher, Anne: *Oma war beim Optimisten. Kinder über Gold, Gott und Vitamine. Kindermund bei Subito.* Witzenhausen, Baumhaus Medien, 2006

Reinarz, Sina: *... denn r e d e n kann i c h nicht.* Bremen, Landesinstitut für Schule – Suchtprävention 2004

Rimpau, Wilhelm (Hrsg.), Viktor von Weizsäcker: *Warum wird man krank? Ein Lesebuch.* Frankfurt, Suhrkamp 2008

Rinpoche, Chökkyi Nyima/Shlim, David R.: *Medizin und Mitgefühl: Anleitung eines tibetischen Lamas für medizinische Fachkräfte und Betreuende.* Freiamt im Schwarzwald, Arbor Verlag 2006

Schäfer, Bärbel/Schuck, Monika: *Die besten Jahre. Frauen erzählen vom Älterwerden.* Berlin, Kiepenheuer 2007

Schipperges, Heinrich: *Nietzsche. Das Reich der verklärten Physis*, in: H. Schipperges, Kosmos Anthropos. *Entwürfe zu einer Philosophie des Leibes*. Stuttgart, Klett Cotta 1998

Schmitt-Roschmann, Verena: *Heimat. Neuentdeckung eines verpönten Gefühls*. Gütersloh, Gütersloher Verlagshaus 2010

Schweitzer, Albert: *Kultur und Ethik*. München, C.H. Beck 1996

Siegel, Bernie: *Prognose Hoffnung. Heilerfolge aus der Praxis eines mutigen Arztes*. Düsseldorf, Econ 1994

Sölle, Dorothee: *Lieben und arbeiten. Eine Theologie der Schöpfung*. München, Piper 2001

Sommer, Andreas Urs: *Die Kunst der Seelenruhe: Anleitung zum stoischen Denken*. München, C.H. Beck 2009

Stierlin, Helm: *Krieg ist keine Krankheit*. München 1983

Sutter, Franz (Hrsg.): *No Future?* Denkanstösse von Camus und anderen. Zürich, Diogenes 2010

Uexküll, Thure von: *Integrierte Psychosomatische Medizin*. Stuttgart, Schattauer 1992

Uexküll, Thure von: *Psychosomatische Medizin*. München, Urban & Fischer 1995

Valère, Valérie: *Das Haus der verrückten Kinder. Ein Bericht*. Frankfurt/Main, Fischer 1990

Weber, Andreas: *Alles fühlt. Mensch, Natur und die Revolution der Lebenswissenschaften*. Berlin, Berliner Verlag 2008

Weber, Andreas: *Mehr Matsch. Kinder brauchen Natur*. Berlin, Ullstein Verlag 2011

Weber, Doris: *Es muss nicht alles sein im Leben*, in: *Publik-Forum 20, 2010, Sendung: Kirche im SWR 12.11.2010*

Weber, Doris: *Die Kraft der Worte*, in: *Publik-Forum 5*, 2011, S. 63-64

Weber, Doris: *Mitgehen und Distanz wahren. Über das Mitleid*. Manuskript zur Sendung auf WDR 5, 27.5.2011

Weizsäcker, Viktor von: *Pathosophie*. Göttingen, Vandenhoeck & Ruprecht 1967

Weizsäcker, Viktor von: *Der Gestaltkreis. Theorie und Einheit von Wahrnehmen und Bewegen*. Stuttgart, Suhrkamp 1985

Weizsäcker, Viktor von: *Gesammelte Schriften*, Hrsg. von Peter Achilles, Frankfurt, Suhrkamp Verlag 1986

Welzer, Harald/Markowitsch, Hans J.: *Warum Menschen sich erinnern können: Fortschritte der interdisziplinären Gedächtnisfor-
schung.* Stuttgart, Klett Cotta 2006

Wilber, Ken: *Mut und Gnade.* München, Scherz Verlag 1992

Wilke, Friedhelm: *Miriam: Ein Erfahrungsbericht,* in: *Glauben leben,*
Zeitschrift für Spiritualität im Alltag, März/April 2011, Heft 2,
S. 86 und 87, Butzon & Bercker, Kevelaer

Wulf, Christoph, Hrsg.: *Vom Menschen. Handbuch Historische An-
thropologie.* Weinheim, Beltz 1997

Zeh, Juli: *Corpus Delicti. Ein Prozess.* Frankfurt, Schöffling u. Co.
2009

Zimmer, Marie-Luise (o.J.) unver. Man. Erfahrungsberichte Musiktherapie, Bremen

Zorn, Fritz: *Mars.* Frankfurt, Fischer 1979

Neue Kraft schöpfen

Horst Kraemer
SOFORTHILFE BEI STRESS
Neue Energie in wenigen Tagen
ISBN 978-3-466-30883-5

Dr. med. Claudia Croos-Müller
KOPF HOCH
Das kleine Überlebensbuch
ISBN 978-3-466-30915-3

H.-P. Unger/Carola Kleinschmidt
BEVOR DER JOB KRANK MACHT
Wie uns die heutige Arbeitswelt in
die seelische Erschöpfung treibt
ISBN 978-3-466-30733-3

Christine Koller/Katarzyna Moll (Hrsg.)
IN MIR STECKT NOCH VIEL MEHR
21 Profis zeigen, wie Sie Ihr
Potenzial nutzen
ISBN 978-3-466-30902-3